Nouveau droit de la responsabilité de protéger

Droit international public et régional

Logiques Juridiques

Fondée par Gérard Marcou
Dirigée par Jean-Claude Némery et Thomas Perroud

Le droit n'est pas seulement un savoir, il est d'abord un ensemble de rapports et pratiques que l'on rencontre dans presque toutes les formes de sociétés. C'est pourquoi il a toujours donné lieu à la fois à une littérature de juristes professionnels, produisant le savoir juridique, et à une littérature sur le droit, produite par des philosophes, des sociologues ou des économistes notamment.

Parce que le domaine du droit s'étend sans cesse et rend de plus en plus souvent nécessaire le recours au savoir juridique spécialisé, même dans des matières où il n'avait jadis qu'une importance secondaire, les ouvrages juridiques à caractère professionnel ou pédagogique dominent l'édition, et ils tendent à réduire la recherche en droit à sa seule dimension positive. À l'inverse de cette tendance, la collection « Logiques juridiques » des éditions L'Harmattan est ouverte à toutes les approches du droit. Tout en publiant aussi des ouvrages à vocation professionnelle ou pédagogique, elle se fixe avant tout pour but de contribuer à la publication et à la diffusion des recherches en droit, ainsi qu'au dialogue scientifique sur le droit. Comme son nom l'indique, elle se veut plurielle.

Dernières parutions

Mohamed Jamal BENNOUNA, *Responsabilité civile extracontractuelle et assurance des constructeurs, Droit comparé*, 2019.
Yaya DIALLO, *Les sûretés et garanties réelles dans les procédures collectives,* 2019.
Sangoné THIAM, *Droits de la défense et enquête policière*, 2019.
Georges-Philippe ZAKHOUR, *Les investissements étrangers, Droit application et tribunal compétent*, 2019.
Rachid EL BAZZIM, *Conseil de la concurrence au Maroc*, 2019.
Bienvenu OKIEMY, *L'OMC, une ingénierie juridique et commerciale à reconfigurer*, 2019.
Didier JAMOT, *Annuaire des engagements internationaux ayant fait l'objet d'une loi d'autorisation sous la Ve République*, 2019.
Sotirios LYTRAS, *Le phénomène disciplinaire dans le droit public héllenique contemporain,* 2019.
Massimo VOGLIOTTI, *Pour une nouvelle éducation juridique*, 2018.
Claire AGUILON, *Justice constitutionnelle et subsidiarité. L'apport de l'expérience canadienne pour la construction européenne*, 2018.
Jackeline Patricia CESPEDES ARTEAGA, *La contribution de la CJUE dans la construction du droit de la Communauté andine*, 2018.

Jean-Nazaire TAMA

Nouveau droit de la responsabilité de protéger

Droit international public et régional

Préface de Christophe EUZET

L'Harmattan

5-7, rue de l'Ecole-Polytechnique, 75005 Paris

www.editions-harmattan.fr

ISBN : 978-2-343-17098-5
EAN : 9782343170985

Du même auteur

- Les Conventions internationales relatives aux droits de l'Homme dans l'ordre juridique interne du Bénin, publié et commercialisé par l'Atelier National de Reproduction des Thèses (A.N.R.T., Lille, France, 2011) ;
- Droit international et africain des droits de l'Homme, L'Harmattan, 2012 ;
- L'odyssée du Constitutionnalisme en Afrique, L'Harmattan, 2015.

In memoriam (En mémoire) :

de mon feu père, TAMA Orou Placide, l'ombilic des TAMA, instituteur de classe principale, décédé le jeudi 20 décembre 1990, que Dieu l'accueille dans son royaume ;

de ma fille, ma regrettée bien aimée, TAMA Bona Sounnou Audrey Youna, décédée le 30 décembre 2012 ;

du Professeur SOPKON Nestor ;

du Docteur OGOUN AYENI David et

d'Anne DEVILLE, Professeur aux Facultés Universitaires Saint-Louis (F.U.S.L.) de Bruxelles en Belgique. Que Dieu les accueille tous dans son royaume.

Dédicaces

à ma mère Gounou Kankani Delphine Témakpa, ma boussole et mon bouclier ;

à mes enfants Carole TAMA, Emmanuel TAMA, Dieudonné TAMA, Yvette TAMA et Yvonne TAMA ;

à Mes sœurs et frères, Marie Joséphine TAMA, Viviane TAMA, Elise Suzanne TAMA, Evariste TAMA, Abraham TAMA et Clarice TAMA ;

A tous mes neuveux et nièces ;

à Im-Raschina Garba TAMA qui a joué un rôle immense dans la réalisation de cet ouvrage, Odile Sinatoko et Corine Gniré Murielle ;

aux Professeurs Alain DEGAGE, Christophe EUZET et Christophe JUHEL de l'Université de Perpignan ;

aux Professeurs Fabrice RENEAU de l'Université de Toulouse I, Saïd HAMDOUNI de l'Université de Toulouse II ;

aux Professeurs Albert LOURDE de l'Université Senghor d'Alexandrie (Egypte), Andrés CABANIS de l'Université Toulouse 1 Capitole,

Jordane ARLETTAZ de l'Université de Montpellier, Pascal RICHARD de l'Université de Toulon, Christophe LEROY de l'Université de Perpignan et Amal MOURJI de l'Université de Casablanca.

aux Professeurs Maurice AHANHANZO-GLELE, de l'Institut des droits de l'Homme et de la Promotion de la Démocratie : La Démocratie au Quotidien (IDHP-DQ) de Cotonou et Saïdou TALL de l'Université Cheick Anta Diop de Dakar.

à GARBA Ibn Séïdou, instituteur de classe principale à la retraite, ancien Secrétaire général du département du Borgou, à Adou Chabi Fatouma, et à leur famille ;

à MORA Orou Baro, administrateur civil à la retraite, OUININ Bernadette, institutrice de profession et à leur famille ;

à KORA Chabi Séké, SALIFOU BOUKARI Aboubakar, Adam YALLOU, IMOROU Aboubakar, SINA Mayé, SABI BARAGA Michel, Cyprien GANGNON ;

au docteur Léandre GBAGUIDI, Doyen, de la FASEG (Université de Parakou) ;

à Roch Arsène ADIDO, Doyen de la Faculté de Droit et de Science Politique (FDSP) de l'Université de Parakou, au docteur François NANSOUNON de l'Université de Strasbourg, au docteur DJOSSE Léon de l'Université d'Abomey-Calavi ;

à Omer Fortuné ALAPINI, Doyen honoraire de la faculté de droit et de science politique de l'Université de Parakou et à tous mes collègues de ladite Faculté.

Remerciements

à mon collègue, monsieur Antonin KANLINSOU, pour son rôle impressionnant et capital dans la réalisation de cet ouvrage ;

à BOUYAGUI Hervé, AWANOU Ulfila, ISSIFOU Abdoulaye, GOUNOU Chabi Gouro et à IDRISSOU Soulé Saliou pour leur apport déterminant ;

à KORA Ismaïl, KORA Ahmidou, SALIFOU Medar Fadel, SALIFOU Malick, SALIFOU Icham, YALLOU Bachar, TAMA Albéric, GOUNOU Imourane pour leur soutien moral ;

à KORA Raliatou, KORA Samirath, SALIFOU Affi, YALLOU Indatou, YALLOU Alida, GUERRA Naziatou, GUERRA Sania, GUERRA Soumia, GUERRA Nisril, GUERRA Faye, TAMA Vicencia, TAMA Doris et GOUNOU Christiane Djaria, pour leur soutien moral.

Préface

Si l'on considère le droit comme une technique organisationnelle destinée à encadrer le fait social et à lui prescrire des situations désirables ou à condamner les moins souhaitables, on comprend d'emblée la problématique qui guide toute réflexion relative à la relation entre le droit, le pouvoir souverain et la morale, réflexion qui traverse tout le développement du présent ouvrage.

Dans un système juridique interne démocratique, représentatif et pluraliste, « ce que veut » la majorité est en effet transformé en disposition juridique (porteuse d'obligations et d'interdictions) susceptible d'être sanctionnée par un ordre juridictionnel efficace et indépendant. La morale de la majorité devient ainsi, par un processus de transformation d'un devoir être souhaitable en droit positif contraignant, la norme juridique du groupe social tout entier : *le fait* est appréhendé par le droit et trouve une qualification juridique et prescriptive. Il est, en cas de besoin, sanctionné par les juridictions compétentes et peut conduire à l'usage, en dernière analyse, de la force contraignante qui est monopolisée par l'appareil d'Etat.

Il est extrêmement délicat -ce qui fait l'un des intérêts essentiels de l'ouvrage- de transposer ce qui vaut en droit interne (dans un système pyramidal et fermé sur lui-même porté par une seule et unique autorité souveraine) en matière internationale. L'unicité cédant sur la scène-monde à la multiplicité, et les autorités souveraines se trouvant en situation de compétition concurrentielle, on ne trouve plus – aussi aisément- d'expression unique susceptible de donner corps de façon efficace à une volonté ou à une idéologie, fut-elle dominante, qui n'incarnerait pas une forme d'universalité incontestée.

Le fait *moralement* condamnable interpelle dès lors l'existence même de la société internationale et convoque ses institutions ainsi que les outils juridiques existants, dans la perspective de donner corps à des normes juridiquement contraignantes. Au-delà, il mobilise les instruments de la construction du droit, qui dérogent largement eux aussi, aux techniques usitées en droit interne où prévaut un consensus sur l'édifice normatif, qui est, au sens kelsénien, « globalement obéi ».

La question du devoir de protéger, celle du droit ou du devoir d'ingérence à des fins humanitaires est ainsi au cœur du processus de construction d'un droit à vocation supranationale qui dépasse largement les techniques de coordination ou de coopération inhérentes au droit international public classique. Elle porte en filigrane la question des fins et celle des moyens ; celle de la dilution de la souveraineté et du substitut qu'on se propose de lui trouver au niveau international ; celle de la technique juridique démocratique qui veut que le droit ait vocation à s'appliquer aux situations de fait de façon indifférenciée sans générer d'applicabilité à plusieurs vitesses ; celle, bien sûr et enfin, des conditions de gestation et de consécration de l'idéologie devant servir de soubassement à la technique juridique en cours d'universalisation.

En abordant de front et dans toute sa profondeur ce sujet essentiel du droit international, l'auteur nous brosse un rappel historique de la problématique abordée, mettant en lumière les difficultés portées par sa nature profonde. La considération d'humanité traverse le temps des relations internationales, depuis les origines du droit des conflits armés et celles de la protection diplomatique, mais s'est toujours heurtée aux égoïsmes souverainistes. Sa matérialisation juridique suppose donc immanquablement leur remise en question.

Dans un propos à la fois scientifique et engagé, Jean-Nazaire Tama embrasse toutes les dimensions du sujet étudié avant d'en recentrer les préoccupations sur la problématique plus spécifiquement africaine. Scientifique en ce qu'il démonte tous les rouages de ce droit en construction, l'auteur est aussi engagé lorsqu'il milite, assez fermement, pour la consécration sans nuance d'une *obligation* de protéger, qui passe par la normativité, bien sûr, mais aussi par la réalisation pleine et entière d'un droit applicable à toutes les situations juridiques concernées.

Il ne s'agit pas d'un coup d'essai, mais bien d'une pierre – d'envergure- de plus dans l'édifice scientifique qu'est en train de constituer l'auteur. Fidèle à la logique du travail de recherche consciencieux et systématique qu'il a entrepris depuis plusieurs années, Jean-Nazaire Tama s'attache en effet, après avoir étudié la question de la hiérarchie des normes en droit interne béninois et la problématique africaine des droits de l'Homme, puis celle du constitutionnalisme africain, à analyser scrupuleusement une pièce majeure de son objet d'étude : la question de l'imbrication des ordres juridiques internes dans un système juridique international, tant du point de vue des techniques qu'il convoque que des idéologies qui le fondent.

On lira donc avec beaucoup de curiosité intellectuelle -et cette curiosité ne sera pas déçue- le présent ouvrage qui, tout en s'appuyant sur un riche appareil scientifique, ne cache jamais la profondeur d'analyse personnelle de son auteur. Jean-Nazaire Tama rappelle, rassemble et convoque les auteurs éminents, mais il fait aussi, à n'en pas douter, œuvre doctrinale.

Elne, le 15 mars 2017

Christophe Euzet

Maître de Conférences HDR à l'Université Via Domitia de Perpignan

Centre de droit comparé des Etats Francophones

Sigles et acronymes

AFRC : Conseil Révolutionnaire des Forces Armées.

C.E.D.E.A.O. : Communauté Economique des Etats de l'Afrique de l'Ouest.

CEMAC : Communauté Economique des Etats de l'Afrique Centrale.

CIISE : Commission Internationale de l'Intervention et de la Souveraineté des Etats.

C.M.S. : Conseil de Médiation et de Sécurité.

C.P.I. : Cour Pénale Internationale.

C.P.S. : Conseil de Paix et de Sécurité.

D.O.M.P. : Département des Opérations de Maintien de la Paix.

DUDH : Déclaration Universelle des Droits de l'Homme.

ECOMOG : Ecowas Monitoring Group (Groupe de Contrôle de cessez-le- feu de la CEDEAO).

ECOWAS : Economic Community of West African States (Communauté Economique des Etats de l'Afrique de l'Ouest).

FAR : Force Armée Rwandaise.

F.M.I. : Fonds Monétaire International.

FORPRONU : Force de Protection des Nations Unies.

F.P.R. : Front Patriotique Révolutionnaire.

H.C.R. : Haut Commissariat des Nations Unies pour les Réfugiés

INPEL: Independent National Patriotic Front of Liberia.

MINUCI : Mission des Nations Unies en Côte-d'Ivoire.

MINUBH : Mission des Nations Unies en Bosnie-Herzégovine.

MINUAR : Mission des Nations Unies pour l'Assistance au Rwanda.

MISMA : Mission Internationale de Soutien au Mali.

MONUL : Mission d'Observation des Nations Unies au Libéria.

MONUSIL : Mission d'Observation des Nations Unies en Sierra-Leone.

N.P.F.L. : National Patriotic Front of Liberia.

O.N.U. : Organisation des Nations Unies.

ONUSOM : Opération des Nations Unies en Somalie.

OTAN : Organisation du Traité de l'Atlantique Nord.

O.U.A : Organisation de l'Unité Africaine.

P.A.I.G.C. : Parti Africain pour l'ndépendance de la Guinnée-Bissau et du Cap-Vert.

PIDCP : Pacte International relatif aux Droits Civils et Politiques.

PIDESC : Pacte International relatif aux Droits Economiques Sociaux et Culturels.

S.D.N. : Société des Nations.

SNM: Somali National Movement.

SPM: Somali Patriotic Movement

SSDF: Somali Saluation Democratic Front.

U.A. : Union Africaine.

UCK : Armée de Libération du Kosovo.

UNITAF : Force d'Intervention Unifiée.

USC : United Somali Congress.

Introduction

Les droits de l'Homme sont considérés de nos jours comme étant le patrimoine commun de l'humanité que chaque homme, chaque nation, chaque institution nationale, régionale ou internationale reçoit en héritage et se doit de protéger à « tout prix ».

Ils sont devenus une « richesse vitale » pour l'humanité et font même ébranler certains tabous du droit international, notamment le principe de la souveraineté des Etats et celui de l'interdiction du recours à la force.

Le droit de la responsabilité de protéger est ce nouveau concept du droit international qui est à la base de la dérogation à ces deux sacro-saints principes du droit international. La fissure par laquelle ces principes sont dérogés, n'est rien d'autre que le principe d'humanité pour la protection des droits de l'Homme à l'intérieur d'un Etat. Une certaine doctrine a estimé qu'au nom des droits de l'Homme et rien que pour les droits de l'Homme, le non-recours à la force et le principe de souveraineté des Etats peuvent être dérogés, voire violés. C'est pourquoi Charles Rousseau dans cette mouvance d'idées soutient que « *l'intervention d'humanité est l'action exercée par un Etat contre un gouvernement étranger dans le but de faire cesser les traitements contraires aux lois d'humanité qu'il applique à ses propres ressortissants* »[1]. Perez Vera confirme Rousseau en soutenant que « *l'intervention humanitaire doit remplir la condition essentielle de poursuite exclusive de l'intérêt humanitaire par l'Etat qui prétend en être protecteur* »[2]. Dennis Fenwick corrobore l'idée en disant que « *le but premier de l'intervenant potentiel est de remédier à une violation grave des droits de l'Homme, et pas seulement d'accomplir d'autres objectifs relevant de son intérêt personnel* »[3].

---

[1] Rousseau (C.), *Droit international public*, Paris, Sirey, 1980, tome IV, p.49.
[2] Perez-Vera (E.), « La protection d'humanité en droit international », RBDI, 1969, p.417.
[3] Fenwick (D.T.) " A proposed resolution providing for the authorization of intervention by the United Nations; a regional organization, or a group of states in a state committing gross violations of human rights".

Pour Antoine Rougier, en fait d'intervention humanitaire, « *l'Etat intervenant est relativement désintéressé. L'intervention cesse d'être désintéressée lorsque l'Etat intervenant a un intérêt à dépasser les limites où devrait se tenir son action* »[4]. Donc la responsabilité de protéger ne peut être mise en œuvre que lorsqu'il y a violation massive des droits de l'Homme dans un Etat. C'est pourquoi sans ambages, Arntz affirmait que « *lorsqu'un gouvernement violait les droits de l'humanité par des excès d'injustice et de cruauté qui blessent profondément nos mœurs et notre civilisation la responsabilité de protéger s'impose* »[5].

Georges Scelle, dans le même ordre d'idée, soutient les mêmes visions, mais au regard des violations des droits de l'Homme

---

[4] Rougier (A.), « La théorie d'humanité », RGDIP, 1910, pp.468-526. Sur la question, lire Bettati (M.), *Le droit d'ingérence. Mutation de l'ordre international*, Paris, Editions Odile Jacob, mars 1996, 384p ; CORTEN (O.) et Klein (P.), « Devoir d'ingérence ou droit de réaction collective ? » R.B.D.I.., Vol.XXIV, 1991/1, pp.46-131 ; Corten (O.) et Klein (P.), « Droit d'ingérence ou obligation de réaction non armée ? », R.B.D.I.,Vol. ; XXIII, 1990/2, pp.368-440. ; Corten (O.) et Klein (P.), « L'autorisation de recourir à la force à des fins humanitaires : droit d'ingérence ou retour aux sources ? », J.E.D.I., Vol.4, 1993, pp.506-533 ; Buzzi (A.), L'intervention armée de l'O.T.A.N. en République Fédérale de Yougoslavie, Editions Pedone, Paris, juillet 2001, 277p. ; Pellet (A.), « Droit d'ingérence ou devoir d'assistance humanitaire ? », La documentation française, Collection : *problèmes politiques et sociaux*, N°758-759, 1er décembre-22 décembre 1995, 133p. ; Cabaris (A.) , Crouzatier (J.-M.), Ivan (R.), Mbondan (E.-M), et Mihali (C.), *La responsabilité de protéger : une perspective francophone*, édition Cluj, AUF, octobre 2010, 236p. ; Carsten (S.), « Responsability to protect : Political rhetoric or emerging legal norm ? » in *the american journal of international law*, Vol. 10, n°1, january 2007, 120p. ; Perrot (M.-D.), Dérives humanitaires- Etats d'urgence et droit d'ingérence, Paris, P.U.F., 1994, 163p. ; Tama (J.-N), *Droit international et africain des droits de l'Homme*, Editions l'Harmattan, Paris, février 2012, 421p. ; Touscoz (J.), *Droitinternational*, éd. PUF., 1993, 432p. ; Scelle (G.), *Droit international public*, Ed. Domat Montchrestien, Paris, 1994, 622p. ; Guggenheim (P.), *Traité de droit international public*, Georg, Genève, 1953, Vol. II, 592p. ; Sur (S.), « Le recours à la force dans l'affaire du Kosovo et le droit international », les notes de l'I.F.R.I., n°22, La documentation française, Paris, septembre 2000, 40p. ; Zorgbibe (C.), *Le droit d'ingérence*, Collection Que sais-je, n°2916, 1ere édition, éd. P.U.F., Paris, 1994, 127p. ; Aeberhard (P.) et Deloche (A.), « L'interventionnisme humanitaire est désormais acquis au nom du devoir d'ingérence, mais les ONG doivent encore imposer l'action préventive. Le nouvel horizon humanitaire », Libération du 9 décembre 1999.

[5] Cité par Rolin-Jacquemynns (G.), « Note sur la théorie du droit d'intervention », RDILC, 1876, p.675.

procédant de la religion : « *La légitimité de ces actions s'explique par la nécessité de maintenir l'ordre public international, face à l'explosion des fanatismes religieux.* »[6]

Par ailleurs, une nuance entre l'intervention d'humanité et l'intervention humanitaire s'impose. Dans cette entreprise, c'est E. Spiry qui s'y emploie. Celui-ci affirme dans l'approche d'une opération d'intervention " humanitaire" qu'« *il s'agira d'intervention de soutien logistique et militaire pour assurer la sécurité de convois ou d'aide humanitaire organisée (en général) par des O.N.G. ou des organisations internationales (lesquelles feront alors de l'assistance humanitaire)* [7]». En revanche, quant à l'intervention "d'humanité " il ne sera plus question d'aide médicale ou sanitaire effectuée par des O.N.G. ou des organisations internationales, mais de soustraire -ni plus ni moins- les victimes de massacres des griffes de leurs oppresseurs[8].

Mieux, d'autres vont plus loin dans cette entreprise de clarification conceptuelle. Pour eux, l'intervention "d'humanité " n'englobe pas « *le cas du recours à la force par un Etat pour protéger ses propres ressortissants* »[9].

Pour d'autres encore, il n'est pas judicieux d'en faire une distinction conceptuelle ; la seule distinction que l'on pourrait faire étant celle qui concerne les bénéficiaires de l'intervention que l'on constate habituellement, à travers la pratique de certains Etats. C'est pourquoi C. Emmanuelli distingue deux types d'intervention : il distingue « *l'intervention d'un Etat, en vue de protéger ses propres nationaux et ses biens menacés sur le territoire d'un autre Etat, de l'intervention d'un ou de plusieurs Etats afin de protéger les nationaux de l'Etat sur le territoire duquel l'intervention a lieu* »[10].

---

[6] Scelles (G.) Droit international public, ed Domat Montchrestien, Paris, 1994, p.622 ; voir aussi Kouchner (B.), Le malheur des autres, Paris, Editions Odile Jacob, 1991, p.291.

[7] http://www.memoireonline.com /09/07/616/ M_faillite-onu-genocide-tutsi-rwanda-ca uses-echec7.html fn214.

[8] http://www.memoireonline.com /09/07/616/ M_faillite-onu-genocide-tutsi-rwanda-ca uses-echec7.html fn 215.

[9] http://www.memoireonline.com /09/07/616/ M_faillite-onu-genocide-tutsi-rwanda-ca uses-echec7.html fn 216.

[10] http://www.memoireonline.com /09/07/616/

Outre la massivité de la violation des droits de l'Homme qui requiert la mise en œuvre de l'intervention d'humanité ou de la responsabilité de protéger, il faut aussi d'autres critères, tels que son exécution collective avec d'autres Etats[11] ; ou sa mise en œuvre à la demande et à l'acceptation des victimes[12] ou suivant l'observance des conditions de nécessité[13] et de proportionnalité[14].

Par ailleurs, le motif de l'intervention armée, de l'ingérence humanitaire qui doit sous- tendre sa mise en œuvre doit s'évaluer de manière précise. C'est pourquoi des standards ont été érigés, comme par exemple, ceux identifiés par Teson :

- l'Etat intervenant doit limiter son action armée à ce qu'elle arrête la violation des droits de la personne humaine par les gouvernants ;

- les motifs non humanitaires, s'ils existent, ne doivent en aucun cas réduire l'objectif principal qui est d'arrêter lesdites violations ;[15]

- toute intervention militaire doit être inspirée par des motifs purement humanitaires afin de protéger les droits de la personne.

L'intervention d'humanité est une institution coutumière. Sa pratique par les Etats de tout temps en témoigne (élément matériel). Par exemple, la première intervention d'humanité remonte au début du 19e

---

M_faillite-onu-genocide-tutsi-rwanda-ca uses-echec7.html fn 218.

[11] Scelles (G.) *Droit international public*, éd Domat Montchrestien, Paris, 1994, p.622 ; voir aussi Kouchner (B.), *Le malheur des autres*, Paris, Editions Odile Jacob, 1991, p.291.

[12] Teson (F.R.), Humanitarian Intervention. An inquiry into law and morality, op.cit., pp.119-120.

[13] Sur le droit d'assistance humanitaire, on peut lire M. Bettati et B. Kouchner (éd.), *Le devoir d'ingérence*, Denoël, 1987, 300p. ;
M.-J.Domestici-Met, « Aspects juridiques récents de l'assistance humanitaire », AFDI, 1989, p.117 ; M. Bettati, « Un droit d'ingérence ? », RGDIP, 1991, p. 639, et « Intervention, ingérence ou assistance », RTDH, 1994, p.307 ; P. Bringuier, A propos du droit d'initiative humanitaire du CICR et de tout autre organisme humanitaire impartial, International Genova Yearbook, 1990, Vol.172 et A propos de l'ingérence humanitaire, in *Mélanges* Apollis, Pedone, 1992, p.21 ; P.-M. Dupuy, manuel, préc, n°5, §107e , Pour une étude d'ensemble, A. Olinga, *Contribution à l'étude du droit d'ingérence*, thèse Univ. De Montpellier I., 1993, 486p.

[14] Verwey (W-D), « humanitarian intervention under international law", NILR, 1985, pp.357-418).

[15]http://www.memoireonline.com /09/07/616/
_faillite-onu-genocide-tutsi-rwanda-ca uses-echec7.html fn 230.

siècle, notamment vers 1825. Elle consistait à sauver des nationaux victimes des exactions provenant de leur propre Etat. Une autre intervention d'humanité opérée et assurée dans une synergie d'action entre la France, la Grande-Bretagne et la Russie contre l'Empire ottoman a permis de "*porter assistance aux Grecs insurgés*". En 1861 la France réitère des actes d'humanité en allant en Syrie, au secours des chrétiens du Liban, victimes de persécutions. Mieux, une croisade internationale sera exécutée en 1901 contre "*le mouvement xénophobe des Chinois plus connu sous le nom de "guerre des Boscers*"[16].

Il y a eu au 20e siècle des interventions d'humanité ou pour être en phase avec son temps, des actions de responsabilité de protéger de l'Organisation de l'ONU au Congo en 1960 (Résolution 143 du 14 juillet 1960) et en Somalie en 1992 (Résolution 794 du 3 décembre 1992), pour mettre un terme à un conflit interne, notamment la guerre civile. Il y a eu aussi des interventions d'humanité ou responsabilité de protéger des Nations Unies dans le nord de l'Irak, dans le but de la protection des civils kurdes menacés par le régime de Saddam Hussein (Résolution 688 du 5 avril 1991). Donc une pratique de l'intervention d'humanité (élément matériel) est manifeste à travers le temps.

A propos de l'*opinio juris,* la Cour internationale de justice, dans son arrêt du 5 février 1970 sur la Barcelona Traction a déclaré à propos de l'obligation d'intervention, « *qu'une distinction essentielle doit en particulier être établie entre les obligations des Etats envers la communauté internationale dans son ensemble et celles qui naissent vis-à-vis d'un autre Etat dans le cadre de la protection diplomatique. Par leur nature même, les premières concernent tous les Etats. Vu l'importance des droits en cause, tous les Etats peuvent être considérés comme ayant un intérêt juridique à ce que ces droits soient protégés ; les obligations dont il s'agit sont des obligations erga omnes* »[17]. C'est dire même en dehors d'une autorisation spécifique de l'Organisation des Nations Unies, tous les Etats seraient dans

[16] http://www.memoireonline.com /09/07/616/ M_faillite-onu-genocide-tutsi-rwanda-ca uses-echec7.html fn 231 ; sur la question de la responsabilité de protéger, lire aussi Crépin Gyscard Gandou d'Isseret, *La responsabilité de protéger, Nouvelle approche du droit international,* Harmattan, Paris, 2015, 152p.

[17] http://www.memoireonline.com /09/07/616/ M_faillite-onu-genocide-tutsi-rwanda-ca uses-echec7.html fn 233.

l'obligation d'intervenir, pour prévenir ou mettre fin à un drame humanitaire, même s'il est d'ordre interne.

A.Destexhe corrobore l'assertion selon laquelle le concept d'intervention d'humanité fait déjà partie, sous certaines conditions de la coutume. Selon celui-ci, l'intervention d'humanité est juridiquement encadrée par le truchement des normes coutumières. C'est la raison pour laquelle il affirme que pour qu'il y ait intervention d'humanité, « *les faits doivent être particulièrement atroces, l'objet de l'intervention doit être exclusivement de mettre fin aux souffrances des victimes, et l'action exercée au nom de la communauté internationale* »[18].

Le concept de « responsabilité de protéger » est apparu dans le langage politico-juridique des années deux mille. A la fin de la guerre froide, on parlait de plus en plus pour le désigner, du « droit d'intervention humanitaire » ; concept reçu avec réticence à cause du mot « intervention » que les Etats ont du mal à accepter à cause de leur souveraineté dont ils sont jaloux. Le concept de la responsabilité de protéger a été formalisé pour la première fois dans le rapport de la Commission Internationale de l'Intervention et de la Souveraineté (CIISE)[19] et publié en décembre 2001 par le Centre de Recherches pour le Développement International (CRDI). Cette commission fut annoncée par le ministre canadien des Affaires étrangères, M. Lloyd Axworthy dans son allocution à l'Assemblée générale des Nations unies au sommet du 7 décembre 2000 à New York. Celui-ci répondait

[18] http://www.memoireonline.com /09/07/616/
M_faillite-onu-genocide-tutsi-rwanda-ca uses-echec7.html fn 224.

[19] Rapport de la Commission internationale de l'intervention et de la souveraineté des Etats (CIISE), « La responsabilité de protéger », centre de recherche pour le développement international, Ottawa, décembre 2001. Disponible sur :http://www.iciss.ca/pdf/Rapport-de-la-Commission.pdf. Mais voir aussi les rapports du groupe de personnalités de haut niveau, « Un monde plus sûr, notre affaireà tous »,2 décembre 2004, Document de l'Assemblée générale, 59ème session, A/59/565, par.36, ainsi que le rapport du Secrétaire général des Nations Unies, « Dans une liberté plus grande », 24 mars 2005, Document de l'Assemblée générale des Nations Unies, 59ème session, A/59/2005 par.132.
Les personnalités de la Commission Internationale de l'Intervention et de la Souveraineté (CIISE) : Gareth Evans, Mohammed Sahnou, (coprésidents), Gisle Coté-Harper, Lee Hamilton, Michael Ignatieff, Vladmir Lukin, Klaus Naumann, Cyril Ramaphosa,, Fidel Ramos, Cornelio Sommaruga, Eduardo Stein, Ramesh Thakur.

aussi au challenge lancé par le secrétaire général des Nations Unies qui avait mis au défi la communauté internationale de résoudre le problème fort complexe de la souveraineté des Etats et de la responsabilité internationale[20]. C'est donc pour la première fois que le monde découvrait ce concept en tant que possible base juridique d'une intervention de la communauté internationale, afin d'éviter de massives violations des droits de l'Homme dans les Etats qui n'honorent pas leurs obligations internationales en matière des droits de l'Homme. Après avoir affirmé que c'est premièrement à l'Etat qu'incombe la responsabilité de protéger ses citoyens, la commission soutient que « *quand une population souffre gravement des conséquences d'une guerre civile, d'une insurrection, de la répression exercée par l'Etat ou de l'échec de ses politiques, et lorsque l'Etat en question n'est pas disposé à les éviter, la responsabilité internationale de protéger prend le pas sur le principe de non-intervention* ». Le même rapport a été méthodique et pédagogique puisqu'il a permis de distinguer en la matière, trois piliers différents : le pilier « prévention », le pilier « réaction » et le pilier « reconstruction ».

Cependant, la réforme du système des Nations-Unies a occupé l'agenda de l'organisation au début du troisième millénaire. Ainsi dans le cadre d'une réflexion plus large, le groupe de personnalités de haut niveau sur les menaces, les défis et le changement a élaboré un rapport qui, à la différence de celui de la CIISE, a été assumé par l'Assemblée générale et est intitulé : « *Un monde plus sûr : notre affaire à tous* ». Mais le rapport de 2004 effleure la question de la responsabilité de protéger. Ce n'est que dans le document final du sommet mondial de 2005 que la question est approchée de manière positive par les Nations Unies et plus encore, « *qu'une référence directe est faite à la responsabilité de la communauté internationale de réagir, sur la base du chapitre VII de la Charte* »[21].

---

[20] Discours du Premier ministre canadien à l'Assemblée plénière du sommet du millénaire de l'Organisation des Nations-Unies, annonçant la mise sur pied d'une commission internationale indépendante sur l'intervention et la souveraineté des Etats, New York, le 7 décembre 2000.

[21] Paragraphe 139 du document final du Sommet mondial des Nations-Unies de 2005.Voir également, Bassir (A.), « O.N.U. : les défenseurs de la souveraineté contre les partisans de l'ingérence humanitaire », Le Monde du 22 septembre 1999 ; Corten (O.) et Delcourt (B.), « L'intervention militaire en Libye : une avancée du droit international ? », Politique n°70 (mai-juin 2011) ; Dupuy (P.-M.),

En bref, ceux qui sont victimes d'actes contraires aux « lois de l'humanité » font amener ou conduire les Etats à intervenir ; qu'il s'agisse de l'intervention de l'Etat pour protéger la vie et les biens de ses nationaux dont la sécurité est menacée en territoire étranger ou qu'il s'agisse de l'intervention d'humanité stricto sensu, qui selon Frédéric Sudre a en principe un caractère collectif et a pour objet de protéger non plus les nationaux de l'Etat intervenant, mais les ressortissants de l'Etat sur le territoire duquel l'intervention a eu lieu et qui apparaissent victimes d'actes contraires aux lois de l'humanité[22]. Mais force est de constater que le fossé est grand entre les motifs humanitaires invoqués par les Etats pour intervenir et la réalité, puisque comme l'affirme d'ailleurs Frédéric Sudre, les interventions d'humanité paraissent obéir ou du moins obéissent plus souvent à des préoccupations politiques immédiates qu'à des considérations strictement humanitaires ; ce qui fait dire à l'auteur que la pratique contemporaine traduit cette dérive politique de l'intervention humanitaire. Sudre soutient que n'ont lieu, sous cette appellation, que des interventions effectuées au profit des seuls nationaux, le motif humanitaire pouvant être plus ou moins réel[23].

La tendance actuelle du droit international contemporain selon Sudre va d'ailleurs dans le sens de la prohibition de telles interventions. Pour ne pas être désapprouvée par la communauté internationale, l'intervention humanitaire prend la forme d'une « assistance humanitaire », à la manière de celle pratiquée par la Croix-Rouge. Cette forme d'intervention ou d'assistance humanitaire a pour corollaire, le droit d'ingérence humanitaire, mué en devoir d'ingérence[24] par la suite, le tout faisant désormais le nouvel ordre mondial en matière de protection des droits de l'Homme.

De tout ce qui précède, la responsabilité de protéger peut être définie comme étant un principe à la fois moral et juridique selon lequel la souveraineté d'un Etat qui manque à ses obligations internationales dans des situations préoccupantes et en matière des droits de

---

« Déclaration formulée par le G7 le 16 juillet 1991 », Le monde diplomatique, juillet 1998.

[22] Frédéric Sudre, *Droit international et européen des droits de l'Homme*, 5e édition mise à jour, Puf, Paris, 1989, p.27.

[23] Frédéric Sudre, op.cit., p.28.

[24] Il s'agit, selon son promoteur, d'une « commodité de langage pour désigner une attitude éthique » (M. Bettati, « Un droit d'ingérence ? », RGDIP, 1991, p.643).

l'Homme, vis-à-vis des populations se trouvant sous sa juridiction, peut être portée atteinte si possible par des moyens militaires, au nom des droits de l'Homme par un Etat ou un groupe d'Etats, sous les auspices du conseil de sécurité des Nations Unies.

Il en ressort qu'il faut constater que la responsabilité de protéger ou le devoir d'ingérence dans une certaine mesure à travers le droit d'ingérence humanitaire est devenu universel, et participe désormais du nouvel ordre mondial, parce que sous-tendu généralement par l'appui du Conseil de sécurité des Nations Unies. Tel est l'exemple de l'intervention de l'OTAN en Libye en 2011 (Résolution 1973) ; situation différente des circonstances ayant sous-tendu les guerres contre la Yougoslavie en 1999, l'Afghanistan en 2001 et l'Irak en 2003, lesquelles guerres sont menées sans l'autorisation préalable du Conseil de sécurité des Nations Unies ; mais en revanche situation identique à travers les cas de la Somalie et de la Bosnie Herzégovine (1992-1993), du Rwanda (1994), du Zaïre (1996), du Timor oriental (1999) ou de la Côte-d'Ivoire en 2003 et en 2011. Une certaine doctrine représentée par Olivier Corten et Barbara Delcourt a d'ailleurs affirmé à propos de l'intervention de l'OTAN en Libye sous l'autorisation des Nations Unies que « *certains ont dès lors vu dans le précédent Libyen un signe du renouveau du multilatéralisme et, plus généralement d'un droit international que l'on serait désormais prêt à respecter et à faire respecter de manière plus systématique et universelle* »[25].

Toutefois, beaucoup d'enjeux sous-tendent la responsabilité de protéger. Il s'agit des enjeux géopolitiques avec pour fondement, les enjeux diplomatiques et ceux politiques et les enjeux géostratégiques fondés sur des enjeux stratégiques et économiques. C'est dire que les droits de l'Homme sont instrumentalisés par les grandes puissances pour assouvir des intérêts inavoués. Les conséquences immédiates, c'est l'affaiblissement du concept de la responsabilité de protéger qui lui confère des dimensions à géométrie variable.

Alors pourquoi le principe de la responsabilité de protéger à travers le droit d'ingérence humanitaire et le devoir d'ingérence qui « gagnait » n'est presque plus accepté ou divise tant les juristes et les politiques ?

---

[25] Corten (O.) et Delcourt (B.), « L'intervention militaire en Libye, une avancée du droit international », Politique n°70 (mai-juin 2011).

Faut-il le réformer afin de lui permettre d'obtenir l'adhésion de tous au bénéfice des populations en tant que personnes humaines ?

Doit-il faire l'objet de codification pour lui donner plus de visibilité ?

Le principe de la responsabilité de protéger est-il perçu de la même façon par toutes les régions du monde, notamment l'Afrique ?

Pourquoi devient-il, brusquement ou contre toute attente, un principe général de la communauté internationale ?

Ce système politico-juridique à double vitesse sacrifie-t-il les droits de l'Homme à l'autel des intérêts économiques, politiques, géopolitiques et stratégiques ?

Pourquoi malgré toutes les controverses juridico-politiques enregistrées autour de ce concept, l'espoir est permis quant à sa renaissance ?

En d'autres termes, il est question du droit d'assistance humanitaire qui n'est rien d'autre que le droit de solidarité collective repensé sous la férule des Nations Unies, pour permettre à la communauté internationale d'afficher, à chaque fois que les droits de l'Homme sont en question, une réaction à l'inaction au nom des principes d'humanité, augurant ainsi d'une part, d'un nouvel ordre humanitaire mondial et d'autre part du renouveau du multilatéralisme.

Cette notion d'une utilité indéniable et d'une importance à ne plus démontrer mérite d'être revisitée afin de lui garantir un renouveau juridique et moral qui puisse lui éviter d'être un concept à géométrie variable. C'est pourquoi nous aborderons ce concept dans tous ses aspects, notamment à travers le Pacte de la Société des Nations (SDN) et la Charte des Nations Unies d'une part, mais aussi dans son aspect régional, c'est-à-dire décentralisé, à travers l'Union africaine et la Communauté Economique des Etats de l'Afrique de l'Ouest (C.E.D.E.A.O.) d'autre part. Notre plan à l'entame de l'ouvrage ne concernera pas l'étude du concept de la responsabilité de protéger, qui a été quelque peu défini dans l'introduction de l'ouvrage. Il concernera une brève étude des institutions universelles qui sont normalement les actrices principales de la mise en œuvre du concept ou du principe de la responsabilité de protéger sur le terrain : la Société des Nations (SDN) et l'Organisation des Nations Unies.

L'intervention d'humanité ou la responsabilité de protéger ayant été entre-temps galvaudée, parfois même « piétinée ou ignorée » par les Etats vers les années mille neuf cent quatre-vingt-dix surtout, une étude du concept sera nécessaire plus loin dans l'ouvrage, puisque suite à sa violation par les Etats, la nécessité de réformes à son sujet sera commanditée par les Nations Unies. C'est ce qui explique l'étude du concept non pas dans le premier chapitre, mais plutôt dans le troisième et le quatrième (après une brève étude de la SDN et de l'Organisation des Nations Unies, et le non-respect de la responsabilité de protéger dans le monde à partir des années mille neuf cent quatre-vingt-dix).

Chapitre I
L'Organisation des Nations Unies, maîtresse d'œuvre de la responsabilité de protéger

L'Organisation des Nations Unies (O.N.U.) est devenue un instrument international de prévention des conflits armés en vue de garantir la paix et la sécurité internationales. A ce titre, elle est un sujet du droit international au même titre que les autres organisations internationales, susceptible d'influer sur les relations interétatiques et surtout dans l'édification de l'état de paix dans le monde où pourraient rayonner les droits de l'Homme et des Peuples. Mieux, elle est devenue dans certaines circonstances primordiales et capitales pour la vie des Etats dans le monde, un substitut ou une alternative au réseau de relations bilatérales que les Etats pris individuellement ne peuvent pas réaliser, faute de moyens. C'est pourquoi, compte tenu de son rôle de boussole de la société interétatique et de la communauté internationale, ses origines doivent être revisitées (Section I), ses objectifs pour la sécurité collective (Section II), ses objectifs pour les droits de l'Homme et la démocratisation des Etats (Section III), puis les autres objectifs élucidés (Section IV).

Section I : Les origines de l'Organisation des Nations Unies : L'échec de la Société des Nations (S.D.N.)

Pour appréhender les origines des Nations Unies, il faut prendre ancrage d'abord sur la création de la Société des Nations (Paragraphe I), et ensuite, sur les actions et le bilan mitigé de cette institution sur l'échiquier politique international (Paragraphe II).

Paragraphe I : La création de la Société des Nations (S.D.N.)

Une idée originale du Président Wilson des Etats-Unis d'Amérique, la Société des Nations fut l'objet du quatorzième point du message de celui-ci, au congrès des Etats-Unis, le 8 janvier 1918. Ce quatorzième point affirmait : « *Une Société générale des nations devrait être formée en vertu des conventions formelles ayant pour objet de fournir des garanties réciproques d'indépendance politique et territoriale aux petits comme aux grands Etats.* »[26] Ce projet de Wilson rencontra l'adhésion et le soutien du monde anglo-saxon, et l'institution fut créée en 1919.

Institution à tendance universaliste, elle s'est dotée des institutions suivantes :

- L'Assemblée de la Société des Nations, composée des représentants des Etats membres. Elle se réunissait à son siège à Genève en Suisse, aux termes de l'article 7 paragraphe 1 du Pacte. Les sessions ordinaires avaient lieu chaque année. Des sessions extraordinaires étaient aussi prévues par son Pacte.
- Le Conseil : il était un organe plus réduit, à la différence de l'Assemblée qui réunissait tous les représentants des Etats membres. Il était composé des cinq grandes puissances de l'époque, et de quelques autres puissances témoins. Selon l'article 4 du Pacte, ce conseil devait être composé des puissances suivantes : Empire britannique, Etats-Unis, France, Italie, Japon et de quatre autres membres désignés par l'Assemblée elle-même[27]. Toutefois, de façon temporaire, le Conseil a désigné les pays suivants pour siéger : il s'agit de la Belgique, du Brésil, de l'Espagne et de la Grèce. Il faut préciser que les Etats-Unis qui sont à l'origine de la création de l'institution se retirèrent, d'autant plus que le Congrès américain a refusé de ratifier la mise sur pied de l'institution.
- Un secrétariat permanent fut institué aux termes de l'article 6 du Pacte. Il fait office d'administration internationale permanente au service de la S.D.N.

Relativement aux compétences de l'institution, la Société des Nations avait pour vocation de mettre un terme à la diplomatie secrète qui était l'une des causes de la Première Guerre mondiale. En dehors de cette mission pour garantir la sécurité internationale, elle doit dans cette optique veiller au règlement pacifique des conflits. Mieux, « *Dans l'hypothèse d'un différend international, et s'il s'agit d'un différend susceptible d'entraîner une rupture et qui ne soit pas soumis à la*

[26] Claude-Albert Colliard, Louis Dubouis, *Institutions internationales*, Dalloz, 10ème édition, Paris, 1995, p.187.
[27] Claude-Albert Colliard, Louis Dubouis, op.cit., p.191.

procédure du règlement arbitral ou judiciaire », l'article 15 prévoit son examen par le Conseil[28].

En revanche, « *Si l'une des parties prétend et si le Conseil reconnaît que le différend porte sur une question que le droit international laisse à la compétence exclusive de cette partie, le Conseil le constatera dans un rapport, mais sans recommander aucune solution* » (Paragraphe 8 de l'article 15). Dans ce cas, le Conseil laisse la gestion du conflit à l'Etat concerné.

Paragraphe II : Les actions et le bilan mitigé de la Société des Nationsdans la résolution des conflits

Dans sa lutte pour la paix en général et la protection des droits de l'Homme en particulier, la SDN a consacré l'interdiction du recours à la force armée, de façon progressive dans le temps en s'inspirant parfois même des traités adoptés avant sa création.

Ce fut le cas du traité de limitation de la force armée, en 1907 : c'est la convention « Drago-Porter » : « *Les puissances contractantes sont convenues de ne pas avoir recours à la force armée pour le recouvrement de dettes contractuelles réclamées au gouvernement d'un pays par le gouvernement d'un autre pays comme dues à ses nationaux.* »

Une première étape importante est franchie sans grand progrès dans le processus de l'interdiction du recours à la force armée avant la naissance de la SDN. Ici, il ne s'agit pas d'une interdiction du recours à la force armée, mais plutôt des limitations du droit de recourir à la guerre.

Dans le Pacte de la SDN, on pourrait lire : « ... *il importe que les Etats acceptent certaines obligations de ne pas recourir à la guerre* ». C'est dire donc que seules certaines guerres sont expressément considérées comme illicites. Au nombre de guerres illicites, on peut citer la « guerre d'agression » interdite en vertu de l'article 10 du Pacte ; toute guerre entreprise avant que le différend qui la justifie ait été soumis à une procédure pacifique (arbitrage, règlement juridictionnel) ; toute guerre qui est dirigée contre un Etat qui se conforme à une décision arbitrale ou juridictionnelle (article 4

[28] Claude-Albert Colliard, Louis Dubouis, op.cit., p.194.

paragraphe 4 du Pacte) ; et toute guerre contre un Etat qui respecte les recommandations contenues dans un rapport unanime du Conseil de la SDN (article 15, paragraphe 6)[29].

Au nombre des guerres licites pour la SDN, l'on peut citer, les guerres légitimes pour la défense d'un droit et surtout l'exercice du droit de légitime défense ; les guerres provenant d'un échec des procédures préventives et des moyens de règlement pacifique prévus par le Pacte ; une guerre dirigée contre un Etat qui refuse d'exécuter une décision arbitrale ou juridictionnelle…

Le Pacte de la SDN en son article 12 prévoit qu'« *aucune guerre ne peut être licite si elle est déclenchée avant l'expiration d'un délai de trois mois après l'adoption du rapport du conseil ou le prononcé d'une décision arbitrale ou juridictionnelle* ».

La dernière marche franchie, pendant l'existence de la SDN, en dehors de son cadre, mais avec sa bénédiction, est la mise hors la loi de la guerre par le Pacte Briand-Kellog à Paris, le 26 août 1928. D'après son article premier : « *Les hautes parties contractantes déclarent solennellement qu'elles condamnent le recours à la guerre pour le règlement des différends internationaux et y renoncent en tant qu'instrument de politique nationale dans leurs relations mutuelles.* »

Il faut affirmer que la Société des Nations a eu un bilan très mitigé, d'abord parce que affaiblie par le retrait de certains de ses membres dont le plus puissant, les Etats-Unis d'Amérique. Son rôle s'est réduit à sauvegarder les intérêts des Etats vainqueurs de la première Grande Guerre, membres de l'institution, et à résoudre quelques litiges mineurs tels que : affaire de Vilna entre la Lithuanie et la Pologne en 1920 ; affaire des îles d'Aaland entre la Finlande et la Suède en 1921 ; conflit bulgaro-grec en 1925 ; conflit de Léticia entre la Colombie et le Pérou en 1935[30]. La SDN a eu un succès total dans la résolution des affaires précitées.

En revanche, les affaires suivantes soumises à son examen se sont soldées par des échecs : en 1923 à propos de Corfou, entre l'Italie et la Grèce ; en 1932 à propos de l'agression japonaise en Chine ; en 1936

---

[29] Patrick Daillier, Alain Pellet, *Droit international public*, LGDJ, 6ème édition, p.895.

[30] Claude-Albert Colliard, Louis Dubouis, op.cit., p.196.

à propos de l'agression italienne en Ethiopie. La SDN est restée apathique par rapport à la violation du traité de paix par l'Allemagne entre 1935 et 1936 ; lors de la guerre civile espagnole (1935-1939) ; elle l'a été également pendant le démembrement de la Tchécoslovaquie (1938) ; lors de l'Anschluss (1939) ; pendant l'annexion de Dantzig qu'elle était censée protéger[31]. De tout ce qui précède, l'on peut reprocher à la SDN de n'avoir pas fait assez de ce que le monde attendait d'elle. Toutefois, vu le contexte de sa création et vu la division de ses membres fondateurs, l'on peut estimer qu'elle a laissé un bilan non négligeable. Elle a aussi laissé un héritage sur lequel, des hommes et femmes épris de paix et de justice se sont appuyés pour donner naissance à l'Organisation des Nations Unies au lendemain de la Deuxième Guerre mondiale.

Section II : La Société des Nations, ses objectifs pour la sécurité collective et la Charte des Nations Unies

La Société des Nations en matière des droits de l'Homme et de la responsabilité de protéger (Paragraphe I), la Charte des Nations Unies, base juridique (indirecte ou par ricochet) de la responsabilité de protéger (Paragraphe II), les observations relatives à la Charte des Nations Unies (Paragraphe III) et la coopération internationale (Paragraphe IV) constituent l'architecture de la présente section.

Paragraphe I : La Société des Nationsen matière des droits de l'Homme et de la responsabilité de protéger

Le dix-neuvième siècle a été celui pendant lequel, les minorités ont été les plus menacées. Beaucoup d'entre elles ont été pratiquement rasées. L'exemple des Juifs et des Arméniens est à déplorer parmi tant d'autres. Au lendemain de la Première Guerre mondiale, la Société des Nations (SDN) a vu le jour à Genève en 1919 pour organiser les nations du monde afin qu'il n'y ait plus de guerre et que règnent la paix et la sécurité au niveau planétaire.

La création de la Société des Nations était suivie de la proclamation du droit des minorités nationales et d'un certain nombre de règles de protection sociale, ainsi que de la création du bureau international du travail (BIT).

---

[31] Claude-Albert Colliard, Louis Dubouis, op.cit., p.196.

Toutefois, cette institution n'avait pas pu conduire à l'adoption d'une Déclaration des droits de l'Homme.

Parallèlement à ce début de mouvement des droits de l'Homme au niveau de la Société des Nations, on assista à une floraison de nouvelles déclarations se voulant une vocation en droits de l'Homme ; en Amérique centrale avec la constitution des Etats–Unis mexicains (1917) ; en Russie avec la Déclaration soviétique des droits du peuple travailleur et exploité (1918) ; en Allemagne avec la Constitution de *Weimar* (1919).

Mais c'est avec la Déclaration des droits de l'enfant, encore appelée Déclaration de Genève adoptée en 1924 par la Société des Nations (SDN) que le mouvement des droits de l'Homme prend son envol en obtenant une dimension internationale.

Pendant, cette époque, la responsabilité de protéger était connue. En effet, quoi de plus humain et de plus juste, c'est-à-dire conforme à la dignité humaine, que de se porter au secours de populations opprimées, de minorités pourchassées. Mise en forme à la fin du XIXème siècle, la théorie de l'intervention d'humanité, appelée de nos jours, théorie ou principe de la responsabilité de protéger, était en vogue et surtout vers la fin de ladite période. On retrouve dans les débats d'alors tous les grands thèmes de la controverse d'aujourd'hui. Mieux, la codification des conditions de l'intervention d'humanité, proposée par Antoine Rougier dans la Revue générale en 1910, ressemble fort à celle avancée près d'un siècle plus tard par la Commission Internationale de l'Intervention et de la Souveraineté des Etats (CIISE) : responsabilité initiale de l'Etat souverain, limites du principe de non-intervention, nécessité de suppléer à l'inaction du gouvernement défaillant, définition de la juste cause d'intervention, détermination des puissances compétentes pour intervenir, priorité donnée à l'action collective qui appartient proprement à la Société des Nations…[32] Rougier, dans son article de 1910 sur la théorie de l'intervention d'humanité soutient que « *chaque fois que les droits humains d'un peuple seraient méconnus par ses gouvernants, un ou plusieurs Etats pourraient intervenir au nom de la Société des Nations, soit pour demander l'annulation des actes de puissances*

[32] Les Actes du colloque tenu à Nanterre en France en 2010 sur la responsabilité de protéger.

publiques critiquables, soit pour empêcher à l'avenir de tels actes, soit pour suppléer à l'inaction du gouvernement en prenant des mesures conservatoires, urgentes et en substituant momentanément leur souveraineté à celle de l'Etat contrôlé »[33]. C'est dire que la Société des Nations n'était pas en reste en matière de responsabilité de protéger, mais pas de façon très marquée comme l'on peut le constater sous le « règne » de l'Organisation des Nations Unies. Elle était donc sollicitée, instruite, conseillée à l'image de la codification des conditions de l'intervention d'humanité d'Antoine Rougier, proposée par celui-ci, aux hommes et femmes épris de paix et de justice, aux instances politiques de l'époque, comme ce fut le cas au bénéfice de la SDN. C'est dire, en d'autres termes, qu'elle n'avait pas pris à sa propre initiative, la recherche des voies et moyens pouvant permettre l'amélioration des techniques de mise en œuvre de l'intervention d'humanité afin d'éviter de massives violations des droits de l'Homme. Cette situation pourrait s'expliquer par le fait que l'institution se bornait à garantir d'une part les intérêts de ses membres et d'autre part à se refaire après le retrait des Etats-Unis d'Amérique.

Paragraphe II : La Charte des Nations Unies, base juridique directe (ou parfois indirecte ou par ricochet) de la responsabilité de protéger

Née de la volonté de « *préserver les générations futures du fléau de la guerre qui deux fois en l'espace d'une vie humaine a infligé à l'humanité d'indicibles souffrances* », l'Organisation des Nations Unies (O.N.U.) fut suscitée et engendrée par les puissances qui luttent contre les Etats fascistes.

Une série de conférences a permis au projet de création d'une institution à vocation universelle qu'est l'ONU, de prendre corps. Au nombre de ces conférences, celle de Moscou en octobre 1943, a planté le substrat de la nature profonde de l'institution. Cette conférence de Moscou a prévu « *une organisation internationale fondée sur l'égalité souveraine de tous les Etats pacifiques et ouverte à tous les Etats grands et petits* ». Mieux, celle de San Francisco a permis le 26 juin 1945 la signature de la Charte de la nouvelle Organisation. Celle-ci s'est donné des buts et principes, lesquels même s'ils ne traitent pas expressément d'intervention d'humanité ou de responsabilité

[33] A. Rougier, « La théorie de l'intervention d'humanité », R.G.DI.P., 1910, p. 472.

deprotéger, peuvent être invoqués de façon indirecte, c'est-à-dire par ricochet pour des interventions ou opérations de cette nature. Cette Charte énonce des Buts et Principes suivants, aux termes de l'article premier :

1. Maintenir la paix et la sécurité internationales et à cette fin : prendre des mesures collectives efficaces en vue de prévenir et d'écarter les menaces à la paix et de réprimer tout acte d'agression ou autre rupture de la paix, et réaliser par des moyens pacifiques, conformément aux principes de la justice et du droit international, l'ajustement ou le règlement de différends ou de situations, de caractère international, susceptibles de mener à une rupture de la paix ;
2. Développer entre les nations des relations amicales fondées sur le respect du principe de l'égalité de droits des peuples et de leur droit à disposer d'eux-mêmes, et prendre toutes autres mesures propres à consolider la paix du monde ;
3. Réaliser la coopération internationale en résolvant les problèmes internationaux d'ordre économique, social, intellectuel ou humanitaire, en développant et en encourageant le respect des droits de l'Homme et des libertés fondamentales pour tous sans distinction de race, de sexe, de langue ou de religion ;
4. Etre un centre où s'harmonisent les efforts des nations vers ces fins communes.

Par ailleurs, aux termes de l'article premier de la Charte, l'atteinte de ces buts précités ne peut se faire qu'à l'aune des principes ci-après :

- « *L'organisation est fondée sur le principe de l'égalité souveraine de tous ses membres.* » (article 2 paragraphe 1) ;
- « *Les membres de l'organisation, afin d'assurer à tous la jouissance des droits et avantages résultant de leur qualité de membre, doivent remplir de bonne foi les obligations qu'ils ont assumées aux termes de la présente Charte.* » (article 2 paragraphe 2)
- « *Les membres de l'organisation règlent leurs différends internationaux par des moyens pacifiques, de telle manière que la paix et la sécurité internationales ainsi que la justice ne soient pas mises en danger.* » (article 2 paragraphe 3) ;

- Le principe du règlement pacifique des différends : « *Les membres de l'organisation s'abstiennent, dans leurs relations, de recourir à la menace ou à l'emploi de la force, soit contre l'intégrité territoriale ou l'indépendance politique de tout Etat, soit de toute autre manière incompatible avec les buts des Nations Unies.* » (article 2 paragraphe 4) ;
- « *Aucune disposition de la présente Charte n'autorise les Nations Unies à intervenir dans des affaires qui relèvent essentiellement de la compétence nationale d'un Etat ni n'oblige les membres à soumettre des affaires de ce genre à une procédure de règlement aux termes de la présente Charte ; toutefois, ce principe ne porte en rien atteinte à l'application des mesures de coercition prévues au chapitre VII.* » (article 2 paragraphe 7)

De plus, le chapitre VII constitue le point focal de la responsabilité de protéger, en cas de menace contre la paix, de rupture de la paix et d'acte d'agression. Ainsi, aux termes de l'article 39 du chapitre VII de la Charte, « *le conseil de sécurité constate l'existence d'une menace contre la paix, d'une rupture de la paix ou d'un acte d'agression et fait des recommandations ou décide quelles mesures seront prises conformément aux articles 41 et 42 pour maintenir ou rétablir la paix et la sécurité internationales* ».

Il faut préciser que le Conseil de sécurité, conformément à l'article 40, afin d'empêcher la situation de s'aggraver et avant de faire les recommandations ou de décider des mesures à prendre conformément à l'article 39, peut inviter les parties intéressées à se conformer aux mesures provisoires qu'il juge nécessaires et souhaitables. Et mieux, il peut ne pas opter pour l'emploi de la force pour le règlement du conflit. C'est pourquoi, conformément à l'article 41 de la Charte, il lui est loisible de décider quelles mesures n'impliquant pas l'emploi de la force armée, doivent être prises pour donner effet à ses décisions, et peut inviter les membres des Nations Unies à appliquer ces mesures.

Mais lorsque les circonstances l'exigent, le Conseil de sécurité peut utiliser la force pour maintenir la paix et la sécurité internationales. A ce titre, l'article 42 de la Charte énonce que « *si le Conseil de sécurité estime que les mesures prévues à l'article 41 seraient inadéquates ou qu'elles se sont révélées telles, il peut entreprendre, au moyen de forces aériennes, navales ou terrestres, toute action qu'il juge nécessaire au maintien ou au rétablissement de la paix et de la sécurité internationales...* » Pour cette raison, tous les membres des Nations Unies, conformément à l'article 43 de la Charte, pour contribuer au maintien de la paix et de la sécurité internationales, doivent s'engager à mettre à la disposition du Conseil de sécurité, les forces armées et d'autres facilités pouvant aider au rétablissement de la paix.

Cependant, avant d'en arriver aux mesures coercitives, le chapitre VI de la Charte offre à travers son article 33, une chance ou un sursis à l'emploi de la force, au bénéfice ou au profit de la négociation, de l'enquête, de la médiation, de la conciliation, d'arbitrage, de règlement judiciaire, de recours aux organismes ou accords régionaux, ou par d'autres moyens pacifiques. Cette disposition invite les Etats en conflit à l'usage de ces moyens diplomatiques, arbitraux et judiciaires de règlement de conflits.

En outre, le Chapitre VIII relatif aux accords régionaux constitue un autre siège de la responsabilité de protéger au niveau de la Charte des Nations Unies. Les accords ou organismes régionaux sont les instruments de la responsabilité dans sa forme décentralisée. Mais les conditions d'une telle forme de mise en œuvre de la responsabilité de protéger par le principe de subdisiarité, sont précisées à l'article 52 de la Charte. Aux termes de cet article, « *aucune disposition de la présente Charte ne s'oppose à l'existence d'accords ou d'organismes régionaux destinés à régler les affaires qui, touchant au maintien de la paix et de la sécurité internationales, se prêtent à une action de caractère régional, pourvu que ces accords ou ces organismes régionaux et leur activité soient compatibles avec les buts et les principes des Nations Unies...* » La Charte par le canal de l'article 52 alinéa 2 encourage les Membres des Nations Unies qui concluent ces accords ou constituent ces organismes, à régler leur différend de manière pacifique.

Toutefois, l'article 53 de la Charte prévoit que le Conseil de sécurité, utilise s'il y a lieu, les accords ou organismes régionaux pour l'application des mesures coercitives prises sous son autorité.

Paragraphe III : Les observations relatives à la Charte des Nations Unies

Il faut noter ici que certains principes ressemblent dans leur contenu à certains buts des Nations Unies, notamment les principes du règlement pacifique des litiges et le principe de non-recours à la force. Au-delà de la ressemblance de certains principes et de certains buts, il faut noter que la démarcation est nette, puisque ces buts ne sont rien d'autre que les objectifs poursuivis par les Nations Unies, alors que les principes restent les règles du jeu sur la base desquelles les buts ou objectifs seront atteints.

Il faut aussi remarquer que les buts poursuivis par les Nations Unis sont beaucoup plus ambitieux que ceux de la Société des Nations, d'autant plus que les objectifs de celle-ci visent à limiter ou à réglementer la guerre, alors que ceux des Nations Unies ambitionnent d'interdire purement et simplement le recours à la force par non seulement ses membres, mais aussi par les Etats non membres.

Il faut par ailleurs préciser que certains principes ou certains objectifs de la Charte s'inscrivent en droite ligne ou s'alignent sur ceux de la Société des Nations. En effet, le paragraphe 7 de l'article 2 énonce qu'aucune disposition de la Charte n'autorise les Nations Unies à intervenir dans des affaires qui relèvent essentiellement de la compétence nationale d'un Etat, ni n'oblige les membres à soumettre des affaires de ce genre à une procédure de règlement aux termes de la présente Charte, sans toutefois porter atteinte aux dispositions du chapitre VII. Son pendant dans le Pacte de la SDN est l'article 15 paragraphe 8 : « *Si l'une des parties prétend et si le Conseil reconnaît que le différend porte sur une question que le droit international laisse à la compétence exclusive de cette partie, le Conseil le constatera dans un rapport, mais sans recommander aucune solution.* » Ces deux principes parlent implicitement des affaires intérieures des Etats, dans le but de prémunir les Etats de la part d'autres ou de l'institution supranationale que sont la SDN et l'ONU des ingérences de toutes sortes.

Par ailleurs, la Charte s'est assigné pour vocation principale la protection des droits de l'Homme dans le monde. Elle énonce dans son texte, le devoir de l'institution de protéger les droits de l'Homme à travers seulement, les articles 13 alinéa 1 (b), 53 (c), 62 alinéa 2, 68 et 76 (c). Curieusement, ce texte est resté muet sur cette importante tâche dans sa quasi-totalité. Pour comprendre cette mission dans sa quintessence, il faut en appréhender le non-dit pour pouvoir s'en convaincre. Toutefois, elle se rattrape dans les œuvres des Nations Unies, par le moyen du Conseil économique et social qui a institué beaucoup d'institutions à travers la Commission des droits de l'Homme ou conseil des droits de l'Homme, le Comité des droits de l'Homme (institution quasi-juridictionnelle), le Haut commissariat des droits de l'Homme…

Mieux, l'adoption des années plus tard après la création des Nations Unies, d'une myriade de conventions et de Déclarations relatives aux droits de l'Homme, sans oublier la création de la Cour Pénale Internationale (C.P.I.) et des Tribunaux pénaux internationaux ad hoc permet d'affirmer que la Charte est la source profonde de toutes les institutions relatives aux droits de l'Homme.

Les sacro-saints principes de la souveraineté des Etats et du non-recours à la force prônés par la Charte ont parfois amené les Etats à hésiter d'assurer les interventions d'humanité, afin d'éviter la commission de massives violations des droits de l'Homme. C'est la raison pour laquelle E. Spiry estime que le discours de la souveraineté est obsolète, c'est-à-dire suranné et coupable. Il affirme : « *Obsolète, car il applique à des réalités nouvelles des schémas conçus au temps des guerres interétatiques. Coupable, car il offre un alibi à l'abandon et au recul de la civilisation.*[34] » E. Spiry estime que le principe de la souveraineté des Etats est un boulet aux pieds pour ceux-ci, car il ne leur permet pas de protéger les droits de l'Homme dans les situations de crise. C'est pourquoi il conseille à qui de droit que « *la diplomatie préventive devrait alors s'ingérer dans les rivalités ethniques, les problèmes de minorités, les situations belligènes internes et non se limiter à la conception purement interétatique qu'en ont encore de nombreux diplomates et de multiples juristes* »[35].

De plus, le fait de distinguer dans les affaires publiques étatiques, celles relevant de la compétence nationale des Etats par la Charte, est

---

[34]http://www.memoireonline.com /09/07/616/
M_faillite-onu-genocide-tutsi-rwanda-ca uses-echec7.html fn 225.
35http://www.memoireonline.com /09/07/616/
M_faillite-onu-genocide-tutsi-rwanda-ca uses-echec7.html fn226.

un frein à la mise en œuvre de la responsabilité de protéger, permettant ainsi aux Etats de violer dans un silence absolu et « à huis clos », les droits de l'Homme sous leur juridiction.

Les Sommets de Dumbarton Oaks et de San Francisco, dans le processus de création de l'Organisation des Nations Unies (O.N.U.), n'ont pas pu faire la nuance au niveau de la Charte des Nations Unies, entre les concepts « d'accord régional » et « d'organisme régional ». La Charte non plus n'a pas expressément montré que ces concepts sont des synonymes.

Mieux, selon Edem Kodjo, dans le texte de la Charte, l'emploi de la conjonction de coordination « ou » ne traduit pas une disjonctive, mais une alternative[36]. Dans ces conditions, l'on peut déduire que la Charte sans les confondre entièrement, les rapproche, sans toutefois affirmer qu'ils sont des synonymes. Pour parler d'accord régional, selon Pierre Vellas, celui-ci « *doit prévoir une action pour régler les affaires touchant au maintien de la paix et de la sécurité internationales, être conclu entre Etats géographiquement contigus et être conforme aux buts et principes des Nations Unies* »[37]. Dans la même logique, Eelco Van Kleefens corrobore l'idée de Pierre Vellas en affirmant qu'« *un accord régional, en tant que pacte, est une association volontaire d'Etats souverains d'une certaine aire ou ayant des intérêts communs dans cette aire avec des buts communs qui ne soient pas de nature belliqueuse, en rapport avec cette aire* »[38].

De ce qui précède, l'on peut conclure que les rédacteurs de la Charte ont presque confondu les deux concepts, donc les assimilant ou leur donnant le même contenu, tandis qu'une certaine doctrine refuse de les confondre par des arguments précis.

En effet, Pierre Vellas, Jesus Paria Yeses, Boutros Boutros Ghali... estiment qu'un organisme régional se distingue d'un accord régional par son caractère permanent et par les institutions qui l'organisent et qui pérennisent sa coopération entre ses membres. Ouaba Moussa en

---

[36] Edem Kodjo, « Commentaire de l'article 52 de la Charte de l'ONU », J.-P Cot, A. Pellet et M. forteau, *La Charte des Nations Unies.* Commentaire article par article, t.I et II, 3e éd., Paris, Economica, 2005, p.1403s.

[37] Ibid ; p.1374 s.

[38] Edem Kodjo, « Commentaire de l'article 52 de la Charte de l'ONU », loc.cit., p.1374 s.

conclut à juste titre d'ailleurs qu'un simple traité d'assistance mutuelle ou une simple conférence entre Etats ne sauraient être considérés comme des organismes régionaux, aussi longtemps qu'ils n'auront pas d'institutions permanentes[39].

Enfin le principe de l'égalité souveraine des Etats est prôné par la Charte et le Pacte. Mais la mise en œuvre de tous ces buts et principes, notamment concernant la Charte nécessite l'existence de la coopération internationale.

Paragraphe IV : La coopération internationale

La stabilité des Etats sur le plan économique et social reste pour les Nations Unies le seul gage de la paix dans le monde. En effet, la stabilité interne des Etats passe par une économie viable des Etats, nécessitant la bonne gouvernance, la redistribution juste et équitable des ressources de l'Etat au bénéfice de tous les citoyens et surtout la souveraineté de l'Etat sur ses propres ressources, afin de favoriser la justice sociale. C'est la raison pour laquelle la doctrine dite de la souveraineté permanente sur les ressources naturelles, confirmée par les résolutions 1314(XIII) et 1803 (XVII) des Nations Unies, corrobore les droits économiques des peuples appelés à s'émanciper dans le but de les préserver de toutes formes de spoliation économique par non seulement la puissance coloniale, mais aussi les grandes puissances. Mieux, l'article 1er alinéa 2 des pactes onusiens de 1966 corrobore l'idée en les termes suivants : « ... *2. Pour atteindre leurs fins, tous les peuples peuvent disposer librement de leurs richesses et de leurs ressources naturelles, sans préjudice des obligations qui découlent de la coopération économique internationale, fondée sur le principe de l'intérêt mutuel, et du droit international. En aucun cas, un peuple ne pourra être privé de ses propres moyens de subsistance...* » En d'autres termes, selon l'article 55 de la Charte, « ... *Le relèvement des niveaux de vie, le plein emploi, et des conditions de progrès et de développement dans l'ordre économique et social...* » et « ... *La solution des problèmes internationaux dans les domaines économique, social, de la santé publique et autres*

[39] Moussa Ouoba, *La CEDEAO et le chapitre VIII de la Charte des Nations Unies. Aspects récents du maintien de la paix et de la sécurité en Afrique de l'Ouest*, Mémoire de master2 recherche, Droit international public, 2003, sous la direction de Stéphane Doumbé-Billé, Profeseur à l'Université Jean-Moulin Lyon3, p.35.

problèmes connexes, et la coopération internationale dans les domaines de la culture intellectuelle et de l'éducation... » peuvent permettre de créer les conditions de stabilité et de bien-être nécessaires pour assurer entre les nations des relations pacifiques et amicales fondées sur le respect du principe de l'égalité des droits des peuples et de leur droit à disposer d'eux-mêmes... (Article 55).

Par ailleurs, la stabilité des Etats passe aussi par le respect universel et effectif des droits de l'Homme et des libertés fondamentales pour tous, sans distinction de race, de sexe, de langue ou de religion (article 55). C'est dire que la violation des droits de l'Homme, quelle que soit sa forme, est un risque que l'humanité court de voir la paix remise en question. Et c'est pourquoi, l'article 55 encourage la coopération internationale, c'est-à-dire, les interventions d'humanité pour stopper les violations des droits de l'Homme où qu'elles se produisent. Mieux encore les peuples en quête d'autodétermination doivent bénéficier de la coopération internationale, d'autant plus que selon les Nations Unies, l'oppression des peuples par les Etats coloniaux constitue un risque pour la sécurité internationale. C'est pourquoi les mouvements de libération nationale reconnus par les Nations unies doivent selon celles-ci bénéficier de droits et obligations fonctionnels qui en font des sujets du droit international.

Section III : Des objectifs relatifs à la protection et la défense des droits de l'Homme

La protection et la défense des droits de l'Homme par l'Organisation des Nations Unies (O.N.U.) procèdent de sa propre charte. Mais cette entreprise de protection imposée par la- dite charte s'est faite par l'Organisation des Nations Unies de façon progressive. C'est pourquoi les premiers jalons dans cette nouvelle mission (Paragraphe I) et la défense des droits fondamentaux (Paragraphe II) méritent d'être assurés.

Paragraphe I : Les premiers jalons

« *Nous, Peuples des Nations Unies, résolus... à proclamer à nouveau notre foi dans les droits fondamentaux de l'Homme, dans la dignité et la valeur de la personne humaine, dans l'égalité de droit des hommes et des femmes, ainsi que des nations, grandes et petites...* » ; ainsi, des

actes de cécité humaine ont conduit les NationsUnies à proclamer leur foi en la dignité humaine.
La Deuxième Guerre mondiale va « fouetter » l'élan de cette renaissance des droits de l'Homme opérée par la SDN par une somme d'événements majeurs qui vont donner naissance à la Déclaration universelle des droits de l'Homme le 10 décembre 1948. Cette Déclaration fut l'une des grandes révolutions de l'après guerre et est la résultante d'au moins sept importants textes :

- la Déclaration de Roosevelt dite des « quatre libertés », qui proclame que « *la liberté, c'est les droits de l'Homme partout* » ;
- la Charte de l'Atlantique, issue d'une historique rencontre entre Churchill et Roosevelt sur un navire de guerre en 1941qui tout en énonçant les objectifs de la guerre, reprend partiellement les « quatre libertés » de Roosevelt et affirme entre autres, la « *liberté d'opinion, d'expression, de confession, le droit d'être à l'abri des besoins naturels* ». Elle sera suivie juste après par ;
- la Déclaration des Nations Unies en janvier 1942 adoptée par 26 Etats qui décident de contrer les puissances germano-italiennes de l'Axe. Ces 26 Etats se disent convaincus qu'une « *victoire complète sur leurs ennemis – l'Allemagne et le Japon – est essentielle* » pour conserver les droits humains et la justice dans leur propre pays ainsi que dans les autres nations ». Ils furent les premiers Etats fondateurs de l'Organisation des Nations Unies (ONU).
- la Déclaration de la conférence de Dumbarton Oaks du 7 octobre 1944 qui affirme que « *le respect des droits de l'Homme et des libertés fondamentales* » est lié au retour de la paix ;
- la Déclaration de la conférence de Chapultepec(21 Février-8 mars 1945) où 21 Etats du continent américain proclament
- « *le principe de l'égalité des droits pour tous les hommes quelles que soient leur race ou leur religion* ». La même année, c'est-à-dire le 26 juin 1945 :
- la conférence de San Francisco adopte la Charte des NationsUnies qui contient sept références aux droits de l'Homme. La Charte comme nous venons de l'affirmer plus haut, proclame dans son préambule, la foi des Nations Unies « *dans les droits*

fondamentaux de l'Homme, dans la dignité et la valeur de la personne humaine dans l'égalité des droits des hommes et des femmes » et s'engage à favoriser « *le respect universel et effectif des droits de l'Homme et des libertés fondamentales pour tous, sans distinction de race, de sexe, de langue ou de religion* ».
Son adoption donna ainsi officiellement naissance à l'Organisation des Nations Unies (O.N.U) et scella ainsi, la reconnaissance internationale des droits de l'Homme, dont la défense est considérée comme étant indissociable avec la recherche de la paix.

Suivront par la suite, l'acte constitutif de l'U.N.E.S.C.O(Organisation des NationsUnies pour l'Education, la Science et la Culture) en 1945, puis la Déclaration universelle des droits de l'Homme du 10 décembre 1948 déjà évoquée[40], puis de nombreuses Déclarations et conventions relatives aux droits de l'Homme adoptées plusieurs années plus tard sous les auspices des Nations Unies.

Paragraphe II : L'adoption de la Déclaration universelle des droits de l'Homme, le 10 décembre 1948

Conformément à l'article 68 de la Charte, le Conseil économique et social a créé en 1946 une commission des droits de l'Homme chargée d'étudier les questions relatives aux droits de l'Homme.
L'Assemblée générale des Nations unies transmit à cette commission lors de sa première session, un projet de Déclaration sur les droits de l'Homme et les libertés fondamentales pour qu'elle l'examine et aide à sa future naissance. Pour ce faire, un comité de rédaction a été mis sur pieds, présidé par Mme Eléonor Roosevelt et comptant en son sein le français René Cassin, le chinois Peng-Chun Chang, le Canadien John Emphrey, et le Libanais Charles Malick.
La commission des droits de l'Homme devant lutter pour le respect et la promotion des droits de l'Homme partout dans le monde avait toutefois des objectifs immédiats : la création d'une charte internationale des droits de l'Homme comprenant une Déclaration des droits de l'Homme (les principes généraux des droits de l'Homme) et une convention des droits de l'Homme (les droits spécifiques et leurs limitations) rebaptisée peu après pacte relatif aux droits humains.

---

[40] Jean-Nazaire Tama, *Droit international et africain des droits de l'Homme*, Harmattan, Paris, 2012, pp 52-53.

Pendant l'élaboration de la Déclaration qui a duré deux ans, des conceptions fondamentalement différentes se heurtaient, vu l'origine des participants provenant de 58 pays environ.

Les pays du continent américain représentaient 36% des participants, ceux de l'Europe 27%, l'Asie 24%, l'Afrique 6% et l'Océanie 5%[41]. Un auteur a proposé d'autres classifications : 52 pays plus ou moins proches des USA ; et 6 vivant en relation étroite avec l'URSS ; ou encore, 34 délégations venant de régions dont la culture avait été plus ou moins marquée par le christianisme, 11 par la culture islamique, 4 par la culture bouddhiste[42].

Ainsi des divergences de points de vue ont jalonné toute la durée de la session sans toutefois empêcher que l'unanimité soit obtenue sur des principes fondamentaux qui ont été inclus dans le document final : les principes de la non-discrimination, des droits civils et politiques et ceux des droits sociaux, économiques et culturels. Ils ont donné une vocation universelle à la déclaration.

C'est pourquoi à Paris le 10 décembre 1948, les Nations Unies adoptent définitivement la Déclaration universelle des droits de l'Homme au palais de Chaillot par 48 pays. Cependant, il y a eu 8 abstentions exprimant des réserves et non des désaccords : parmi ces 8 pays, 6 pays provenaient du groupe communiste et qui regrettaient l'accent mis sur les libertés individuelles plutôt d'accorder la primauté à la collectivité et à l'Etat qui doit jouer un rôle clef dans le progrès social.
Le même jour, l'Assemblée Générale demande à la commission des droits de l'Homme de préparer un projet de pacte relatif aux droits de l'Homme et d'envisager les mesures de mise en œuvre de ce pacte.

La Déclaration universelle des droits de l'Homme sera complétée (18) dix-huit ans plus tard en 1966 par deux pactes internationaux et un protocole qui en garantiront l'application. Ces textes sont entrés en vigueur en 1976.

---

[41] Guy Aurenche, *L'Aujourd'hui des droits de l'Homme* ; Nouvelle cité, Paris, 1980, p 30.
[42] Philippes de la chapelle cité par Guy Aurenche.

Enfin, il faut préciser que la Déclaration universelle des droits de l'Homme qui se présente comme « l'idéal commun » à atteindre par tous les peuples et toutes les nations n'a pas de portée juridique, mais morale. Toutefois, elle a une légitimité provenant des Etats du monde qui pour la plupart l'ont insérée dans leur constitution[43].

En bref, Les Nations Unies se sont dotées d'instruments juridiques connus sous le nom de charte internationale des droits de l'Homme qui constitue les moyens juridiques textuels dont elles se sont dotées pour promouvoir et défendre les droits de l'Homme.
Il s'agit de :

- la Déclaration universelle des droits de l'Homme du 10 décembre 1948 ;
- le pacte international relatif aux droits civils et politiques de 1966 ;
- le pacte international relatif aux droits économiques et sociaux de 1966 ;
- le protocole facultatif se rapportant au pacte civil et politique de 1966 et ;
- le protocole facultatif relatif au pacte civil et politique de 1966, mais se rapportant à la peine de mort.

Il faut ainsi définir la Charte internationale des droits de l'Homme comme étant l'ensemble des textes juridiques de base du système des Nations Unies ayant pour vocation d'assurer la promotion et la défense des droits de l'Homme dans le monde au lendemain de la Deuxième Guerre mondiale. Il faut préciser aussi qu'en dehors de la Charte internationale des droits de l'Homme qui constitue une arme juridique précieuse de protection et de défense des droits de l'Homme dans le monde aux mains des Nations Unies, la Charte de celles-ci, constitue aussi un autre moyen juridique de protection de droits de l'Homme parce que constituant le socle de la Charte internationale des droits de l'Homme.

---

[43] Jean-Nazaire Tama, op.cit., pp 54-55.

Section IV : Autres objectifs

La conduite effective des Etats non autonomes à l'indépendance (Paragraphe I) puis leur démocratisation en vue d'un développement durable (Paragraphe II) le désarmement (Paragraphe III) et la protection de l'environnement (Paragraphe IV) constituent quelques buts les plus essentiels de l'Organisation des Nations Unies.

Paragraphe I : La conduite progressive des Etats non autonomes à l'indépendance

Le droit des peuples à disposer d'eux-mêmes a été prononcé et affirmé pour la première fois par la Révolution française. Il a eu pour corollaire immédiat l'affirmation du principe des nationalités en Europe qui a conduit à la formation des nations européennes au XIXe siècle, notamment avec l'unité de l'Italie et de l'Allemagne. Bien que les puissances européennes n'aient pas voulu de ce principe pour pouvoir asseoir leur domination sur certains peuples, il a fini par avoir au fil du temps, une portée universelle[44].

Au lendemain de la Première Guerre mondiale, c'est au tour des quatorze points de Wilson de l'évoquer de façon voilée, car ils préconisaient « *un arrangement libre dans un esprit large et absolument impartial de toutes les revendications coloniales* ».

Toutefois, le pacte de la SDN ne faisait pas obligation aux puissances colonisatrices de se retirer des colonies qu'elles ont placées sous leur domination en vue de leur autodétermination ; surtout lorsqu'on sait qu'après le retrait des Etats-Unis de cette institution que ceux-ci ont aidée à instituer, les Européens vainqueurs lui ont donné pour mission de veiller à leurs intérêts.

Le droit des peuples à disposer d'eux-mêmes ou principe de l'auto-détermination des peuples est devenu un principe cardinal du droit international accordant des droits à des communautés entières, notamment à des peuples qui ne sont pas libres. Ce principe cardinal du droit international est consacré d'une part par la charte des Nations Unies qui à deux reprises, affirme le « *principe de l'égalité de droits des peuples et de leur droit à disposer d'eux-mêmes* » (article 1er paragraphe 2), et d'autre part par des textes juridiques adoptés sous la

---

[44] Pierre-Marie Dupuy, *Droit international public,* Dalloz, 5ème édition, 2000, p.127.

houlette de l'Organisation des Nations Unies. Il s'agit de la Déclaration sur l'octroi de l'indépendance aux pays et aux peuples coloniaux (Résolution 1514 (XV))[45], considérée comme étant la charte de la décolonisation et les deux pactes onusiens de 1966 relatifs aux droits de l'Homme, c'est-à-dire le pacte international relatif aux droits civils et politiques et le pacte international relatif aux droits économiques, sociaux et culturels qui donnent au principe, une base conventionnelle : « *1. Tous les peuples ont le droit de disposer d'eux-mêmes. En vertu de ce droit, ils déterminent librement leur statut politique et assurent librement leur développement économique, social et culturel. 2. Pour atteindre leurs fins, tous les peuples peuvent disposer librement de leurs richesses et de leurs ressources naturelles, sans préjudice des obligations qui découlent de la coopération économique internationale, fondée sur le principe de l'intérêt mutuel, et du droit international. En aucun cas, un peuple ne pourra être privé de ses propres moyens de subsistance. 3. Les Etats parties au présent pacte, y compris ceux qui ont la responsabilité d'administrer des territoires non autonomes et des territoires sous tutelle sont tenus de faciliter la réalisation du droit des peuples à disposer d'eux-mêmes, et de respecter ce droit, conformément aux dispositions de la Charte des Nations-Unies.* » Il faut rappeler aussi que le droit des peuples a été rappelé à l'article 55 de la charte : « *En vue de créer les conditions de stabilité et de bien-être nécessaires pour assurer entre les nations des relations pacifiques et amicales fondées sur le respect du principe de l'égalité des droits des peuples et de leur droit à disposer d'eux-mêmes, les Nations Unies favoriseront : a) le relèvement des niveaux de vie, le plein emploi et des conditions de progrès et de développement dans l'ordre économique et social ; b) la solution des problèmes internationaux dans les domaines économique, social, de la santé publique et autres problèmes connexes, et la coopération internationale dans les domaines de la culture intellectuelle et de l'éducation ; c) le respect universel et effectif des droits de l'Homme et des libertés fondamentales pour tous, sans distinction de race, de sexe, de langue ou de religion.* »

---

[45] Selon Patrick Daillier et Alain Pellet, la postérité de la résolution 1514 (XV) a confirmé la vigueur de la volonté politique anti-coloniale. Dès 1961, par la Résolution 1654 (XVI), est mis en place le Comité de décolonisation, ou « Comité des 24 », qui « dévalorise » le conseil de tutelle et entreprend énergiquement la mise en œuvre concrète de la Déclaration.

Avant l'adoption des deux pactes, l'Assemblée générale des Nations Unies en 1966 réaffirme avec force, par sa résolution 2189 (XXI), que la persistance du régime colonial met en danger la paix et la sécurité internationales[46]. Mieux, la Déclaration affirme que « *le manque de préparation dans les domaines politique, économique ou social et dans celui de l'enseignement ne doit jamais être pris comme un prétexte pour retarder l'indépendance* » (Paragraphe3). De plus, le dixième anniversaire de la Déclaration coïncidant avec le vingt-cinquième anniversaire de la Charte des Nations unies (1970), l'Assemblée générale adopte deux textes fondamentaux : sa résolution 2621 (XXV) établit un « *programme d'action pour l'application intégrale de la Déclaration* », et sa résolution 2625 (XXV) « codifie » les sept « *principes du droit international touchant les relations amicales et la coopération entre les Etats conformément à la Charte des Nations-Unies* », parmi lesquels celui de l'égalité de droits des peuples et de leur droit à disposer d'eux-mêmes[47]. C'est dire que le droit international a mis les garde-fous nécessaires à la mise en œuvre de ce principe du droit des peuples à disposer d'eux-mêmes. Toutefois, un autre principe colonial de droit international inventé en Amérique latine, adopté non seulement par l'Organisation de l'Unité Africaine (O.U.A.), mais aussi par l'Organisation des Nations Unies (O.N.U.) a vu le jour et a « *fabriqué de toutes pièces des mesures ou mécanismes d'interférence* » de celui-ci sur le principe de l'auto-détermination des peuples à disposer d'eux-mêmes. C'est le principe de l'*Uti possidetis juris* qui vise à maintenir la situation territoriale telle qu'elle était au moment de l'accès à l'indépendance[48]. Ce principe qui a été longtemps purement régional comme nous venons

---

[46] Sur la question, voir G. Scelle, « Quelques réflexions sur le droit des peuples à disposer d'eux-mêmes », Mél. Spiropoulos, p.385 ; M. Virally, « Droit international et décolonisation devant les Nations-Unies », A.F.D.I., 1963 pp508-541 ; S. Calogeropoulos-Stratis, *Le droit des peuples à disposer d'eux-mêmes,* Bruylant, Bruxelles, 1973, 388p .; I. Fall, *Contribution à l'étude du droit des peuples à disposer d'eux-mêmes en Afrique*, Thèse, Paris, 1972, 462p ; D. Mathy, « L'autodétermination des petits territoires revendiqués par des Etats tiers », R.B.D.I., 1974, pp167-207 ; P. Ardant, « Que reste-t-il du droit des peuples à disposer d'eux-mêmes ? », *Pouvoirs* 1991, n°57, p43-54 ; Ph. Moreau-Defarges, « L'ONU et le droit des peuples à disposer d'eux-mêmes », *Pol. Eur,* 1993, p.659-671 …

[47] Patrick Daillier, Alain Pellet, *Droit international public,* L.G.D.J, 6ème édition, Paris, 1999, pp514-515.

[48] Emmanuel Decaux, Olivier de Frouville, *Droit International public*, Dalloz, 8eme édition, Paris, 2012, p.160.

de le souligner a été transposé en Afrique à la suite d'une résolution de l'Organisation de l'Unité Africaine (O.U.A.) adoptée dès sa première session de juillet 1964 au Caire et la Déclaration de la Conférence des non-alignés du Caire, octobre 1964 afin d'éviter d'ouvrir des contentieux[49] sans fin entre les nouveaux Etats issus de la décolonisation[50]. L'histoire du continent africain offre de nombreux exemples de velléités de sécession devant aboutir non seulement à une partition de nouveaux Etats indépendants, mais surtout à la création d'un nouvel Etat indépendant, bénéficiant des prérogatives liées à tout Etat souverain. Ces mouvements sécessionnistes formés sous la bannière du principe de l'autodétermination des peuples à disposer d'eux-mêmes n'ont pas prospéré pour la plupart non seulement en Afrique, mais sur les autres continents. La question que l'on pourrait se poser est de savoir quels sont les véritables bénéficiaires de ce principe cardinal du droit international.

A ce niveau, les bénéficiaires de ce droit collectif constituent des peuples qui sont sous le joug colonial ou raciste. Mais au lendemain des indépendances, la place de l'oppresseur colonial ou raciste est occupée par des Africains, des communautés dominatrices ou des dirigeants d'un autre statut politique, social ou économique au pouvoir mettant en œuvre une politique gouvernementale d'exclusion et de développement national disharmonieux et déséquilibré, validée par des instances républicaines internes de l'Etat ou une société civile nationale non libre et corrompue. Des minorités ethniques ou raciales ou des peuples autochtones engloutis ou étouffés volontairement par quelques grands peuples essayent de se dégager de l'étreinte des peuples majoritaires qui pratiquent une politique d'assimilation culturelle ou de déracinement culturel des minorités. Dans certaines situations, la religion sert de prétexte à certains peuples libres d'asservir d'autres d'obédience religieuse différente. De plus, le principe de l'*Uti possidetis juris* évoqué plus haut, est la cerise sur le gâteau, car il vient compromettre au nom de la stabilité des Etats

[49] La cour internationale de justice a elle-même consacré la portée générale du concept de l'*uti possidetis*, d'abord implicitement pour l'affaire du plateau continental Tunisie-Libye (CIJ 24 févr.1982, fond, Rec. 1982, 18), puis explicitement avec son arrêt du 22 décembre 1986 dans l'affaire du différend frontalier Burkina Faso-Mali : c'est selon Emmanuel Decaux et Olivier de Frouville, « un principe général logiquement lié au phénomène de l'accession à l'indépendance où qu'il se manifeste » (Rec.1986, paragraphe 20).

[50] Emmanuel Decaux, Olivier de Frouville, op.cit., p.160.

nouvellement indépendants ou des Etats indépendants, l'affranchissement de certains peuples qui sont dominés culturellement, linguistiquement et privés de développement auxquels on empêche de s'émanciper.

Autant de motifs de velléités sécessionnistes ou d'indépendance que le principe de l'autodétermination des peuples à disposer d'eux-mêmes n'avait pas intégrés dans le corpus juridique international pour être juste et pour survivre au contexte colonial. Cette situation alimente certains conflits çà et là dans le monde, et notamment en Afrique dans le Sahel, au Moyen-Orient et au proche orient et même à l'extrême orient. Certains conflits dans ce sens sont pour l'instant étouffés momentanément.

Par ailleurs, certains territoires dont les populations ne s'administrent pas encore complètement au lendemain de la création des Nations Unies sont mis sous tutelle de certaines puissances étatiques, sur la base d'un accord de tutelle, dans le but d'être progressivement conduits à l'indépendance. Ces puissances selon la Charte de l'Organisation ont reconnu le principe de la primauté des intérêts des habitants de ces territoires et ont accepté, comme une mission sacrée, l'obligation dans toute la mesure du possible de favoriser leur prospérité dans le cadre du système de paix et de la sécurité internationales établi par la Charte. Il s'agit en d'autres termes d'un régime de tutelle auquel sont soumis ces territoires, qui a pour but d'assurer le progrès social, économique et social de ces territoires, de même que le développement de leur instruction. Il a également pour but de développer leur capacité de s'administrer eux-mêmes, d'affermir la paix et la sécurité internationales, de favoriser des mesures constructives de développement, d'encourager des travaux de recherches, d'encourager le respect des droits de l'Homme et des libertés fondamentales… (Article 73 de la Charte).

D'autres sur la base d'accords de tutelle feront l'objet de tutelle, mais sous un autre régime appelé mandat. Tous ces Etats conduits à l'indépendance seront encouragés à établir librement un système, voire un régime politique de leur choix, mais un régime favorable au respect des droits de l'Homme et des libertés fondamentales, à l'état de droit, à la démocratie et à la bonne gouvernance. Pour les Nations Unies, un Etat remplissant ces objectifs ci-dessus cités, pourrait être celui qui est de nature à favoriser la paix et la sécurité internationales.

Paragraphe II : Le développement du constitutionnalisme et de la démocratie au sein des Etats du Tiers-Monde

« *Tous les peuples ont le droit de disposer d'eux-mêmes. En vertu de ce droit, ils déterminent librement leur statut politique et assurent librement leur développement économique, social et culturel...* » (Article 1er des pactes onusiens de 1966). Le droit à l'autodétermination des peuples est pluridimensionnel : il est non seulement politique, mais aussi économique, social et culturel. Il signifie également que les Etats ont le droit d'accéder à la souveraineté internationale, à l'indépendance politique, mais que ceux-ci ont la liberté de choisir le mode de régime politique qu'ils trouvent favorable aux aspirations de leur peuple.

Défini comme étant « *tous les éléments de droit et de fait qui permettent de rendre compte du mode d'organisation et de fonctionnement du pouvoir politique dans une société déterminée* »[51], le régime politique est pratiquement comme un système politique, et peut être désastreux pour un pays, s'il n'est pas conforme aux réalités culturelles voire sociologiques d'un peuple. C'est pourquoi il n'est pas imposé aux peuples, tout comme le mode économique de gestion d'une nation. C'est dire que les peuples sont libres d'adopter un système politique démocratique, socialiste ou marxiste. Ils peuvent opter pour le libéralisme économique ou un système économique dirigiste pour la gestion de leur économie.

Au-delà de cette liberté accordée aux Etats de choisir leur mode politique de gestion interne, le système démocratique semble être le système recommandé par la Charte des Nations Unies et les textes juridiques emblématiques du système des Nations Unies. Le système démocratique est celui qui accorde beaucoup de places aux droits de l'Homme et aux libertés fondamentales : « *Nous, Peuples des Nations Unies, résolus (...) à proclamer à nouveau notre foi dans les droits fondamentaux de l'Homme, dans la dignité et la valeur de la personne humaine, dans l'égalité de droits des hommes et des femmes, ainsi que des nations, grandes et petites (...)* » (Préambule de la Charte des Nations Unies) ; « *(...) Considérant qu'il est essentiel que les droits de l'Homme soient protégés par un régime de droit pour que l'Homme*

---

[51] De Villiers (M.), *Dictionnaire du Droit constitutionnel*, Paris, 4ème éd. Armand Colin, 2003, p.205.

ne soit pas contraint, en suprême recours, à la révolte contre la tyrannie et l'oppression (...) » (Préambule de la Déclaration universelle des droits de l'Homme). Ces deux extraits de préambule, respectivement de la Charte des Nations Unies et de la Déclaration universelle des droits de l'Homme, recommandent aux Etats, vu la valeur sacrée de l'Homme, sa dignité, son égalité à travers les sexes, un régime de limitation de pouvoirs ou régime constitutionnel. C'est dans cette forme de régime politique ou de système politique que les droits de l'Homme et les libertés fondamentales seraient respectés. C'est dans cette forme de régime politique qu'il y a moins de risques d'arbitraires, puisque les pouvoirs sont séparés : le pouvoir exécutif, le pouvoir législatif et le pouvoir judiciaire. Dans cette forme de régime politique, le pouvoir est donc limité par le droit, notamment les droits de l'Homme et les libertés fondamentales. En d'autres termes, il s'agit du constitutionnalisme. Il y a constitutionnalisme lorsque selon l'idéologie de la Révolution française de 1789, une certaine forme d'organisation et de gestion du pouvoir est requise. C'est celle qui garantit les libertés individuelles en indiquant aux pouvoirs constitués par le pouvoir constituant, les limites de leurs propres actions, de leurs propres manifestations ou expressions. C'est le répondant de la formule de la Déclaration des droits de l'homme et du citoyen de 1789-1791 : « *Toute société dans laquelle la garantie des droits n'est pas assurée ni la séparation des pouvoirs déterminée n'a pas de constitution.* » (art.16) Ici, il s'agit d'une préférence politique, d'une façon de faire la politique, d'une vue ou d'une vision politique, d'une juridicisation du pouvoir, avec au cœur de cette politique ou vision, la protection des libertés, notamment individuelles, moteur de tout développement. C'est cette forme d'organisation politique que la doctrine révolutionnaire dans la terminologie du droit public a appelé le régime constitutionnel, pour désigner selon Georges Burdeau, une forme de gouvernement où les prérogatives du pouvoir sont limitées[52]. C'est dans ce sens qu'on oppose très souvent la monarchie constitutionnelle à la monarchie absolue.

Le constitutionnalisme suppose donc que pour qu'il y ait garanti des droits des citoyens et des personnes, il faut une hiérarchie des normes dans un pays, laquelle hiérarchie des normes est la mise en place d'un ordre juridique impliquant, le respect par la norme inférieure, de la

---

[52] Voir C.J. Friedrich, *La démocratie constitutionnelle*, trad. Franç.,1958, pp.25 et suiv.

norme supérieure ; la constitution étant la norme suprême, celle qui constitue la boussole de l'Etat dans la production des normes.

Il suppose également la création d'un organe qui a pour vocation d'assurer le respect de cette supériorité hiérarchique de la constitution[53]. Les cours suprêmes dans certains Etats, et surtout les cours constitutionnelles dans la plupart des Etats constituent l'organe principal chargé de veiller à la supériorité des normes constitutionnelles sur les autres normes étatiques par le mécanisme du contrôle de constitutionnalité des actes juridiques.

Conformément aux normes de la Charte (le Chapitre VIII), les organismes régionaux concourent à des actions de construction démocratique des Etats, notamment du Tiers-Monde ; des actions qui sont compatibles avec les buts et les principes des Nations Unies. C'est l'exemple de la Charte africaine de la démocratie, des élections et de la gouvernance, adoptée par la huitième session ordinaire de la conférence de l'Union Africaine tenue le 30 janvier 2007 à Addis Abeba. L'article 23 de cette charte oblige les Etats africains à « *promouvoir la tenue régulière d'élections transparentes, libres et justes afin d'institutionnaliser une autorité et un gouvernement légitimes ainsi que les changements démocratiques de gouvernement* ». C'est aussi l'exemple de la déclaration de Bamako du 3 novembre 2000 adoptée en conclusion du symposium international sur le bilan des pratiques de la démocratie, des droits et des libertés dans l'espace francophone. C'est enfin l'exemple de la Déclaration universelle sur la démocratie, adoptée sans vote par le Conseil interparlementaire de l'Union interparlementaire, lors de sa 161e session au Caire, le 16 septembre 1997.

En d'autres termes, tout ce qui peut être de nature à assurer la sécurité internationale est recommandé et encouragé par les Nations Unies. C'est pourquoi, selon le préambule de la Déclaration universelle des droits de l'Homme « *(...) la méconnaissance et le mépris des droits de l'Homme ont conduit à des actes de barbarie qui révoltent la conscience de l'humanité et que l'avènement d'un monde où les êtres humains seront libres de parler et de croire, libérés de la terreur et de la misère, a été proclamé comme la plus grande aspiration de*

---

[53] Voir Eric Oliva, Sandrine Giummarra, *Droit constitutionnel*, (collection aide-mémoire), Dalloz, 7e édition, Paris, 2011.

l'homme ». Et ce monde où les êtres humains seront libres de parler et de croire, libérés de la terreur et de la misère, c'est un monde politiquement démocratique, où tout se fait à l'aune du droit.

Paragraphe III : Le désarmement

La pacification du monde et l'interdiction du recours à la force riment avec le désarmement. Qui veut la paix prépare la guerre dit l'adage. Cette logique a trouvé son terrain de prédilection avec la bipolarisation du monde en deux blocs Est-Ouest, pendant la guerre froide au lendemain de la Seconde Guerre mondiale. L'Est représenté par l'Union des républiques socialistes soviétiques et l'Ouest par les Etats-Unis d'Amérique devaient se préserver du « mal » par un armement effréné qui a conduit le monde à la course aux armements. Seul l'équilibre de la terreur avait momentanément mis le monde à l'abri de toute attaque militaire provenant d'un des deux camps, d'autant plus qu'il fallait rechercher un équilibre stable entre les deux camps. Il était question donc d'assurer une égale sécurité pour tous. Cette situation de risque et de danger militaires avait atteint son paroxysme avec la détention des armes de destruction massive dont l'arme nucléaire par certaines puissances des deux camps, au point qu'il fallait craindre des années plus tard une prolifération desdites armes. Toutes les inventions technologiques militaires étaient bonnes pour anéantir le camp adverse. C'est pourquoi dans sa résolution 1540 du 28 avril 2004, le Conseil de sécurité a affirmé que « *la prolifération des armes nucléaires, chimiques et biologiques et de leurs vecteurs constitue une menace pour la paix et la sécurité internationales* », avant de fixer le monde sur les « *responsabilités premières que lui confère la Charte des Nations Unies* ». A ce titre, il affirme qu'il est « *décidé à faciliter à l'avenir une réponse effective aux menaces mondiales dans le domaine de la non-prolifération* ».

C'est pourquoi, sur la base du chapitre VII, le Conseil de sécurité demande « *à tous les Etats de promouvoir l'adoption universelle et l'application intégrale et, au besoin, le renforcement des traités multilatéraux auxquels ils sont parties qui ont pour objet d'empêcher la prolifération d'armes nucléaires, chimiques ou biologiques* » (paragraphe 8 a). Il prie, s'inspirant de l'attitude des autorités iraquiennes, les Etats à coopérer franchement avec l'Agence internationale de l'énergie atomique et l'Organisation pour l'interdiction des armes chimiques et de respecter le droit international en mettant en œuvre la convention sur l'interdiction des armes biologiques « *qui sont des moyens importants de poursuivre et d'atteindre leurs objectifs communs dans le domaine de la non-prolifération et de promouvoir la coopération internationale à des fins pacifiques*[54] » (Paragraphe 8c). En bref, le désarmement nucléaire, l'interdiction des armes bactériologiques et chimiques, le désarmement conventionnel étaient sur la ligne de mire de l'Organisation des Nations Unies, notamment le Conseil de sécurité. Toutefois, les résultats auxquels les Nations Unies sont parvenues sont mitigés.

Paragraphe IV : La protection de l'environnement

La protection de l'environnement s'est invitée incidemment dans les attributions de l'Organisation des Nations Unies. Les problèmes écologiques auxquels le monde s'est trouvé confronté de façon remarquable, longtemps après la création des Nations Unies, ont amené l'institution, à prendre à bras le corps, les problèmes liés à l'environnement. Tout ce qui est de nature à troubler la paix et la sécurité internationales doit faire la préoccupation des Nations Unies. Beaucoup de secteurs ont fait les sujets de réflexions des acteurs de développement sous la férule des Nations Unies. Par exemple, la protection de l'écosystème global préoccupait les Nations Unies ; surtout les pollutions atmosphériques transfrontalières, confinées surtout en Europe et en Amérique du Nord mobilisaient les esprits.

Les pollutions atmosphériques présentent un caractère global, et c'est pourquoi tous les Etats, aussi bien du Nord que du Sud sont concernés, d'autant plus que les pollutions atmosphériques ne connaissent ni les frontières, ni la démarcation entre Etats du Nord et Etats du Sud.

Dans cette rubrique de protection de l'écosystème global, la préservation du système climatique n'est pas en reste, d'autant plus que le réchauffement climatique se fait de plus en plus prégnant à cause de l'activité industrielle. Même l'espace extra-atmosphérique n'est pas oublié.

La faune et la flore sont également concernées, notamment la protection des espèces menacées et la protection de la diversité

---

[54] Emmanuel Decaux, Olivier de Frouville, *Droit international public*, Dalloz, 8ème édition, Paris, 2012, p.432.

biologique, sans oublier la protection des forêts et la lutte contre la désertification. Cette lutte s'est matérialisée par l'adoption d'un certain nombre de conventions sous les auspices des Nations Unies : la convention sur la diversité biologique du 5 juin 1992, la convention des Nations Unies adoptée le 17 juin 1994 à Paris concernant la lutte contre la désertification dans les pays gravement touchés par la sécheresse et/ou la désertification, la convention pour la protection de la couche d'ozone adoptée le 22 mars 1985, la Déclaration de Rio sur les forêts de 1992... Les intérêts économiques divergents des puissances industrielles de la planète ne permettent pas de réels progrès sur la question. Toutefois, le danger que court le monde dans l'incurie des puissances industrielles polluantes se fait de plus en plus net, au point d'amener des puissances industrielles comme les Etats-Unis d'Amérique, la Chine et quelques autres puissances industrielles montantes, comme l'Inde, le Brésil... à assouplir leur position d'intransigeance quant à la prise de mesures internes pour diminuer leur taux de gaz polluant émis par leurs industries.

Chapitre II
La responsabilité de protéger en berne pendant les années mille neuf cent-quatre-vingt-dix

Des actes de cécité humaine et une folie meurtrière s'emparèrent de l'Afrique dans les Grands Lacs et de l'Europe dans les Balkans, sans que personne ne « bronche ». Des homicides de masse, du moins des crimes de lèse-humanité étaient devenus le lot quotidien du monde dans ces deux régions de la planète, dans une presque indifférence de la Communauté internationale, avec à sa tête, les Nations Unies. Les tragédies humaines des années mille neuf cent quatre-vingt-dix (Section I) et l'Organisation des Nations Unies, victime des puissances occidentales (Section II) serviront de toile de fond aux présentes réflexions.

Section I : Les tragédies humaines des années mille neuf cent quatre-vingt-dix

Les Grands Lacs et les Balkans ont été le théâtre de graves et massives violations des droits de l'Homme, à nulle autre pareille. Les crimes les plus odieux, jamais commis au lendemain de la Deuxième Guerre mondiale ont été faits : les crimes contre l'humanité, les crimes de génocide et les crimes de guerre sur fond d'une planification sans faille et sur fond d'une quasi-indifférence de l'Organisation des Nations Unies, des puissances occidentales, de la société civile internationale et de la communauté internationale. Les crimes de lèse humanité en Afrique (Paragraphe I) et les crimes de lèse humanité en Europe (Paragraphe II) permettront de toucher du doigt la matérialité du désastre humain.

Paragraphe I : Les crimes de lèse-humanité en Afrique (Somalie, Rwanda)

En Somalie entre 1986 et 1991, la lutte pour le renversement du régime de Siad Barre a été menée par plusieurs mouvements politiques ou armés, notamment le Somali National Movement (S.N.M.), le Somali Salvation Democratic Front (S.S.D.F.), le Somali Patriotic Movement (S.P.M.), l'United Somali Congress (U.S.C.)...

Les combats entre les forces rebelles et l'armée régulière font des milliers de morts. Des villes comme Burao et Hargeisa sont régulièrement bombardées par l'armée régulière ; lesquelles villes se retrouvent entre les mains des mouvements armés, abritant plusieurs clans rebelles opposés au régime de Siad Barre. Mogadiscio connut toutes sortes d'exactions. A preuves, dès le départ de l'insurrection contre le régime de Siad Barre, le 14 juillet 1989, 450 musulmans manifestant dans la capitale contre l'arrestation de leurs dirigeants furent massacrés, c'est-à-dire tués. Beletweyni, autre ville somalienne connut aussi des horreurs. Par exemple, dans cette ville de Beletweyni, six cents Ethiopiens sont tués. Après le renversement du Régime par les rebelles le 27 janvier 1991, le pays connut un véritable chaos, puisque les forces rebelles victorieuses se sont fait la guerre, déstructurant ainsi tout le pays, notamment, l'unité nationale, le tissu social, les institutions politiques, traditionnelles et même le territoire somalien partagé comme un gâteau par les seigneurs de guerre. La guerre somalienne a longtemps opposé les factions armées rebelles alliées du général Mohamed Farrah Aidid et d'Ali Mahdi Mohamed pour la conquête du fauteuil présidentiel. Celui-ci devenu entre-temps Président de la Somalie le 27 janvier 1991 en remplacement de Siad Barre (après un combat entre les factions rebelles alliées et les forces gouvernementales) fut renversé à son tour par son allié, Mohamed Farrah Aidid.

En bref, entre 1988, début de l'insurrection qui a abouti à la chute de Siad Barre en janvier 1991, et 2015, la guerre civile somalienne a fait selon La CIA et l'ONU, environ cinq cent mille (500.000) morts, des milliers de réfugiés somaliens hors du pays. Une bonne partie des 500.000 morts procède de famines répétitives durant des années.

Le Rwanda, petit pays situé au milieu de certains Etats de l'Afrique centrale, donc un pays sans aucune ouverture sur la mer, a une superficie de 26.338 km2. Il compte une population estimée à 7,736 millions d'habitants avant le génocide de 1994. Il compte trois groupes ethniques à savoir les Hutu, majoritaires, les Tutsi venant au deuxième rang du point de vue de l'importance numérique et les Twa. En fait, à côté des Hutu, les Tutsi sont minoritaires. Les problèmes de ce pays, autrefois colonie allemande, placée tour à tour sous mandat belge au lendemain de la Première Guerre mondiale, et ensuite sous tutelle du même pays en 1946, commencent avec la colonisation belge qui, semble-t-il, a longtemps favorisé les Tutsi sur plusieurs plans au détriment des Hutu.

Mais contre toute attente, sous les auspices de l'Eglise catholique et de l'autorité de tutelle, les Hutu prennent le dessus à travers une élite largement majoritaire pendant ce qu'on a appelé « la révolution sociale de 1959 » et le premier Président de ce pays fut Hutu. L'Heure des frustrations prirent fin chez les Hutu et la revanche devait être de mise et semble-t-il sans mesures, précipitant ainsi des milliers de Tutsi en exil dans les pays limitrophes et surtout en Ouganda d'où ceux-ci vont préparer patiemment, implacablement et résolument leur retour au pays par les armes, par le truchement du Front Patriotique Rwandais (F.P.R.).

Il faut préciser que cette revanche n'a pas été douce ou calme. Elle est ponctuée d'actes de tueries procédant des réactions suscitées par l'attaque du régime du Président Habyarimana par le Front Patriotique Rwandais à partir de l'Ouganda : massacre de 400 Tutsi, début octobre 1990 au Nord-Ouest, suite à l'attaque du FPR par le Nord-Est ; massacre d'environ 1000 Hima (sous-groupe tutsi) dans la même période, 500 Tutsi environ tués en mars 1992 dans le Sud tandis que plusieurs centaines d'autres sont massacrés à Kibuye dans l'Ouest du pays... Ces signes avant-coureurs du génocide devaient conduire à la signature de l'Accord d'Arusha sous les auspices de l'Organisation de l'Unité Africaine (O.U.A.) et de certains pays occidentaux. Cet accord fut lettre morte, puisqu'il n'a pas empêché le génocide de 1994 qui fit plus de huit cent mille (800.000) morts essentiellement des Tutsi, mais comportant aussi des milliers de Hutu dits modérés. Il faut rappeler que l'élément catalyseur ou déclencheur du génocide, fut l'abattage le soir du 6 avril 1994 de l'avion présidentiel qui s'apprêtait à atterrir à Kigali avec à son bord, le PrésidentJuvénal Habyarimana et le Président burundais de l'époque.

Il faut remarquer aussi qu'après le génocide, les forces du Président Paul Kagamé, semble-t-il, ont procédé aussi à un autre génocide, cette fois-ci Hutu dans la persécution des génocidaires qui se sont refugiés dans les Etats limitrophes, surtout en République démocratique du Congo (R.D.C.). Ce génocide dont parlent tout bas les puissances occidentales pour des raisons diplomatiques, est resté sans sanctions, puisque ses auteurs sont connus, mais, me semble-t-il, ne seront jamais inquiétés, encore moins jugés. C'est ce qui d'ailleurs est à la base de la non reconduite de la procureure Carla Bonte à son fauteuil de la Cour Pénale Internationale, à la fin de son premier mandat. Ses successeurs pour préserver aussi leurs mandats ont renoncé à continuer le travail entamé par madame la procureure. Quelle justice à géométrie variable ?

De plus, il peut aussi arriver qu'un groupe ethnique soit victime à la fois d'un des crimes contre l'humanité, et de l'autre forme de crime contre l'humanité, c'est-à-dire le génocide.
Par exemple, en 1994 au Rwanda, les auteurs du génocide attaquaient les Tutsis dans l'intention de détruire tout le groupe ethnique « Tutsi » (tout le monde était ciblé y compris les enfants Tutsi simplement conçus et les invalides), tandis que le crime contre l'humanité a touché aussi bien les opposants Hutus et les Tutsis.

Paragraphe II : Les crimes de lèse-humanité en Europe

Ici, l'on pourrait parler de la guerre de Bosnie-Herzégovine, de Croatie et de celle du Kosovo.

Parlant de la guerre de la Bosnie-Herzégovine qui débuta le 6 avril 1992 et, prit fin le 14 décembre 1995 par les accords de Dayton, elle opposa plusieurs peuples, notamment, Serbes, croates et bosniaques. La cause première de ce conflit a été l'implosion de la République fédérative socialiste de Yougoslavie, au lendemain de la chute du communisme dans la région. Les conséquences immédiates de l'implosion de la Yougoslavie se matérialisent par la proclamation en juin 1991 de l'indépendance de la Slovénie et de celle de la Croatie dans la même période. Les personnalités marquantes de la région, considérées comme étant les *leaders* de la région, voire les chefs de guerre sont le président serbe, Slobodan Milosévic et le président croate Franjo Tudjman. Il s'ensuivit une guerre atroce qui ne laissa aucune chance aux droits de l'Homme : l'armée yougoslave sous commandement serbe attaque la Croatie. Parallèlement au conflit, la Bosnie proclame son indépendance en octobre 1991 avec à sa tête Radovan Karadzic.

La guerre de Croatie, encore appelée la guerre d'indépendance croate, débuta le 17 août 1990 et prit fin à peu près le 12 novembre 1995. Elle a été aussi la résultante immédiate de la dislocation de la fédération yougoslave. Cette guerre opposa la nouvelle République de Croatie non seulement à l'Armée populaire yougoslave, mais aussi à une partie des Serbes de Croatie.

Par ailleurs, les horreurs les plus effroyables sont venues de Srebrenica le 11 juillet 1995, où huit mille (8.000) hommes et adolescents musulmans de Bosnie sont tués par les unités de l'armée de la République serbe de Bosnie sous la direction ou le commandement du Général Ratko Mladic, dans l'enclave de Srebrenica[55]. Le comble est que ce massacre a été fait sous le « nez et la barbe » des Casques bleus des Nations Unies, signant ainsi, l'impuissance de l'Organisation des Nations Unies ; lesquels Casques bleus, dans certaines circonstances sont obligés de négocier avec les forces bosno-serbes pour obtenir la libération de plus de trois cent soixante-dix (370) d'entre eux pris en otage par l'armée bosno-serbe et exploités comme des boucliers humains par lesdites forces en représailles des frappes de l'OTAN. Les habitants de cette enclave ont été massacrés par les forces bosno-serbes. Pourtant, cette enclave était la toute première protégée par les Nations Unies à cause des violations massives des droits de l'Homme qui y étaient perpétrées ; elle fut abandonnée, donnant ainsi quitus aux forces bosno-serbes de pratiquer en réalité l'un des génocides et les crimes contre l'humanité les plus odieux. Tout se faisait à l'époque comme un deal entre les forces bosno-serbes et les Casques bleus des Nations Unies qui, de façon passive, assistaient à une purification ethnique la plus spectaculaire de ce siècle faite à huis clos.

La guerre du Kosovo quant à elle débuta le 6 mars 1998, et prit fin le 10 juin 1999 sur le territoire de l'Etat de Yougoslavie. Mais dans la réalité, elle commença en 1996 avec la création de l'« Armée de libération du Kosovo » ou (UCK). Comme les deux précédentes, elle naquit suite à l'effondrement de l'Etat fédéral de Yougoslavie, à la suite de l'exacerbation des sentiments nationalistes dans cet Etat : les raisons profondes du conflit, c'est le fait que les deux principales communautés de Kosovo et de Métochie semblent exprimer leur paternité sur la région, c'est-à-dire qu'ils affirment être les seuls occupants légitimes de la région. L'Armée de libération du Kosovo a démarré la guerre par un plan machiavélique d'assassinat de policiers, des gardes-frontières serbes et des Albanais qui collaborent avec le régime en place. La chute du régime albanais en mars 1997 pour des

[55] Sarajevo a aussi connu des massacres d'une telle ampleur.

raisons financières va entraîner la circulation des armes de l'Albanie vers le Kosovo, situation qui devient l'élément capital ou le tournant du conflit : L'Armée de libération nationale montre ouvertement aux autorités serbes qu'elle s'est engagée dans une guerre de libération. A partir de ce moment, la guerre avait atteint son paroxysme dans la région. Face à la situation qui empirait au fil des jours, la communauté internationale décide de prendre ses responsabilités en créant en 1998 un « groupe de contact » constitué de l'Allemagne, des Etats-Unis, de la France, du Royaume-Uni, et de la Russie. Les membres de ce groupe de contact eurent recours à la diplomatie pour la résolution du conflit à travers l'organisation, en février 1999 de la Conférence de Rambouillet[56]. C'est l'échec de cette conférence qui est à la base de l'intervention de l'Organisation du Traité de l'Atlantique Nord (OTAN) au Kosovo, avec pour chef des opérations, le général Wesley clark.

Ces conflits sont le produit du regain de nationalisme constaté dans la région à la suite de l'effondrement de l'Etat fédéral yougoslave.

Ils sont très meurtriers dans leur matérialité et se sont révélés, comme étant des guerres sans mesure, puisque les lois d'humanité et les règles du droit international humanitaire ne sont pas respectées par ses acteurs directs : crimes de guerre, massacres, viols, déplacements forcés de populations, purifications ethniques…

Section II : L'Organisation des Nations Unies, victime des puissances occidentales dans la gestion des crises et la Société civile internationale non entendue

Les Nations Unies sont victimes de la politique des puissances occidentales, notamment les Etats-Unis d'Amérique. N'ayant pas cautionné la politique du Secrétaire général Boutros-Boutros Ghali, les Etats Unis décident de « lever les pieds » avec ses alliés sur les activités de l'institution. A ce titre l'intervention des Nations Unies dans les crises (Paragraphe I), le bilan de l'intervention des Nations Unies (Paragraphe II), le rôle et le bilan des Organisations Non Gouvernementales (O.N.G.) (Paragraphe III), le rôle des Etats et l'isolationnisme des Etats-Unis d'Amérique (Paragraphe IV) puis les

[56] Rapport du Secrétaire Général des Nations Unies, le 17 mars 1999.

leçons à retenir en matière de responsabilité de protéger (Paragraphe V) constituent le « centre nerveux » de la présente section.

Paragraphe I : L'intervention des Nations Unies dans les crises : la phase de gestion des conflits

Le 23 janvier 1992, le Conseil de sécurité des Nations Unies décide d'œuvrer pour un règlement pacifique du conflit somalien. A ce titre, il décide de décréter un embargo sur les livraisons d'armes. Mieux, sous les auspices des Nations Unies, un énième cessez-le-feu est signé par les deux factions rivales d'Ali Mahdi Mohamed et du général Mohamed Farrah Aidid, puis Mohammed Sahnoun nommé par le Secrétaire général de l'Organisation des Nations Unies, représentant spécial de celui-ci pour la Somalie.

De plus, pour un bon suivi du cessez-le-feu, le 24 avril 1992, elles déploient une cinquantaine d'observateurs non armés à Mogadiscio et en juillet de la même année, elles préparent une vaste opération humanitaire, suivie du déploiement de 3500 Casques bleus chargés d'assurer la mise en œuvre des opérations humanitaires. C'est d'ailleurs, dans ce cadre, que le Conseil de sécurité de l'ONU approuve le déploiement de trente mille (30.000) hommes environ pour la mise en œuvre à Mogadiscio, d'une intervention d'humanité, c'est-à-dire d'un droit d'ingérence humanitaire : c'est le début de l'opération « *Restore Hope* » menée par les Etats-Unis d'Amérique et qui se termina par un fiasco, sanctionné par le retrait des troupes américaines. Le 2 mars 1995, il n'y avait plus un seul Casque bleu sur le sol somalien.

L'engagement des Nations Unies dans la grave crise rwandaise a été timide et surtout timoré. Le 5 octobre 1993, la Mission des Nations Unies pour l'assistance au Rwanda (MINUAR) fut créée par le truchement de la résolution 872 de la même date au titre du chapitre VI de la Charte des Nations Unies (Règlement pacifique des différends). La MINUAR avait pour rôle d'aider à la mise en œuvre de l'accord d'Arusha et ses protocoles additionnels par ses protagonistes. Le Général canadien Roméo Dallaire fut le commandant de cette mission, forte de deux mille trois cents (2.300) hommes seulement, composés essentiellement de Bangladais, de Belges et de Ghanéens. Ce brillant général canadien a été l'homme qui tirait la sonnette d'alarme, mais qui n'était pas entendu. A la suite de l'assassinat d'une trentaine de personnes à Ruhengeri, le 18 novembre 1993, et des actes de crimes contre l'humanité, il proposa au Secrétaire général de l'Organisation des Nations Unies, Boutros-Boutros Ghalidans un rapport le 23 novembre 1993, d'autoriser la MINUARà intervenir, y compris par la force. Toutes les informations relatives à la commission d'assassinats d'hommes politiques, à la circulation ou aux distributions d'armes en vue de perpétrer le génocide, informations relayées par le Général à l'attention des autorités militaires et administratives de l'Organisation des Nations Unies, n'ont pas été prises au sérieux par ces dernières. La preuve, le rapport du Sénat de Belgique était connu de tous : « *19 documents dans lesquels il est question d'un plan machiavélique, d'un plan de déstabilisation ou de massacres possibles. Deux de ces documents mentionnent explicitement la possibilité d'un génocide, deux autres la suggèrent (52c), trois éléments sur la constitution d'une liste d'exécution, 11 sur la formation paramilitaire des milices hutues, 13 sur le boycottage des accords d'Arusha et 17 sur la distribution d'armes à la population par les autorités* »[57].

Entre février et mars 1994, la MINUAR fut informée de l'existence des caches d'armes et de plusieurs listes de gens à assassiner. A ce titre, elle a renouvelé sa demande d'être autorisée à intervenir par la force, mais en vain ; le Département des Opérations de Maintien de la Paix (D.O.M.P.) refusa sous prétexte qu'une telle intervention dépasse le mandat de la MINUAR. Celle-ci tenta de protéger dans des cantonnements quelques milliers de tutsi et hutu modérés, bien qu'elle soit interdite d'usage d'armes, sauf en cas de légitime défense. En conséquence, la MINUAR presque désarmée par sa hiérarchie militaire et administrative finit par perdre beaucoup de ses hommes, dont dix (10) Casques bleus belges, conduisant ainsi la Belgique à retirer ses contingents de Casques bleus au Rwanda, affaiblissant par la même occasion, la MINUAR.

Mieux, le 21 avril 1994, la résolution 912 de l'Organisation des Nations Unies réduit de façon substantielle les effectifs de la MINUAR à 270 personnes, affaiblissant complètement l'institution. Il a fallu attendre de nombreux mois pendant lesquels le génocide

---

[57] Mission d'information sur le Rwanda [archive] (http://www.assemblée-nationale.fr/dossiers/ rwanda/r1271.asp p875_45445.

continua sans obstacle, avant que l'effectif soit revu à la hausse, soit cinq mille cinq cents (5.500) personnes.

Cette aventure catastrophique de la MINUAR, orpheline de sa hiérarchie militaire et administrative, donna un sursaut d'orgueil à l'Organisation des Nations Unies à travers la création de la MINUAR II, par la résolution 925. En plus du premier mandat qu'on connaissait à la première (MINUAR) que la MINUAR II doit poursuivre, celle-ci doit en outre protéger les centaines de milliers de réfugiés que les actes de génocides et de crimes contre l'humanité qui avaient cours ont provoqués.

Il faut dire que la France arracha de l'Organisation des Nations Unies la résolution 929 l'autorisant à intervenir au Rwanda à partir du 22 juin 1994, dans le cadre de l'opération turquoise. A la différence de la MINUAR qui intervenait au Rwanda au titre du chapitre VI de la Charte des Nations Unies, l'opération turquoise intervient au titre du chapitre VII de la charte, par conséquent dispose de coudées franches pour intervenir avec efficacité. Le but de l'opération turquoise était de protéger les populations menacées par le génocide et aussi par la guerre entre le FPR et le gouvernement intérimaire rwandais.

En Europe centrale, l'intervention des Nations Unies a été une occasion de revanche par rapport à sa prestation en demi-teinte sur le continent africain. Les Nations Unies étaient presque restées dans les crises qui ont secoué l'Afrique très timorée, voire apathique dans la prise de décision.

A la suite de l'échec des Européens dans la résolution du conflit yougoslave, il revenait au Conseil de sécurité de prendre ses responsabilités, afin que la paix revienne dans la région. C'est dans cette perspective que le Conseil de sécurité a pris la résolution 713 qui décrète un embargo sur les livraisons d'armement à l'ensemble de la Yougoslavie. Ce premier baptême de feu des Nations Unies sera déterminant, car il donnera de la crédibilité à toutes les actions entreprises par le Conseil de sécurité dans la résolution définitive du conflit. Tout d'abord, les Nations Unies se trouvent un représentant permanent pour la région, notamment en automne 1991, un représentant spécial du secrétaire général, en la personne de Cyrus Vance. C'est sous son empire qu'un accord de cessez-le-feu en Croatie a été signé, communément appelé accord de Genève du 23 novembre 1991. Monsieur Cyrus Vance propose un plan, « le Plan Vance » lequel plan est accepté par l'Organisation des Nations et qui consiste au déploiement en Croatie d'une force de maintien de la paix[58]. A partir d'août 1992, une coprésidence des Nations Unies et de la communauté européenne de la Conférence internationale sur l'ex-Yougoslavie a été très déterminante par la suite pour l'issue du conflit, parce que beaucoup de plans de paix en étaient issus, notamment le plan concernant la Bosnie-Herzégovine[59].

A la différence des crises qui ont secoué l'Afrique, l'Organisation des Nations Unies à travers ses organisations humanitaires a déployé d'importants moyens surtout en ex-Yougoslavie et en Bosnie-Herzégovine. Dans ce déploiement de moyens humanitaires énormes, la FORPRONU sert de bouclier aux humanitaires, c'est-à-dire la protection de l'acheminement de l'aide ; laquelle FORPRONU(Force de Protection des Nations Unies) avait été entretemps créée en février 1992 pour assurer les opérations militaires en tant que force d'interposition, en vue de mettre un terme au conflit.

Il faut préciser ici que la FORPRONU a eu comme mission l'interposition dans le conflit et la supervision de l'accord de cessez-le-feu signé à Genève en 1991, entre forces croates et serbes dans les territoires contestés de la Krajina, de la Slavonie orientale et de la Slavonie occidentale[60]. Il faut ajouter qu'à partir du Printemps 1993, plusieurs résolutions, notamment les résolutions 819, 824 et 836 des 16 avril, 6 mai et 4 juin 1993 ont permis d'étendre le mandat de la FORPRONU en créant des zones de sécurité autour des villes de Sarajevo, Gorazde, Bihac, Tuzla, Srebrenica et Zepa.

Paragraphe II : Le bilan de l'intervention des Nations Unies

Le représentant spécial du Secrétaire général des Nations Unies en Somalie, le diplomate algérien Mohamed Sahnoun a publié en 1994, un ouvrage intitulé : « Somalia: The Missed Opportunities » signifiant en français : Somalie : les occasions manquées. Dans cet ouvrage,

---

[58] Sadako Ogata, « UNHCR in the Balkan. Humanitarian action in the midst of war", in W. Biermann et Martin Vadset (dir.), *Un Peacekeeping in Trouble: Lessons Learned from the Former Yugoslavia*, Aldershot, Ashgate, 1998, p.186-199.

[59] Voir le Rapport des coprésidents du Comité directeur sur les activités de la Conférence internationale sur l'ex-Yougoslavie, S/26337, 20 août 1993.

[60] Résolution 795 du 11 décembre 1992.

l'auteur semble parler de l'apathie, du laxisme, de calcul ou d'excès de prudence et parfois de la négligence voire de l'incurie qui ont caractérisé les Nations Unies dans la crise somalienne. Il affirme ainsi qu'entre le début de la guerre civile en 1988 et l'effondrement du régime de Siad Barre en janvier 1991, les Nations Unies ont manqué au moins trois opportunités d'éviter des tragédies humanitaires de grandes ampleurs. L'auteur affirme qu'en matière humanitaire, il n'y a aucune commune mesure entre les actions des Nations Unies et celles des organisations non gouvernementales. Cet échec de l'Organisation des Nations Unies sur le terrain humanitaire a vraiment montré le sens très élevé de responsabilité des organisations non gouvernementales qui ont permis à ce pays d'exister et d'avoir de l'espoir pour une survie dans tous les compartiments de la vie de ce pays. La trop grande hésitation des Nations Unies, voire leur échec sur le terrain humanitaire a même permis l'éclosion des organisations non gouvernementales des droits de l'Homme en Somalie qui ont apporté à côté des organisations non gouvernementales internationales (dont le rôle doit être salué et célébré ici) une contribution non négligeable.

Par ailleurs, lorsque les Nations Unies créent une force de protection pour s'interposer dans un conflit, les moyens de travail pour le compte de cette force ne suivent pas. C'est le cas de la MINUAR qui a pendant toute son existence souffert d'un manque criant de ressources et d'engagement de la part des membres des Nations Unies. Mieux, les effectifs de la MINUAR étaient très réduits et les équipements très vieux. Mieux encore, les Nations Unies ont mis beaucoup de temps à déployer sur le terrain la MINUAR. Le comble, le mandat de la MINUAR était inadapté au contexte. Au lieu de lui assigner une mission relative au chapitre VII de la Charte des Nations Unies, celle qu'on lui a dévolue procédait du chapitre VI da la même Charte[61]. Les autres difficultés de cette force de la MINUAR ont noms : insuffisance de formation d'une partie des troupes, manque de coordination des différents compartiments du dispositif militaire, humanitaire et autres établis, manque de direction de politique[62] ...

[61] Voir, Le rapport de la Commission indépendante d'enquête sur les actions de l'ONU lors du génocide de 1994 au Rwanda, p.7-8.
[62] Le rapport de la Commission indépendante d'enquête sur les actions de l'ONU lors du génocide de 1994, op.cit., p.7-8.

De plus, les Nations Unies pour l'ensemble des crises qu'elles ont gérées, ont parfois navigué à vue, c'est-à-dire dans une absence de vision et de stratégie efficace, dans une hésitation dans la mise en œuvre des stratégies et des décisions prises pour la paix[63].

Le bilan des Nations Unies dans ces crises est mitigé, puisque presque négatif en Afrique à cause de l'absence d'engagement ou de l'inertie de l'institution universelle dans la résolution des conflits, mais globalement positif au cours des crises européennes.

Mieux, certains estiment que l'apathie des Nations Unies s'est exprimée par exemple par la négligence ou même le refus de l'institution d'enquêter sur l'attentat qui a été le point de départ du génocide. Cette apathie explique un génocide perpétré à huis clos au Rwanda d'autant plus que pendant près de deux mois, les Nations Unies et la communauté internationale ont passivement assisté au plus grand drame humain, voire la plus grande tragédie du 20e siècle. Les plus grands crimes de lèse-humanité faits à grande échelle sous le nez et la barbe, de dieu et des hommes, venaient d'être accomplis suivant un plan décidé à l'avance et connu de tous. C'est pourquoi, le Rapport Brahimi prend acte des faiblesses et limites de l'Organisation, en reconnaissant que, « *au cours des dix dernières années, l'ONU a connu plusieurs échecs (face au défi de la préservation des générations futures du fléau de la guerre) et (qu') elle n'est guère en mesure de faire mieux aujourd'hui* » [64] . Il préconise que « *les opérations de paix soient moins ambitieuses, mais répondent à des mandats plus clairs, mis en œuvre par une Organisation réformée et bénéficiant d'un soutien plus affirmé des Etats. Par la réforme, l'objectif est aussi de recréer la confiance auprès des Etats afin de redonner à l'ONU un rôle central dans le maintien de la paix, à l'heure où les organisations régionales jouent un rôle croissant* »[65].

Dans les conflits de l'ex-Yougoslavie, on a assisté d'abord à une mise à l'écart des Nations Unies, parce que les Européens dans le cadre de l'Union européenne pour des raisons de proximité géographique et de géostratégie ont voulu prendre le devant des opérations diplomatiques,

[63] Voir le rapport du Secrétaire Général au Conseil de sécurité, S,/23900, 12 mai 1992, et Marrack Goulding, Peacemanger, Londres, John Murray, 2002.
[64] Rapport Brahimi, Paragraphe 1.
[65] Voir le Rapport Brahimi.

de maintien de la paix et des opérations humanitaires. C'est pourquoi, l'on a constaté la création en avril 1994, du groupe de contact composé des Etats-Unis d'Amérique, de la Russie et de quelques Etats les plus influents de l'Union européenne, à savoir la France, le Royaume-Uni et l'Allemagne. Ce n'est qu'après l'échec des Européens dans leur entreprise que les Nations Unies ont pris à leur propre compte les opérations de maintien de la paix, d'actions humanitaires et même diplomatiques. Il faut tout de même reconnaître aussi l'impuissance des Casques bleus à travers les forces de l'OTAN dans beaucoup de théâtres ou sites de massacres comme Srebrenica.

Au sein des forces de l'ONU, certains Etats membres agissent non pas en fonction de l'esprit d'équipe propre à la force ou sous la bannière de la hiérarchie militaire des Nations Unies, mais selon leurs intérêts. C'est le cas de la France qui décide en 1994, le regroupement de ses propres contingents autour de Sarajevo, pour constituer sa propre force au sein de la FORPRONU.

En bref, l'ONU a échoué pendant les années mille neuf cent quatre-vingt-dix, dans ses missions de maintien de la paix en général et surtout en Afrique. Les raisons de cet échec sont de quatre ordres :

Premièrement, une sous-estimation de la situation surtout au Rwanda, même en Somalie pourrait expliquer cet échec. Les multiples avertissements ou signes d'alerte surtout vers les tout premiers mois du génocide n'ont pas obtenu de réactions de la part des autorités des Nations Unies, ne serait-ce qu'un plan d'urgence pour faire face à des situations imprévues. L'indifférence des structures compétentes des Nations Unies face aux nombreux rapports faisant état des exécutions sommaires et des risques de génocides explique non seulement une mauvaise évaluation de la situation, mais surtout une absence de coordination des différents services des Nations Unies, notamment entre la commission des droits de l'Homme de l'époque, et le Département des opérations de maintien de la paix.

Deuxièmement, une MINUAR déstructurée sous plusieurs commandements, donc sans véritable boussole : le contingent belge obéissait d'abord à la hiérarchie militaire nationale belge avant de voir s'il faut exécuter les ordres provenant de la hiérarchie onusienne de la MINUAR.Mieux, le contingent bangladais semble aussi agir comme les Belges, conformément aux ordres venant probablement de leur propre hiérarchie militaire nationale présente au sein du contingent. Ce contingent a donc cessé de répondre aux ordres venant du sommet de la MINUAR.

Troisièmement, le Conseil de sécurité a offert l'image de sa paralysie par deux groupes d'Etats puissants en son sein : les partisans d'une intervention franche pour arrêter les tueries, d'où le maintien d'une MINUAR forte, équipée et bien organisée au Rwanda ; et ceux de la non-intervention, par conséquent du retrait de la MINUAR comme les Etats-Unis d'Amérique.

Plus les Etats membres de la coalition des forces des Nations Unies sont unis, travaillant dans un même esprit, c'est-à-dire celui des Nations Unies, plus les Nations Unies sont fortes et réussissent dans leur devoir de pacification des conflits. En revanche, lorsque les Etats membres d'une coalition de force des Nations Unies travaillent au sein de la force sous l'influence de leur gouvernement et de leur propre hiérarchie militaire, les Nations Unies avec leur force d'interposition deviennent une coquille vide.

Quatrièmement, les Nations Unies avaient, dans la période du génocide, de graves difficultés financières qui ne leur permettaient pas de faire face à leurs dépenses liées aux opérations de maintien de la paix. A l'époque des faits, l'ONU gérait soixante-dix mille (70.000) personnes dans le monde, pour les opérations de maintien de la paix, en plus d'un milliard de dollars de dette qu'elle trimbalait.

Paragraphe III : Le rôle et le bilan des Organisations Non Gouvernementales (O.N.G.)

Les Organisations Non Gouvernementales ont été la cheville ouvrière de l'intervention des Nations Unies dans les foyers de tension que furent la Somalie, le Rwanda et les conflits yougoslaves. Ces Organisations Non Gouvernementales ont joué le rôle d'émetteur de signes d'alerte dans de nombreux rapports qu'elles ont produits pour amener les Nations Unies et la communauté internationale à prévenir la commission de crimes contre l'humanité, crimes de guerre et crimes de génocides.

A la faveur de ces graves moments de conflits armés, certaines Organisations Non Gouvernementales nationales ont vu le jour. C'est le cas par exemple en Somalie, de IIDA Women's Development

Organisation (IIDA Organisation des Femmes pour le Développement) qui est une organisation humanitaire à but non lucratif et apolitique. Elle s'est battue pendant le conflit armé somalien pour le respect des droits de la femme et de la dignité de la femme. Cette Organisation Non Gouvernementale somalienne a été créée pendant la crise somalienne le 25 mai 1991 par un groupe de femmes éprises de paix et de justice. Pendant le conflit somalien, toutes les Organisations Non Gouvernementales étaient présentes, tentant au mieux de leurs arguments financiers, matériels et humains et surtout au péril de la vie de leurs personnels de sauver les populations en détresse. Elles ont aussi joué le rôle d'entremetteur ou de liaison non seulement, entre les populations en détresse, les instances régionales et internationales, mais aussi la communauté internationale.

Il est important de souligner que bien que surprises par ces conflits, comme tout le monde entier, les Organisations Non Gouvernementales internationales ont donné l'alerte au moins un an avant ces grandes tragédies humaines.

Des Organisations Non Gouvernementales comme Médecinsdu Monde et Médecins sans frontières, l'association française Survie étaient présentes sur tous ces théâtres de guerre. Elles y ont perdu non seulement une bonne partie des agents nationaux de leur structure, c'est-à-dire les agents non européens, mais aussi ceux provenant du monde occidental. Le laxisme et le manque de vision des forces onusiennes et de certains pays occidentaux vont sortir les responsables de Médecins sans frontières à lancer un appel qui est devenu célèbre : « *On n'arrête pas un génocide avec des médecins.* »La principale leçon à retenir concernant les Organisations Non Gouvernementales est qu'elles opèrent la plupart du temps sans aucune protection provenant des forces neutres, et sont la plupart du temps considérées par les forces qui s'affrontent comme des cibles ennemies à abattre. Il urge que des solutions idoines et très pratiques soient trouvées pour protéger ces amoureux de la paix, de la justice et de la dignité humaine.

Par ailleurs, les Organisations Non Gouvernementales qui s'occupent essentiellement des questions de droits de l'Homme y étaient présentes. C'est le cas de la Fédération internationale des droits de l'Homme, Amnesty international, Human Rights Watch,... Ces

Organisations Non Gouvernementales ont parfois mené leurs propres enquêtes, soit individuellement, soit collectivement, pour éclairer le monde sur les dérives et les drames humains, en en révélant parfois les causes profondes, les acteurs, les implications juridiques, économiques et politiques. Par exemple, Human Rights Watch a publié un rapport en mai 1994 sur le génocide rwandais. En 1999, Human Rights Watch et la Fédération internationale des droits de l'Homme ont publié un rapport commun de huit cent (800) pages, *Leave None to Tell the story*, signifiant, *Aucun témoin ne doit survivre.*

En 2004 des Organisations Non Gouvernementales se mettent ensemble avec des personnalités de toutes catégories pour former ce qu'elles ont appelé la *Commission d'enquête citoyenne sur l'implication de la France au Rwanda* qui a engendré un rapport de six cents (600) pages.

Paragraphe IV : le rôle des Etats et l'isolationnisme des Etats-Unis d'Amérique

Les Etats occidentaux ont joué un rôle non moins important dans la gestion des crises qui ont secoué les régions objet du présent ouvrage.

Depuis 1963, la France avait déjà des liens d'amitié et de coopération avec le Rwanda bien que n'étant pas la puissance colonisatrice de ce pays. Elle conclut déjà en 1963 ses premiers accords avec le Rwanda sur le plan culturel. Plus tard en 1975, elle avait militairement des accords de coopération avec ce pays des Grands Lacs. Il s'agit *des accords particuliers d'assistance militaire* du 18 juillet 1975, signés par les Présidents Valéry Giscard d'Estaing de la France et Juvénal Habyarimana du Rwanda. Cet accord était sans ambiguïtés à propos des charges de chaque partie. Celui-ci en son article 3 énonce qu'« *ils (les militaires français) ne peuvent en aucun cas être associés à la préparation ou à l'exécution d'opérations de guerre, de maintien ou de rétablissement de l'ordre ou de la légalité* ». Toutefois quelques années plus tard, notamment le 20 avril 1983, l'article 3 desdits accords fut remanié de telle sorte que les militaires français chargés de former leurs homologues rwandais puissent servir sous uniforme rwandais.

Dès l'entrée du Front Patriotique Révolutionnaire (F.P.R.) sur le territoire rwandais, la France à la faveur d'une demande d'aide militaire expresse adressée par le Président Juvénal Habyarimana à son homologue François Mitterrand se retrouve impliquée dans la crise rwandaise. Le but de la demande du président Juvénal Habyarimana, c'est d'avoir l'appui militaire français pour contrer non seulement l'avancée des troupes du Front Patriotique Rwandais de Paul Kagamé, mais surtout de les anéantir ou à défaut, les bouter du territoire rwandais. Ce qui semble être à la base de l'opération Noroît initiée par la France au profit du Gouvernement du Président Juvénal Habyarimana qui s'est déroulée de 1990 à 1993. Cette opération a des buts multiples : protéger l'ambassade de France, assurer la protection des ressortissants français et assurer, le cas échéant, leur évacuation.

L'autre but non moins important de l'opération Noroît serait d'honorer et de mettre en œuvre un accord de coopération militaire existant entre la France et le Rwanda. Selon cet accord de coopération, il revenait à la France de former la gendarmerie rwandaise et d'aider le Rwanda à combattre une agression extérieure venue de l'Ouganda. La mise en œuvre de cet accord a renforcé le soupçon de la partialité dont Le Front Patriotique Révolutionnaire (FPR) de Paul Kagamé accuse la France dans la gestion du conflit rwandais et surtout d'être complice des tueries perpétrées par les forces gouvernementales.

L'autre participation française dans ce conflit s'est exprimée par l'opération Amaryllis qui est intervenue, suite à l'assassinat à Kigali, le 6 avril 1994 de trois coopérants militaires français (deux sous-officiers de Gendarmerie et l'épouse de l'un d'entre eux). Cette opération consiste à assurer l'évacuation sécurisée de mille cinq cents (1500) ressortissants occidentaux et des proches du président assassiné. Il faut toutefois ajouter que plusieurs témoins affirment que l'opération Amaryllis était discriminatoire, puisque les victimes du génocide en cours n'étaient pas concernées. Il convient aussi de faire remarquer que l'ambassadeur de France près le Rwanda à l'époque des faits, monsieur Marlaud, a contesté ces accusations.

La participation la plus significative de la France est l'opération Turquoise. Celle-ci avait pour vocation de suppléer à la carence de la MINUAR qui intervenait dans un mandat relatif au chapitre VI de la Charte des Nations Unies, lequel mandat ne permettait pas à cette force d'interposition d'être utile pour la fin du génocide. Cette opération a commencé le 22 juin 1994 pour prendre fin le 22 août 1994. Son but était de protéger les populations menacées non seulement par le génocide, mais aussi par la guerre entre le Front Patriotique Révolutionnaire et le Gouvernement intérimaire rwandais.

De ce qui précède, il faut signaler que la participation française au Rwanda souffre de beaucoup de critiques et d'accusations que le temps aidera à confirmer ou à démentir : des gens affirment que l'armée française aurait pris part à des combats aux côtés des Forces Armées Rwandaises (F.A.R.) ; des livraisons d'armes auraient été effectuées par la France au bénéfice des Forces Armées Rwandaises sur l'aéroport de Goma au Zaïre jusqu'au 18 juillet 1994 ainsi que le maintien du soutien français aux génocidaires pendant l'opération Turquoise... Néanmoins, quoique l'on dise l'opération Turquoise doit être considérée comme l'une des rares réussites d'intervention d'humanité assurée au Rwanda par un Etat sous l'autorisation des Nations Unies.

L'autre puissance européenne impliquée dans la gestion du conflit rwandais en vue de mettre un terme au génocide est la Belgique. Puissance colonisatrice du Rwanda, parce qu'autrefois colonie allemande, placée tour à tour sous mandat belge au lendemain de la Première Guerre mondiale, et ensuite sous tutelle du même pays en 1946, le Rwanda a bénéficié de l'intervention belge dans ce conflit par l'intermédiaire de la Mission des Nations Unies pour l'assistance au Rwanda (MINUAR).

La Belgique serait l'un des complices lointains de ce génocide, vu son rôle joué dans la division et l'opposition des peuples Hutu et Tutsi. En tant que colonisatrice, après avoir institué un mode d'administration des populations rwandaises basé sur la race, elle a consacré et institutionnalisé au fil des années la suprématie des Tutsi (peuple minoritaire) sur les Hutu (peuple majoritaire) et les Twa (un autre peuple minoritaire). La preuve, la désignation systématique des notables Tutsi comme administrateurs coloniaux dans tout le Rwanda était à l'époque une preuve palpable de ce mode d'administration qui est à la base de l'institution d'une quasi monarchie Tutsi manifestant de façon ostentatoire la suprématie de la race Tutsi sur les Twa et surtout les Hutu largement majoritaires. L'accumulation dans un pays, de plusieurs décennies de frustrations infligées par un peuple à un autre, fait à coup sûr de ce pays une véritable poudrière. La monarchie

Tutsi artificiellement instituée grâce au colonisateur belge crut devoir réclamer l'indépendance du Rwanda, pour devenir la véritable maîtresse du pays. Cette prétention de la monarchie Tutsi à l'indépendance amena le colonisateur belge, son ancien allié à changer de stratégie pour pérenniser sa paternité sur le Rwanda. La stratégie belge, est toujours la même, c'est-à-dire la politique de diviser pour régner, mais cette fois-ci les rôles ont été inversés au profit des Hutu. Le maître d'hier des Hutu, notamment les Tutsi, n'est plus en odeur de sainteté avec le colonisateur qui réhabilite l'« esclave d'hier » de l'ancien partenaire déchu et ainsi, voilà comment les « choses » sont lancées dans ce pays pour aboutir à l'un des génocides les plus hideux et les plus spectaculaires du vingtième siècle.

Pendant le début du génocide, la Belgique se met aux côtés de la France pour évacuer les ressortissants occidentaux. Mieux, pour une bonne mise en œuvre des Accords d'Arusha par la Mission des Nations Unies pour l'assistance au Rwanda (MINUAR), ce pays fournit la moitié de l'effectif de la force. Toutefois, les Casques bleus belges sont soupçonnés et accusés de travailler pour le Front Patriotique Rwandais de Paul Kagamé. Ils ont même été accusés d'être à la base de l'attentat qui a coûté la vie au Président Juvénal Habyarimana le 6 avril 1994. La Belgique, puissance colonisatrice du Rwanda, n'avait pas le même engagement que les Nations Unies dans l'entreprise de stopper les tueries. Ce pays avait un sens élevé de sa responsabilité morale vis-à-vis du Rwanda et comptait à travers la MINUAR jouer un rôle de premier plan pour y stopper les actes de cécité humaine qui anéantissent à petit feu ce beau pays. La Belgique finit par se retirer de la MINUAR.

L'engagement belge de contribuer à l'arrêt du génocide s'est fait vraiment permanent puisque après le génocide, elle décide de poursuivre sur son sol les génocidaires, en dotant de la compétence universelle, tous les tribunaux belges.

La troisième puissance impliquée dans la grave crise rwandaise reste les Etats-Unis d'Amérique. La participation américaine dans la crise rwandaise a été influencée par l'échec de sa participation en Somalie en 1993 à travers l'opération *Restore Hope (restaurer l'espoir).* Le syndrome somalien a eu pour conséquence de provoquer une politique isolationniste des Etats-Unis d'Amérique en matière de relations internationales en général, mais surtout en matière d'opération de maintien de la paix. A cause donc de ce précédent malheureux, l'engagement des Etats-Unis d'Amérique sur le terrain devait se réduire en observateur et non en interventionniste, l'usage de la force ne devant être fait qu'en cas de légitime défense. Cette nouvelle politique isolationniste américaine est aussi dictée par la célèbre Directive présidentielle de Bill Clinton[66] .Forts de cette nouvelle politique, les Etats-Unis n'ont donc pas envoyé de troupes au Rwanda, ni ailleurs, puisqu'ils s'opposaient énergiquement à tout nouveau déploiement de Casques bleus si les conditions logistiques n'étaient pas remplies ni garanties et surtout si leurs intérêts n'étaient pas menacés. Les Etats-Unis d'Amérique étaient aussi confrontés à de sérieuses difficultés économiques au point qu'ils voulaient réduire de façon drastique leur contribution en matière d'"opération de maintien de la paix ". Pour eux, renouveler leur contribution dans ce domaine suppose une contrepartie pour leur pays. C'est d'ailleurs la raison pour laquelle ils avaient soumis à l'époque des amendements au projet de résolution pour la constitution de la MINUAR, lesquels amendements ont non seulement réduit le mandat de cette future force de maintien de la paix au Rwanda, mais surtout leur effectif, évalué à deux mille cinq cent quarante-huit (2.548) militaires. Par la suite, c'étaient également eux qui avaient souhaité le retrait de la MINUAR. Ils ont en plus lutté pour que le mot « génocide » ne soit pas utilisé pour désigner le drame rwandais.

En effet, la Convention pour la prévention et la répression du crime de génocide, adoptée par l'Assemblée générale des Nations Unies le 9 décembre 1948 fait obligation à la communauté internationale d'intervenir dans n'importe quel foyer de tension ou conflit en cas de commission de génocide. En pareille situation, les Etats-Unis d'Amérique savent que la plupart des forces d'interposition constituées sous les auspices des Nations Unies sont assurées au moins à soixante pour cent (60%) par leur armée.

---

[66] Clinton administration Policy on reforming multilateral peace opérations (PDD) 25). En ligne, State Departement information:
http://www.state.gov/www/issues/un_clinton_policy-html.

Paragraphe V : Les leçons à retenir en matière de responsabilité de protéger

Pour qu'il y ait responsabilité de protéger, il faut qu'à l'intérieur, un Etat n'arrive plus à jouer son rôle au regard du droit international, de protéger les personnes qui vivent sous sa juridiction. Ceci peut être possible si l'Etat en question existe bel et bien avec des institutions effectives, mais refuse en toute conscience de protéger toutes les personnes se trouvant sous sa juridiction ; ou bien l'Etat existe, mais n'est plus effectif, parce que le gouvernement n'existe plus à cause d'une rébellion ou d'une guerre qui ne permet plus le fonctionnement normal des institutions de l'Etat, ou est partiellement effectif. Dans ces conditions, les personnes sont abandonnées à elles-mêmes, en proie à des exactions venant du pouvoir en place s'il existe et est effectif, ou des groupes de personnes s'attaquant à d'autres groupes généralement sans armes de défense, dans un Etat avec la complicité de celui-ci, ou sans sa complicité en cas d'inexistence du gouvernement ou du pouvoir. Dans ces conditions, c'est la Communauté internationale sous l'autorité d'une force supranationale qui prend la relève de l'Etat défaillant en matière de protection des droits de l'Homme sur son sol et sous sa juridiction. En pareille situation, certains principes cardinaux du droit international peuvent se retrouver objet de dérogation voire de suspension. C'est le cas du principe de non-intervention dans les affaires intérieures d'un Etat, le principe du non-recours à la force… En Afrique et en Europe pendant les drames des Balkans et des Grands Lacs des années mille neuf cent quatre-vingt-dix, y compris la Somalie, tous les éléments factuels et juridiques cités comme pouvant être implicitement les éléments constitutifs d'une intervention d'humanité ou de la responsabilité de protéger étaient réunis. Pourtant, il y a eu dans ces régions des crimes contre l'humanité, des crimes de génocide et des crimes de guerre commis presque sans obstacle, mais surtout à huis clos. L'intervention des puissances occidentales sous la bannière des Nations Unies s'est donc révélée infructueuse, exprimant implicitement l'unilatéralisme de certaines forces nationales opérant sous le label des Nations Unies. Les interventions d'humanité tentées sous les auspices des Nations Unies devaient avoir lieu en Somalie par les Etats-Unis d'Amérique à travers l'opération « Restore hope », qui se solda par un échec des Etats-Unis ; d'où leur retrait de presque toutes les opérations de maintien de la paix, ou leur participation très tardive et sans conviction et esprit de la responsabilité de protéger. L'isolationnisme des Etats-Unis d'Amérique par rapport aux opérations de maintien de la paix a été exacerbé par l'opinion nationale américaine choquée par la mort d'une dizaine de soldats américains en Somalie, et le corps d'un soldat américain traîné par les milices somaliennes à travers les rues de Mogadiscio. L'opinion américaine en arrive à dire à l'endroit des forces américaines et du pouvoir : « *Let them die* », entendez : « Laissez-les mourir ».

Les interventions d'humanité constatées sur les régions indiquées et surtout en Afrique ne concernaient que l'évacuation des citoyens européens qui y vivaient. Des tueries ont été faites massivement par des forces rebelles ou des armées régulières au vu et au su des forces onusiennes d'interpositions qui, dans certaines conditions, sont obligées de négocier avec lesdites forces pour obtenir la libération des Casques bleus détenus par ces rebelles qui généralement servent de boucliers humains contre les frappes des forces onusiennes.

Les cris de détresse des populations qui étaient « aux abois » étaient relayés par les Organisations Non Gouvernementales qui n'étaient cependant pas entendues par qui de droit. Les nombreux rapports provenant de ces Organisations Non Gouvernementales avertissant la Communauté internationale des tragédies qui allaient secouer le monde n'étaient pas pris au sérieux. En bref, les interventions d'humanité constatées étaient très marginales, d'où le nombre très élevé des victimes de ces tragédies humaines de la fin du vingtième siècle. En conclusion, il n'y avait pas eu d'interventions d'humanité ou d'actes de responsabilité de protéger francs et déterminés en Somalie et surtout au Rwanda et dans l'ex-Yougoslavie. Il y a eu plutôt des actes timides, décousus et timorés d'intervention d'humanité dans ces régions du monde. C'était pratiquement l'inaction de la communauté internationale. C'est la raison pour laquelle des hommes épris de paix et de justice, meurtris par l'hypocrisie affichée par la communauté internationale au Rwanda et en Europe centrale, ont décidé de repenser les interventions d'humanité, c'est-à-dire la responsabilité de protéger pour permettre au monde de relever dignement la tête pendant des périodes similaires dans le futur.

De ce qui précède, l'on peut affirmer que les Etats-Unis d'Amérique constituent la cheville ouvrière des activités militaires de l'Organisation des Nations Unies en matière de maintien de la paix et de la sécurité internationales. Lorsque dans cette situation, les autres puissances occidentales font valoir aussi leurs propres intérêts économiques, les Nations Unies se retrouvent considérablement affaiblies, c'est ce qui s'est passé au Rwanda et ailleurs pendant les tragédies humaines qui ont secoué le monde, à la fin des années mille neuf cent quatre-vingt-dix.

La réussite de la mise en œuvre de la responsabilité de protéger sur les théâtres de conflits armés, passe par une action préventive par la communauté internationale en faveur du respect et de la promotion des droits de l'Homme, sur tous les points de la planète. Le discours des droits de l'Homme faiblit de plus en plus, non seulement au niveau des Etats qui composent la communauté internationale, mais aussi dans le cadre des organisations régionales pour des impératifs économiques et géopolitiques. La défense et la protection des droits de l'Homme, passent par leur promotion dans tous les Etats du monde, par les pouvoirs publics et privés. C'est pourquoi, les Organisations internationales et régionales, les Etats et les personnes de toutes les obédiences religieuses et culturelles doivent parler le même discours en matière des droits humains avec Eléonore Roosvelt qui s'interroge en disant : « *Au fait, où commencent les droits universels ? Dans de petits endroits près de chez soi, si près et si petits qu'ils ne figurent sur aucune carte. Cela dit chacun de ces endroits représente le monde d'un individu : son quartier, son école, son usine, sa ferme, ou son bureau. Tels sont les lieux où chaque homme, chaque femme et chaque enfant cherchent une même justice pour tous, l'égalité des chances, et une dignité exempte de toute discrimination. Si ces droits n'ont aucun sens dans ces lieux, ils n'auront pas plus de sens ailleurs. Si les citoyens concernés ne s'emploient pas à défendre ces droits près de chez eux, il est vain d'espérer quelque progrès que ce soit à l'échelle mondiale* »[67]. Comme Eléonor Roosvelt, la constitution béninoise du 11 décembre 1990, montre en son article 40, la voie à suivre. Tous les Etats du monde, n'ont qu'à suivre la solution proposée par le Bénin, pour que les droits de l'Homme puissent être respectés et protégés : « *L'Etat a le devoir d'assurer la diffusion et l'enseignement de la constitution, de la Déclaration Universelle des*

[67] Jean-Nazaire Tama Placide, *Les conventions internationales relatives aux droits de l'Homme dans l'ordre juridique interne du Bénin*, Atelier National de Reproduction des Thèses (ANRT), Lille, 2011, p.321.

droits de l'Homme de 1948, de la Charte africaine des droits de l'Homme et des peuples de 1981 ainsi que de tous les instruments internationaux dûment ratifiés et relatifs aux droits de l'Homme.

L'Etat doit intégrer les droits de la personne humaine dans les programmes d'alphabétisation et d'enseignement aux différents cycles scolaires et universitaires et dans tous les programmes de formation des Forces armées, des Forces de sécurité publique et assimilés.

L'Etat doit également assurer dans les langues nationales par tous les moyens de communication de masse, en particulier par la radiodiffusion et la télévision, la diffusion et l'enseignement de ces mêmes droits. »[68]

---

[68] Constitution béninoise du 11 décembre 1990.

Chapitre III
La responsabilité de protéger, un concept fluctuant

Protéger les droits de l'Homme de par le monde relève avant tout pour les Etats d'une responsabilité morale avant d'être juridique. Le caractère juridique et non impérialiste de ce grand devoir moral a du mal à s'imposer de par le caractère changeant du concept et son antinomie avec certaines dispositions de la charte des Nations Unie (Section I). C'est pourquoi son contenu et sa vocation ont été repensés (Section II).

Section I : Un droit d'assistance humanitaire mouvant

Protéger de façon humanitaire un peuple qui est « aux abois » est non seulement un droit de l'Homme, mais aussi un devoir étatique sinon, c'est courir le risque de tomber sous le coup d'un crime de lèse-humanité consistant à un refus de faire respecter les lois d'humanité. Il s'ensuit alors à la charge ou au bénéfice des Etats un devoir et un droit d'ingérence (Paragraphe I) ; mais à travers toutefois ce concept qui paraît vague et confus (Paragraphe II).

Paragraphe I : Du devoir d'ingérence au droit d'ingérence humanitaire

Le devoir d'ingérence est perçu comme étant contraignant. Il se définit ainsi comme étant « *l'obligation faite à un Etat de fournir son assistance en cas d'urgence humanitaire* »[69]. Ici, il est question non pas d'un droit d'ingérence, une prérogative que l'on a de violer la souveraineté d'un Etat, mais d'une charge, d'une obligation de violer la souveraineté d'un Etat au nom des droits de l'Homme. Il est donc question d'une obligation morale faite à un Etat de fournir son assistance en cas d'urgence humanitaire[70]. Il ressemble à un devoir de

---

[69] Perrot (S.), « Devoir et droit d'ingérence », C.E.R.I.U.M., 25 avril 2006.

[70] Le juriste hollandais HUGO Grotius en avait déjà parlé dans son célèbre ouvrage « *De jure belli ac pacis* » en y faisant état d'un « droit accordé à la société humaine pour intervenir dans le cas où un tyran ferait subir à ses sujets un traitement que nul n'est autorisé à faire ». VATTEL corrobore en affirmant que « toute puissance

coopération, non pas sur le plan économique, mais sur le plan humanitaire. Un devoir qui ne repose pas sur le droit positif, mais relève de la morale[71].

Les humanitaires et les juristes ne s'accordent pas sur son contenu et sa vocation. En effet la charte des Nations Unies dispose en son article 2 §4 que « *les membres de l'organisation s'abstiennent, dans leurs relations, de recourir à la menace ou à l'emploi de la force, soit contre l'intégrité territoriale ou l'indépendance politique de tout Etat, soit de toute autre manière incompatible avec les buts des Nations Unies* »[72]. A première vue, l'article 2 §4 n'interdit pas l'usage de la force dans les relations internationales, mais impose trois conditions pour qu'il soit légal ou recevable. En effet lorsque les conditions de l'ingérence humanitaire sont réunies et que celle-ci n'est pas dirigée contre l'intégrité territoriale d'un Etat, on pourrait l'admettre. Cela signifie donc une intervention armée ayant par conséquent pour vocation le rétablissement des droits de l'Homme violés massivement et non l'appropriation du territoire de l'Etat visé. Les interventions militaires sur le territoire d'un Etat sont généralement qualifiées de violation de la souveraineté territoriale. Tel est le cas dans l'affaire des activités militaires et paramilitaires au Nicaragua et contre celui-ci, où la CIJ a parlé seulement « *de violations des espaces aérien et maritime nicaraguayens* »[73].

Mieux, il est difficile de savoir ou d'affirmer que le recours à la force est dirigé contre l'indépendance politique du pays visé. Pour certains, l'opération n'ayant pas pour vocation la domination politique d'un

---

étrangère est en droit de soutenir un peuple opprimé qui lui demande son assistance » in *Le droit des gens ou principes de loi naturelle, appliqués à laconduite et aux affaires des Nations et des souverains*, Washington, Carnégie, 1916, vol.I, livre II, chap.IV, §56, p.298.

[71] Voir M. Bettati et B. Kouchner dir., *Le devoir d'ingérence*, Denoël, 1987, 300p. ; M.-J. Domestici-Met, « Aspects juridiques récents de l'assistance humanitaire », A.F.D.I., 1989, p.117-148- ; M. Bettati, « Un droit d'ingérence ? »,R.G.D.I.P., 1991, p. 639-670 ; « Souveraineté et assistance humanitaire », Mél. Dupuy, p.35-45 ; « Ingérence humanitaire et démocratisation du droit humanitaire ; trim. Monde, 1993,1992, n°1.p.23-36 ; « Action humanitaire d'Etat et diplomatie », Mél., Merle, 1993, p.249-272 ;

[72] L'ONU: le système institutionnel, documents d'études, N°3.02, La documentation française, Paris, 2001, p.3.

[73] CIJ, A.C., 27 juin 1986, affaire des activités militaires et paramilitaires au Nicaragua et contre celui-ci, rec. 1986, p.14.

pays, on peut affirmer que l'indépendance politique du pays visé n'est pas remise en cause. En revanche, il est indéniable que le but de l'opération est de régler un problème politique interne de l'Etat visé. Elle a pour vocation de restreindre les pouvoirs du gouvernement, voire le renverser. C'est pourquoi certains juristes affirment que l'intervention vise bien le pouvoir politique de l'Etat envahi et que difficile serait de prétendre qu'elle ne vise pas l'indépendance politique.

La condition de compatibilité avec les buts des Nations Unies constitue une autre condition à remplir pour assouvir les conditions de la mise en œuvre du devoir d'ingérence. Pour les partisans de la doctrine du droit d'ingérence ou du devoir d'ingérence, l'un des buts des Nations Unies reste avant tout la protection des droits de l'Homme. Ils justifient leur thèse par le truchement du paragraphe 2 du préambule de la Charte des Nations Unies qui dispose que « *NOUS, PEUPLES DES NATIONS UNIES, RESOLUS… à proclamer à nouveau notre foi dans les droits fondamentaux de l'homme, dans la dignité et la valeur de la personne humaine, dans l'égalité des droits des hommes et des femmes, ainsi que des nations grandes et petites* »[74]. De ce qui précède, il serait difficile de dire que l'usage de la force ou l'intervention militaire est proscrite par l'article 2 §4 de ladite charte, la protection des droits de l'Homme étant une obligation pour tous les Etats, surtout une obligation coutumière. L'intervention d'humanité ayant pour but principal la protection des droits de l'Homme, elle n'est donc pas contraire à la Charte. D'ailleurs, selon une certaine doctrine, « *la plupart des droits de la personne sont sortis du domaine réservé de la majorité des Etats* »[75], et « *les droits fondamentaux, quant à eux, ne relèvent plus de la compétence nationale d'aucun Etat* »[76].

Par contre les adversaires de la doctrine du devoir d'ingérence opposent aux partisans de la même doctrine, d'autres buts des Nations Unies à savoir le maintien de la paix et de la sécurité internationales, prévus par les chapitres VI et VII de la charte. En effet le paragraphe

[74] Paragraphe 2 du préambule de la charte des Nations Unies, documents d'études, N°3.02, La documentation française, Paris, 2001, p.3.

[75]http://www.memoireonline.com /09/07/616/ M_faillite-onu-genocide-tutsi-rwanda-ca uses-echec7.html fn222.

[76]http://www.memoireonline.com /09/07/616/ M_faillite-onu-genocide-tutsi-rwanda-ca uses-echec7.html fn223.

premier du préambule de la charte stipule : « *NOUS, PEUPLES DES NATIONS UNIES, RESOLUS à préserver les générations futures du fléau de la guerre qui deux fois en l'espace d'une vie humaine, a infligé à l'humanité d'indicibles souffrances* »[77].

Pour Michel Virally, « *toute politique de force même visant à protéger les droits de l'Homme va à l'encontre des objectifs des Nations unies* »[78]. Mais à l'opposé, les défenseurs du devoir d'ingérence prétendent que le but des Nations Unies de maintenir la paix et la sécurité peut être enfreint à condition qu'un autre, en l'occurrence celui de la protection des droits de la personne, soit satisfait. Par conséquent, une intervention visant à protéger les droits de la personne ne serait pas contraire au but de l'ONU, de maintenir la paix et la sécurité internationales. Les partisans du devoir d'ingérence humanitaire se fondent uniquement sur le texte de l'article 2§4 pour soutenir leur thèse alors que le paragraphe 3 du même article dispose « *qu'une réaction d'un Etat membre de l'ONU, même à des violations massives des droits de la personne, doit s'effectuer de manière pacifique sans mettre en danger ni la paix et la sécurité internationales ni la justice* »[79]. De ce qui précède, l'on peut affirmer sans crainte de se tromper que la charte interdit dans une certaine mesure tout recours à la force même motivé par des raisons humanitaires.

De plus, selon C. Emmanuelli, il n'y a pas place pour la responsabilité de protéger dans la Charte des Nations Unies, à travers les opérations de maintien de la paix. Le fondement de la responsabilité de protéger ne peut être trouvé que dans la pratique des interventions d'humanité à laquelle l'Organisation a habitué le monde depuis sa création.

En revanche, le droit d'ingérence humanitaire est né en dehors du droit ; il doit son existence à un certain nombre d'événements factuels qui ont marqué, voire indigné l'humanité[80] ; c'est d'ailleurs la raison pour laquelle Frédéric Sudre soutient qu'il est un concept a-juridique. La France est à l'origine de ce concept lorsqu'elle est sortie de ses

---

[77] Ibid., p.3.
[78] Virally (M.), « Panorama du droit international contemporain », R.C.A.D.I., Vol.183, 1983, p.102.
[79] Paragraphe 3 de l'article 2 de la charte des Nations Unies.
[80] Il s'agit, selon son promoteur, d'une « commodité de langage pour désigner une attitude éthique » (M. Bettati, « Un droit d'ingérence ? » RGDIP, 1991, p.643).

gonds pour faire éveiller le monde passif face à un certain nombre d'actes de cécité humaine de nature à « remettre en cause » l'humanité. Les résolutions adoptées par l'Assemblée générale des Nations unies, à l'initiative de la France, 43/131 du 8 décembre 1988 sur l'« *assistance humanitaire aux victimes des catastrophes naturelles et situations d'urgence du même ordre* », 45/100 du 14 décembre 1990 sur les « *couloirs d'urgence humanitaire* » et 46/182 du 19 décembre 1991 sur le « *renforcement de la coordination de l'aide humanitaire d'urgence de l'ONU* » ont donné naissance et un contenu à la notion de droit d'assistance humanitaire ; lequel droit pourrait présenter les caractéristiques ci-après : il faut un consensus et aussi un caractère subsidiaire[81], il faut que cette assistance s'opère dans le respect de la souveraineté de l'Etat selon Sudre, dont le consentement est requis[82] ; c'est pourquoi la CIJ, dans son arrêt du 27 juin 1986 relatifs aux activités militaires et paramilitaires au Nicaragua, était plus explicite, plus claire et plus expressive en soutenant que « *la fourniture d'une aide strictement humanitaire à des personnes ou à des forces se trouvant dans un autre pays (...) ne saurait être considérée comme une intervention illicite* » (§242)[83] ; l'aide intervient de façon subsidiaire si l'Etat aidé a des moyens matériels et même humains défaillants. Mieux selon Sudre, l'objet du droit est strictement limité : fournir de la nourriture, des médicaments ou des soins médicaux aux victimes de situations d'urgence (catastrophes naturelles ou conflits armés)[84]. L'aide humanitaire a pour fondement un certain nombre de principes dont notamment, les

---

[81] La résolution 43/131 réaffirme « la souveraineté des Etats affectés et le rôle premier qui leur revient dans l'initiative, l'organisation, la coordination et la mise en œuvre de l'assistance humanitaire sur leurs territoires respectifs ».

[82] Sudre affirme à ce sujet qu'on ne saurait parler d'ingérence. La résolution 46/182, qui énonce les principes directeurs en matière d'aide humanitaire affirme même que « l'aide humanitaire devrait être fournie avec le consentement du pays touché et en principe sur la base d'un appel lancé par ce dernier ».

[83] De même, l'IDI, dans sa résolution précitée (n°54), admet qu'il ne saurait y avoir ingérence lorsqu'il y a aide humanitaire au respect des droits de l'Homme : « L'offre par un Etat, un groupe d'Etats, une organisation internationale ou un organisme humanitaire impartial tel que le CICR, de secours alimentaire ou sanitaire à un Etat dont la population est gravement menacée dans sa vie ou sa santé ne saurait être considérée comme une intervention illicite dans les affaires intérieures de cet Etat… » (art.5).

[84] Frédéric SUDRE, *Droit international et européen des droits de l'Homme*, op.cit., p.84

principes d'humanité, de neutralité et d'impartialité repris par la résolution 43/131 des Nations unies[85].

Par ailleurs, d'autres critères sont liés à ce droit, notamment le critère de secours à porter à un être ou une communauté d'êtres en danger. C'est donc un droit de porter secours comme l'affirme Sudre et dont sont titulaires les organisations internationales, les organisations non gouvernementales et dans une moindre mesure les Etats. C'est par conséquent un droit étatique et non un droit de l'Homme, c'est-à-dire un droit des victimes à être secourus. C'est, comme l'affirme Sudre, un droit de proposer son assistance à l'Etat en cause. C'est dire que l'Etat territorial et les Etats voisins sont les débiteurs de ce droit. C'est pourquoi Sudre affirme que « *pèse sur eux l'obligation de faciliter la mise en œuvre de l'assistance humanitaire* ». De ce qui précède, ce droit d'assistance humanitaire est vu par Sudre comme « *un droit d'assistance à la sauvegarde des droits fondamentaux de l'homme* »[86].

Ce droit d'assistance humanitaire ne peut être mis en œuvre que par le truchement d'une ingérence dans les affaires intérieures d'un Etat, ingérence érigée en droit par une certaine doctrine à cause de l'objet de l'opération qu'elle permet de mener : la sauvegarde du genre humain. Une autre partie de la doctrine lui donne un fondement plutôt moral que juridique. Ce concept est aussi à controverse parce qu'il a été difficile de le définir.

Néanmoins, l'on peut retenir que le droit d'ingérence peut être considéré « *comme la reconnaissance du droit des Etats de violer la souveraineté nationale d'un autre Etat en cas de violation massive des droits de la personne* ». Qu'il soit de fondement juridique ou moral, le droit d'ingérence humanitaire est vu comme une prérogative reconnue aux Etats en vue de protéger les droits de l'Homme. Ce concept entend donc subordonner la souveraineté des Etats interprétée comme « *une sorte de mur à l'abri duquel tout peut se passer* » selon Bernard Kouchner à « *une morale de l'extrême urgence* » visant à protéger les

[85] La CIJ dans son arrêt précité de 1986, définit l'aide humanitaire qui doit être assurée « sans discrimination aucune », par seule référence aux fins de la Croix-Rouge : « Prévenir et alléger les souffrances de l'homme et protéger la vie et la santé (et) faire respecter la personne humaine » (§243).
[86] Frédéric Sudre, op.cit., p.84.

droits fondamentaux de la personne[87]. Le droit d'ingérence s'est donné pour vocation une moralisation des relations internationales. Il faut reconnaître toutefois que les droits de l'Homme lui donnent une certaine consistance juridique[88].

Par ailleurs, l'article 2 §4 de la charte des Nations Unies prévoit que « *les membres de l'organisation s'abstiennent, dans leurs relations internationales, de recourir à la menace ou à l'emploi de la force, soit contre l'intégrité territoriale ou l'indépendance politique de tout Etat, soit de toute autre manière incompatible avec les buts des Nations Unies* ». En effet, le droit d'ingérence humanitaire est incompatible avec le droit positif des Nations Unies. Mieux, la notion d'ingérence humanitaire n'a pas de fondement juridique. En effet dans les faits, une mission d'ingérence humanitaire est à coup sûr contraire aux objectifs fondamentaux des Nations-Unies (maintien de la paix) ; contraire à l'article 2 §7 de la Charte des Nations-Unies qui dispose qu'« *aucune disposition de la présente charte n'autorise les Nations-Unies à intervenir dans les affaires qui relèvent essentiellement de la compétence nationale d'un Etat* ». C'est pourquoi la majorité des juristes s'accorde à dire qu'une action militaire dans le cadre de la mise en œuvre de l'ingérence humanitaire n'est pas consacrée par la charte des Nations Unies et contrevient non seulement à l'article 2 §4 de ladite charte, mais à son article 2 §7.

Paragraphe II : Une notion vague et confuse

La responsabilité de protéger comporte quelques zones d'ombre pour la compréhension dans l'esprit des Etats et même de certains auteurs.

Par exemple, selon Carsten Sthahn, « *il existe d'importantes différences d'approche du contenu de la notion de responsabilité de protéger entre les différents textes qui en traitent (le rapport de la CIISE, le rapport des hautes personnalités, le document final du*

---

[87] Kouchner (B.), « souveraineté et assistance humanitaire », La nouvelle revue des deux mondes, Paris, mars, 1990, pp.10-18.

[88] Voir la résolution adoptée en septembre 1989 par l'IDI à Saint-Jacques de Compostelle : « La protection des droits de l'Homme et le principe de non-intervention dans les affaires intérieures des Etats ».

Sommet du millénaire et le rapport du secrétaire général) »[89]. La notion, même si elle semble donner l'unanimité dans sa compréhension générale et globale dans son esprit au niveau des Nations Unies, des Etats et de la société civile, des différences d'approche subsistent néanmoins dans son utilisation ou sa mise en œuvre surtout par les Etats. « *Cette situation mène d'une part à son ambiguïté juridique, mais aussi à sa large acceptation de principe, car chacun l'accepte avec le sens qu'il veut lui donner*[90]. »

En revanche, certains auteurs estiment que les problèmes liés au concept ne résident pas dans les textes juridiques qui se donnent pour vocation de le régir. Le problème lié audit concept est relatif au manque de volonté politique pour sa mise en œuvre. L'absence de volonté politique ne permettra pas d'en montrer l'utilité : « *Le problème le plus important lié à la notion de « responsabilité de réagir » n'est pas nécessairement le manque de fondement juridique. Au contraire, c'est la volonté politique qui fait défaut, en l'absence de laquelle l'utilité du principe reste marginale sur la scène internationale.* »[91] Crouzatier corrobore l'idée en affirmant que le principe dans son application est tributaire de deux dangers importants qui mettent à mal sa légitimité : le relativisme des critères de réaction et le subjectivisme des intervenants[92].

Les Etats ont par ailleurs exprimé leur réticence non seulement sur le contenu des textes juridiques qui accompagnent le concept, mais aussi sur la manière de leur formulation. Déjà lors du débat sur le document final du sommet mondial de 2005, certains Etats ont exprimé des réserves à l'adoption du document. Les critiques les plus répandues pendant ce débat portent sur le caractère trop vague du concept ainsi que sur la possibilité d'en abuser.

Le principe de la responsabilité de protéger ne peut être mis en œuvre que par l'intermédiaire du droit d'ingérence ou du devoir d'ingérence

---

[89] Carsten (S.) « Responsability to protect: Political Rhetoric or Emerging Legal Norm? in *the American journal of international law*, vol. 101; n°1, January 2007, pp.99-120.
[90] Ibid., p.118.
[91] Crouzatier (J.-M.), « Le principe de la responsabilité de protéger : avancée de la solidarité internationale ou ultime avatar de l'impérialisme ? », in « *Responsabilité de protéger* », revue ASPECTS, n°2, 2008, pp.13-32.
[92] Ibid., pp.22-24.

qui sont eux aussi des concepts qui ne sont pas faciles à appréhender. « *La question du droit d'ingérence est difficile, car il s'agit d'un sujet sensible où la passion le dispute à la controverse. Se trouvent mêlées à ce concept, des considérations d'ordre politique, stratégique, économique, éthique, morale et juridique. L'enchevêtrement est tel que même sur le plan sémantique la notion d'ingérence se confond avec l'intervention.* »[93]

La confusion et le caractère vague de ce concept sont aggravés dans la réalité par les enjeux économiques qui se cachent derrière celui-ci. Par exemple l'intervention de l'OTAN en Lybie révèle l'existence de calculs géostratégiques, démasquant des intérêts concurrents des puissances intervenantes (France, Royaume-Uni et Etats-Unis) à l'égard d'autres puissances telles que l'Italie, la Russie, la Chine… en Lybie et aussi dans tout le Maghreb. Comme l'affirme une certaine doctrine, la Libye était convoitée pour des enjeux d'influence économique et stratégique.

De plus, l'intervention des puissances au nom des droits de l'Homme peut cacher d'autres réalités, ce qui rend difficile ce concept à être appréhendé et de favoriser son intelligibilité. Par exemple, en dehors des rivalités individuelles entre les puissances, l'intervention de l'OTAN dans le Maghreb cache une guerre entre deux blocs, une guerre entre l'Occident (France, Royaume-Uni, Etats-Unis), le BRIC (Brésil, Russie, Inde, Chine) et l'Allemagne. C'est ce qu'explique Mehdi Taje dans son blog de géopolitique, lorsqu'il affirme que « *deux projets géoéconomiques majeurs, assortis de dispositifs diplomatiques et militaires s'affrontent sur fond d'enjeux énergétiques au sein du couloir sahélien :*

- *Un projet chinois visant à terme à désenclaver les richesses pétrolières et minérales du Sahel à travers le port du Soudan vers la mer Rouge suivant un axe horizontal depuis la Mauritanie ;*
- *Et un projet occidental visant à désenclaver ces richesses vers le Sud par le Golfe de Guinée* »[94].

---

[93] KDHIR (Moncef), « Pour le respect des droits de l'Homme sans droit d'ingérence », Rev. Trim. Dr.h., 2002, p. 901.

[94] Taje (M.), « Les enjeux géopolitiques de la crise libyenne », Revue de la défense nationale, Tribune n°75, Tunis, le 7 avril 2011.

Par ailleurs, selon une certaine doctrine, « *les enjeux économiques peuvent oblitérer sérieusement la clarté du concept dans sa mise en œuvre sur le terrain. Les enjeux économiques sont les corollaires de tous les autres enjeux. C'est pourquoi dès le début des interventions, le guide libyen Mouammar Kadhafi avait mis en avant les appétits pétroliers des Etats intervenants. Mais derrière l'entente, affichée par les participants à la conférence de Paris sur la « Libye nouvelle », se cachait la guerre souterraine que la France, l'Italie et le Royaume-Uni ont déjà entamée pour l'exploitation des ressources du pays. Cette intervention a même permis aux puissances intervenantes déjà présentes en Libye de revoir les termes des contrats pétroliers qui les liaient à la Libye* ». C'est pourquoi selon Manlio Dinucci, l'agression occidentale contre la Libye n'a pas eu pour but de s'emparer du pétrole local que des compagnies occidentales avaient déjà été autorisées à exploiter depuis la normalisation des relations diplomatiques. Il ne s'agit donc pas d'une guerre de ressources. Par contre selon l'auteur, cette guerre, la reconnaissance précipitée par la France du CNT (Conseil National de Transition) et le sommet de Londres, ont permis aux multinationales occidentales de modifier les termes de leurs contrats et de ne plus payer que des droits d'exploitation symboliques[95]. De ce qui précède, il urge que la théorie d'intervention humanitaire soit repensée, ce que Koffi Annan et bien d'autres personnalités éprises de paix et de justice n'ont pas manqué d'assurer pour le rayonnement des droits de l'Homme dans le monde.

Section II : Une responsabilité de protéger réformée

Le contenu de la responsabilité de protéger après l'échec de la version française de Bernard Kouchner et de Mario Bettati tourne autour de deux axes : la responsabilité de l'Etat vis-à-vis des populations sous sa juridiction et la responsabilité de la communauté internationale en cas de carence de l'Etat (Paragraphe I) ; la codification de l'intervention collective humanitaire sous la bannière du Conseil de sécurité (Paragraphe II).

---

[95] Dinucci (M.), « Derrière l'attaque contre la Libye : les stratégies de la guerre économique », http//www.mondialisation. ca/index.phg ? context=va &aid=24570.

Paragraphe I : Des obligations précises de l'Etat au profit des personnes

L'Etat a des obligations vis-à-vis des personnes qui sont sous sa juridiction. La première des obligations de l'Etat vis-à-vis des populations, c'est le respect de leurs droits en tant que personne humaine. Ici l'Etat a pour devoir l'abstention. Il s'abstient d'intervenir lorsque les personnes exercent surtout les droits civils et politiques. L'Etat doit donc limiter son pouvoir, éviter de s'ingérer dans l'exercice ou la jouissance des droits de l'Homme par les personnes à condition que celles-ci ne violent pas les lois en vigueur, les bonnes mœurs et l'ordre public. En d'autres termes, la première obligation qui s'impose à l'Etat dans l'ordre juridique international est de respecter les droits et libertés qu'il s'est engagé à garantir à l'individu placé sous sa juridiction. Cette obligation consiste en une obligation négative. C'est dire qu'il est du devoir de l'Etat de ne pas s'immiscer dans ce droit ou cette liberté, sans respecter certaines conditions. Ces conditions sont classiquement au nombre de trois : l'ingérence ne peut avoir lieu que pour certains motifs déterminés, soit limitativement énumérés et qui peuvent être considérés comme légitimes et répondant à un besoin impérieux (exigence de légitimité) ; l'ingérence doit avoir une base dans le droit interne, la réglementation qui le prévoit devant en outre respecter certaines conditions formelles (exigence de légalité) ; enfin l'ingérence doit être limitée à ce qui est nécessaire pour réaliser l'objectif légitime qu'elle poursuit (exigence de nécessité).

L'autre obligation de l'Etat vis-à-vis des populations sous sa juridiction est celle de protection, c'est-à-dire qu'il doit créer les conditions optimales pour une bonne effectivité des droits de l'Homme, dans les rapports ou relations des personnes sous sa juridiction. En d'autres termes, l'Etat a désormais ce que certains ont appelé une responsabilité « écologique » en droits de l'Homme. Aussi doit-il punir par ses juridictions les particuliers qui violent les droits de leurs prochains. Il incombe donc à l'Etat d'assumer à la fois des obligations de protection verticale et horizontale des droits de l'Homme.

L'Etat a aussi vis-à-vis de ses propres populations, des obligations de réalisation progressive des droits de l'Homme. La réalisation progressive des droits fondamentaux consiste à la prise de mesures pour améliorer la protection offerte aux droits de l'individu, soit en donnant des ressources à l'individu pour qu'il en jouisse effectivement, soit d'autres mesures renforçant la garantie des droits. Il faut dire que l'Etat a non seulement le devoir de respecter et de protéger les droits des individus, mais aussi ceux des peuples. L'obligation internationale de l'Etat vis-à-vis de ses propres populations, et donc en matière des droits de l'Homme, est une obligation de résultat. C'est dire que les hommes, les femmes, les enfants, les réfugiés, les minorités ethniques, religieuses et politiques doivent être protégés sans distinction de race, de fortune ou autres. Lorsque l'Etat ne protège pas toutes les personnes qui se trouvent sous sa juridiction, il met en jeu sa responsabilité internationale. Mieux, s'il n'honore pas ses obligations internationales vis-à-vis des personnes à travers de graves et massives violations des droits de l'Homme, ses animateurs, c'est-à-dire les autorités sont interpellées par la communauté internationale et peuvent même être jugés devant des tribunaux.

Les obligations de l'Etat à l'égard des populations sont plus remarquables en matière de circonstances exceptionnelles. C'est pourquoi quelques traités ou même des juridictions ont réglementé la question. Par exemple, la cour internationale de justice de La Haye affirme que « *l'obligation énoncée à l'article 43 du règlement de La Haye de 1907... comprend le devoir de veiller au respect des règles applicables du droit international relatif aux droits de l'Homme et du droit international humanitaire, de protéger les habitants du territoire occupé contre les actes de violence et de ne pas tolérer de tels actes de la part d'une quelconque tierce partie* »[96].

Le droit de Genève est évidemment pertinent parce qu'il établit des obligations spécifiques de protection au profit de certaines catégories de personnes, notamment les civils, les blessés et les malades ; obligations qui reposent particulièrement sur les Etats au pouvoir desquels elles se trouvent.

---

[96] CIJ, *Affaire des Activités armées sur le territoire du Congo*, Arrêt du 19 décembre 2005, par. 178, pour un commentaire récent de l'article 43 du règlement de la Haye de 1907, v. M. Sassoli, « Legislation and Maintenance of Public Order and Civil Life by Occupying Power », E.H.L., 2005, vol.16, 661-694.

La convention sur la prévention et la répression du crime de génocide du 9 décembre 1948, comme celle de la torture et autres peines ou traitements inhumains ou dégradants font aussi des obligations spécifiques aux Etats. Les Etats parties s'y engagent à prévenir, puis à réprimer, certains actes perpétrés contre les personnes qui sont sous leur juridiction, et donc à les en protéger. Compte tenu de ce qui précède, il faut que l'Etat ait des obligations vis-à-vis de la communauté internationale relativement aux personnes qui sont sous sa responsabilité aussi bien en période de paix qu'en période de conflit armé ou autres situations exceptionnelles. Il faut reconnaître que l'obligation de protéger les droits de l'Homme à l'intérieur d'un Etat est une charge lourde pour l'Etat considéré. Mieux, en cas de défaillance d'un Etat vis-à-vis de cette charge qui nécessite l'intervention de la communauté internationale, la même charge s'impose à celle-ci et doit être par conséquent portée et partagée.

Paragraphe II : Un partage codifié du fardeau

Lorsque l'Etat n'honore pas ses engagements internationaux conformément non seulement aux traités universels et régionaux de protection des droits de l'Homme auxquels il est généralement partie, mais aussi à la charte des Nations Unies, la paix et la sécurité sont mises à mal à l'intérieur dudit pays, mais aussi dans ses abords immédiats. Ainsi, au nom de la sécurité collective et surtout de la dignité humaine, un ou d'autres Etats peuvent le faire à la place de l'Etat carent. Jean-Marc Thouvenin affirme même que « *lorsqu'un Etat ne veut ou ne peut assumer sa responsabilité de protection, celle-ci peut alors être assumée par d'autres que lui, y compris en recourant à une intervention armée* »[97]. L'histoire de l'intervention d'humanité l'a prouvé.

Rougier aussi poignant que Vattel, dans son article de 1910 sur la théorie de l'intervention d'humanité soutient que « *chaque fois que les droits humains d'un peuple seraient méconnus par ses gouvernants, un ou plusieurs Etats pourraient intervenir au nom de la Société des Nations, soit pour demander l'annulation des actes de puissances publiques critiquables, soit pour empêcher à l'avenir de tels actes,*

[97] Jean-Marc Thouvenin, « Genèse de l'idée de responsabilité de protéger » in *La responsabilité de protéger*, Société Française pour le droit international, Colloque de Nanterre, du 7 au 9 juin 2007, Paris, 2008, éd. A. Pedone, p.21.

soit pour suppléer à l'inaction du gouvernement en prenant des mesures conservatoires, urgentes et en substituant momentanément leur souveraineté à celle de l'Etat contrôlé »[98].

Dans une telle entreprise, la communauté internationale se déploie sous la férule et surtout la coordination des Nations Unies, notamment le Conseil de sécurité qui mobilise le financement requis et parfois distribue les rôles aux puissances impliquées dans la matérialité de l'action de protéger. Le Conseil de sécurité peut s'appuyer sur les organisations régionales, en tenant compte de la région, théâtre de la violation des droits de l'Homme, notamment l'Union européenne, l'Union africaine, la Ligue arabe, la Communauté Economique des Etats de l'Afrique de l'Ouest (CEDEAO), la Communauté Economique des Etats de l'Afrique Centrale (CEMAC)… en les responsabilisant pour la mise en œuvre de l'opération de protection. Ces organisations peuvent dans la mise en œuvre de l'opération partager des charges de protection : des Etats peuvent fournir des troupes, d'autres peuvent financer l'opération, d'autres encore peuvent fournir des vivres, des couvertures, des tentes ou des médicaments. Le financement peut provenir soit directement de l'Organisation des Nations Unies, soit des Organisations régionales comme l'Union africaine ou l'Union européenne qui ont souvent un budget consacré à des opérations de ce genre.

Le partage du fardeau peut s'étendre à la reconstruction du pays qui a fait l'objet d'intervention d'opération d'humanité. Il peut se concrétiser par la « reconstruction » de l'armée du pays en question, assurée et financée par un pays ou une organisation internationale, comme c'est le cas au Mali où la France se charge de former non seulement les officiers de l'armée malienne, mais surtout les hommes de rang. Ce fut également le cas en Haïti, dévasté par un séisme en 2009 où le fardeau de l'intervention a été porté non seulement par les Nations Unies, mais aussi par l'Union européenne. Dans le cas haïtien, des rôles ont été distribués non seulement concernant le financement de l'opération, mais aussi dans la mise en œuvre matérielle de l'opération, secteur par secteur : relogement des populations, reconstruction des infrastructures publiques, formation du personnel administratif décimé en vue du recrutement de nouveaux agents devant animer l'administration haïtienne, campagne de

[98] A. Rougier, « La théorie de l'intervention d'humanité », op.cit., p. 472.

vaccination, prise en charge psychologique des victimes... Des Etats et des organisations humanitaires ont coordonné ces actions pour réussir ces actions d'humanité. C'est également le cas de la Centrafrique secouée depuis2013 par une rébellion des forces musulmanes contre le régime de François Bozizé. De même au Sud-Soudan au lendemain de l'indépendance de ce nouvel Etat, suite à un conflit meurtrier entre les forces du Président de la République sud-soudanaise et celles de son vice-président, ces actions d'humanité ont eu droit de cité.

De nouvelles formes d'interventions d'humanité interviennent de nos jours sous le couvert de la responsabilité de protéger. Elles se déclinent sous forme soit d'assistance aux victimes de catastrophes, à l'image de l'exemple haïtien, soit de situations d'urgence. A ce titre on peut citer la volonté de la communauté internationale de consacrer, sous la férule de la France, l'idée non pas d'un devoir d'ingérence, mais surtout d'un droit à assistance humanitaire. Dans la résolution 43/131 adoptée le 8 décembre 1988, l'Assemblée générale des Nations Unies tout en rappelant la souveraineté des Etats, invite ces derniers à assurer le libre accès des organisations humanitaires aux victimes de catastrophes naturelles ou autres situations d'urgences[99]. Pour Louis Dubouis, c'est établir de ce fait au profit de ceux qui apportent les secours, organisations intergouvernementales ou ONG, un véritable droit de transit qui selon ce dernier, a été renforcé par la résolution 45/100, du 14 décembre 1990 qui consacre l'idée de « couloirs d'urgence humanitaire ». Ce genre d'intervention diffère des interventions d'humanité en ce qu'il ne se présente pas comme l'affirme Dubouis comme un droit reconnu à un Etat[100].

Le monde a connu des interventions d'humanité de nos jours. A titre d'exemple, nous pouvons retenir l'Irak, l'ex-Yougoslavie, la Somalie, le Rwanda... Ces types d'interventions diffèrent de ceux que le monde a connus dans le passé, parce qu'elles sont liées à des opérations de

[99] Claude-Albert Colliard, Louis Dubouis, op. cit., p.145. Sur la même question, il faut aussi parler du principe de subsidiarité en vertu duquel l'Etat dont la population est victime d'une catastrophe a la priorité des secours ; l'aide internationale n'intervient qu'à la double condition cumulative : son consentement et seulement si ses moyens s'avèreraient insuffisants. La résolution 46/182 insiste également sur « la souveraineté des Etats affectés et le rôle premier qui leur revient ».

[100] Concernant la responsabilité de protéger en matière de catastrophe naturelle, voir le paragraphe I de la première section du chapitre VII du présent ouvrage.

maintien de la paix, par conséquent décidés par le Conseil de sécurité des Nations-Unies. Dans ces types d'intervention humanitaire, la protection de l'acheminement de l'aide se fait généralement grâce aux Casques bleus (Bosnie-Herzégovine), ou parfois grâce au concours des contingents nationaux dont l'intervention s'est faite sous l'autorisation ou la bénédiction des Nations Unies (interventions multinationales pour protéger les Kurdes d'Irak en 1991, intervention des Etats-Unis en Somalie en 1992, intervention de la France au Rwanda en 1994).

Il faut reconnaître que l'ONU a échoué dans la mise en œuvre de l'intervention collective, puisque souvent marquée selon la commission Evans-Sahnoun par un mode de gestion opportuniste et aléatoire des crises humanitaires. La commission préconise alors dans son rapport « *Un monde plus sûr, notre affaire à tous* », d'adopter le principe de la « *responsabilité collective de protéger* » lorsque l'Etat sur qui pèse en priorité cette responsabilité a failli, et surtout de reconnaître au conseil de sécurité une claire compétence pour l'assumer. Il ajoute, par ailleurs, qu'il faudrait faire en sorte que le Conseil ait une « compétence liée » à cet égard[101], ce qui garantirait que toute intervention humanitaire militaire passe par lui, sauvant ainsi le « monopole » du recours à la force qui lui est encore juridiquement reconnu[102]. Le secrétairc général des Nations-Unies abonde dans le même sens dans un langage diplomatique des plus clairs dans son rapport intitulé « *Dans une liberté plus grande* »[103] : « *Quant au génocide, à la purification ethnique et aux autres crimes contre l'humanité comparables, ne constituent-ils pas également des menaces à la paix et à la sécurité internationales contre lesquelles l'humanité devrait pouvoir demander la protection du Conseil de sécurité ?...Je recommande donc au Conseil d'adopter une résolution établissant [les] principes [qui guideront ses décisions de mise en œuvre d'une protection [dans ces cas] et faisant part de son intention de s'en inspirer lorsqu'il décidera d'autoriser ou de demander le recours à la force* »[104].

---

[101] Selon l'expression d'E. Decaux, « Légalité et légitimité du recours à la force : de la guerre juste disponible sur internet à l'adresse http://www.droits fondamentaux.org/IMG/pdf/df5edIlrf.pdf.p.14.
[102] Jean-Marc Thouvenin, op.cit., p.37.
[103] A/59/2005.
[104] Pars. 125-127.

Il faut souligner, comme l'affirme d'ailleurs Thouvenin, que le Sommet de 2005 n'a pas suffisamment relayé ces vœux qui toutefois ont été pris en compte par la déclaration de 2005 qui énonce que la responsabilité collective de protéger ne peut être mise en œuvre que dans le cadre des Nations Unies : « *Nous sommes prêts à mener en temps voulu une action collective résolue, par l'entremise du Conseil de sécurité, conformément à la charte, notamment son article VII, au cas par cas et en coopération, le cas échéant, avec les organisations régionales compétentes, lorsque ces moyens pacifiques se révèlent inadéquats et que les autorités nationales n'assurent manifestement pas la protection de leurs populations contre le génocide, les crimes de guerre, le nettoyage ethnique et les crimes contre l'humanité* »[105]. Toutefois, la déclaration de 2005 n'a pas consacré un « devoir » de protéger qui pourrait être mis à la charge du Conseil de sécurité : « *Nous soulignons que l'Assemblée générale doit poursuivre l'examen du devoir de protéger les populations du génocide, des crimes de guerre, du nettoyage ethnique et des crimes contre l'humanité et des conséquences qu'il implique, en ayant à l'esprit les principes de la Charte des Nations Unies et du droit international* »[106]. L'implication obligatoire des Nations Unies à travers le Conseil de sécurité en amont et aussi en aval de l'opération a eu pour conséquence la dissipation progressive de la réticence des Etats en matière de la responsabilité de protéger.

[105] Document du Sommet de 2005, par.139.
[106] Ibid.

Chapitre IV
Vers une reconnaissance internationale de la responsabilité de protéger

La responsabilité de protéger est de plus en plus un principe fondamental parce qu'ayant pour vocation de protéger les droits humains. C'est pourquoi, il a été presque adopté par la communauté internationale comme étant un instrument d'éveil permanent et de solidarité collective (Section I), mais aussi avec un fondement juridique encore fragile (Section II).

Section I : Un principe général de la communauté internationale

Ce principe cardinal de droits de l'Homme a vocation à lutter contre l'inaction en matière de promotion et de défense des droits de l'Homme (Paragraphe I), mais mérite d'être soutenu par le Conseil de sécurité (Paragraphe II).

Paragraphe I : Une réponse à l'inaction

La responsabilité de protéger est un principe qui érige l'action en devoir. La violation massive des droits de l'Homme aussi bien en période de paix que de conflit armé se commet à cause de la passivité de la communauté internationale en général, et des hommes et femmes épris de paix et de justice en particulier. C'est ce qu'ont d'ailleurs compris les experts du Rapport de la CIISE lorsqu'ils font commencer leur rapport par les termes suivants : « *Les événements de 1994 au Rwanda ont exposé au grand jour toutes les horreurs auxquelles peut conduire l'inaction. Le secrétariat de l'ONU et certains membres permanents du Conseil de sécurité savaient que des responsables liés au gouvernement de l'époque étaient en train de préparer un génocide ; des forces des Nations Unies étaient présentes, certes en nombre insuffisant au départ ; et il ne manquait pas de stratégies crédibles propres à empêcher, ou du moins à limiter grandement, le massacre qui a suivi. Mais le Conseil de sécurité a refusé de prendre les mesures voulues. La volonté internationale- le courage civique- a fait défaut au plus haut niveau* ».

C'est un principe qui de plus en plus devient un patrimoine moral que la communauté internationale, chaque région du monde, chaque Etat et toute personne éprise de paix et de justice reçoivent en héritage et se doivent d'assumer convenablement selon le statut et les moyens de chaque composante de la société internationale. Sandra Szurek parle d'une obligation d'agir partagée dont chacun est censé de prendre la part qui lui revient ou d'être susceptible de remplir les devoirs qui, à ce titre, lui incomberaient le moment venu[107]. Cet avis est de plus en plus partagé par les acteurs de la société internationale. A preuve, les déclarations du secrétaire général Koffi Annan allaient souvent dans ce sens. Mieux, le groupe de haut niveau sur le défi et le changement a qualifié l'obligation, *d'obligation solidaire de tous les Etats,* d'une responsabilité collective de protéger[108] ; sans oublier l'Assemblée générale des Nations Unies qui n'a pas dérogé à la règle.

Par ailleurs, la responsabilité de protéger a fait l'objet d'une consécration dans le document final du Sommet mondial de 2005, lequel document l'érige au rang de principe fondé sur les obligations internationales des Etats en vertu de la Charte et entériné par la Communauté internationale. C'est la raison pour laquelle le Conseil de sécurité, dans sa Résolution 1674 (2006) du 28 avril 2006 relative à la protection des populations civiles, a réaffirmé les dispositions des paragraphes 138 et 139 du Document final. Cette consécration de la responsabilité de protéger obtient son point le plus culminant lorsqu'il est dit d'elle qu'elle a vocation à avoir un caractère *erga omnes*, comme principe invocable par tout Etat ou instance pour justifier qu'une action soit menée.

Paragraphe II : Une riche pratique du Conseil de sécurité

Pour que le droit d'assistance humanitaire à travers les interventions d'humanité se concrétise sans encombre, des résolutions servent de base pour leur mise en œuvre. La Résolution 1296 du 19 avril 2000 relative à la protection des civils en période de conflits armés, le Conseil de sécurité avait déjà déclaré qu'il entendait « *veiller, lorsque ce sera approprié et possible, à ce que les missions de maintien de la*

[107] Sandra Szurek, « Responsabilité de protéger, Nature de l'obligation et responsabilité internationale », in *la responsabilité de protéger*, Actes du colloque de Nanterre, du 7 au 9 juin 2007, Société Française Pour le Droit international, ed. Pedone, Paris, p. 91.

[108] V. Doc A/59/565/, par.201-202. V. Rapport de la CIISE, p.18, par.2.31.

paix soient dûment chargées de protéger les civils en cas de menace imminente de danger physique et disposent des ressources nécessaires à cet effet »[109]. Le Conseil de sécurité a fait cette importante déclaration d'intention pour garantir la sécurité internationale qui est la principale de ses tâches : « *les pratiques consistant à prendre délibérément pour cible des civils ou autres personnes protégées et à commettre des violations systématiques, flagrantes et généralisées du droit international humanitaire et du droit relatif aux droits de l'Homme dans des situations de conflit armé peuvent constituer une menace contre la paix et la sécurité internationale* »[110]. Dans la mise en œuvre de ces différentes déclarations d'intention, le Conseil de sécurité, à chaque fois que la sécurité internationale est mise à mal quelque part, prend des dispositions idoines pour protéger les civils. Il crée à cet effet des forces dites « de protection » ; leurs mandats consistant en une protection de certaines zones spécifiques et démilitarisées comme ce fut le cas de la FORPRONU en ex-Yougoslavie ; ou le plus souvent en une sécurisation des convois d'aide humanitaire et une protection des personnels chargés de celles-ci, comme ce fut le cas de l'ONUSOM 1, de l'UNITAF et de l'ONUSOM II en Somalie, ou de la force multinationale de protection mandatée en Albanie à la demande de l'Italie… Dans ce dispositif, l'Assemblée générale des Nations Unies joue un rôle de premier plan. Par exemple, à l'initiative de la France, l'Assemblée Générale des Nations Unies adopta quelques résolutions majeures. Il s'agit de la résolution 43/131 portant sur l'assistance humanitaire aux catastrophes naturelles et situation du même ordre, la résolution 45/100 relative aux couloirs d'urgence, la résolution 1973 du 17 mars 2011 en vue d'assurer la protection des civils et des zones civiles et de garantir l'acheminement de l'aide humanitaire en Libye…

La résolution 43/131 portant sur « *l'assistance humanitaire aux victimes de catastrophes naturelles et autres situations de même ordre* » a vu le jour suite à un consensus qui n'a pas été facile à obtenir, le 08 décembre 1988. En effet, de vives négociations au sein de la troisième commission des Nations Unies initiée à cette fin ont eu lieu. Par ce texte proposé par la France, celle-ci poursuivait deux objectifs ; d'une part elle visait à inclure l'assistance humanitaire dans

---

[109] Résolution 1296 du 19 avril 2000 relative à la protection des civils en période de conflits armés, S/RES/1296, par.13.

[110] Ibid., par. 5.

la politique des Nations unies en matière des droits de l'Homme. D'autre part, elle voulait faire reconnaître par les Nations unies et les ONG des facilités d'accès et d'intervention à faire bénéficier aux acteurs de l'intervention d'humanité, comparables à celles qui sont actuellement accordées aux organismes de secours visés par les conventions de Genève de 1949 et les protocoles additionnels de 1977. Le thème d'« urgence » est au cœur de tout le préambule qui fonde le dispositif de la résolution. Après avoir affirmé que les catastrophes naturelles et situations d'urgence du même ordre ont d'énormes conséquences aussi bien sur le plan économique et social de tout pays touché, l'ONU considère que « *le fait de laisser des victimes représente une menace à la vie humaine et une atteinte à la dignité de l'homme* » [111] . Ainsi, les Nations unies sont-elles convaincues que « *la rapidité permet d'éviter que le nombre de victimes ne s'accroisse tragiquement* »[112]. En vertu de cette résolution, les Etats ont l'obligation de faciliter l'assistance humanitaire.

La résolution 45/100 a été adoptée le 14 décembre 1990 aussi à l'initiative de la France comme la précédente. Elle concerne les couloirs d'urgence et complète dans une certaine mesure la résolution 43/131. Bénéficiant du soutien d'une cinquantaine d'Etats, ce texte adopté sans vote d'ailleurs est parti pour conforter la base juridique naissante de la responsabilité de protéger, puisqu'il propose l'établissement concerté de « couloir d'urgence » afin de surmonter les difficultés pratiques qui entravent l'accès aux victimes. Pour y parvenir, les Etats initiateurs avec la France en tête ont eu recours à certaines conventions onusiennes, notamment celle sur le droit de la mer de 1982. Ainsi, *un Etat tout en demeurant souverain sur ses eaux territoriales, peut admettre en vertu de la convention de l'ONU sur le droit de la mer de 1982, le droit de passage inoffensif en faveur des navires de tous les autres Etats*[113]. Cette convention autorise l'accès et le mouillage « *en cas de force majeure ou de détresse, ou dans le but de porter secours à des personnes, des navires ou des aéronefs en danger ou en détresse* »[114]. C'est dire que la notion de « couloirs d'urgence » applicable aux opérations d'aide d'urgence s'est inspirée largement de ces passages de secours. La transposition aux actions

[111] Paragraphe 3 du préambule de la résolution 43/131.
[112] Paragraphe 10 du préambule de la résolution 43/131.
[113] Article 17 de la convention des Nations Unies sur le droit de la mer de 1982.
[114] Article 18 de la convention sur le droit de la mer de 1982.

terrestres comporte non seulement la règle permissive, mais aussi les restrictions attachées à ce passage. Il faut souligner que la résolution s'est proposé d'étudier uniquement l'établissement de ces couloirs humanitaires[115]. Il faut dire aussi que cette résolution est un véritable cadre juridique de mise en œuvre des actions de secours urgents, d'autant plus qu'elle prévoit même la possibilité de l'évaluation de l'ampleur des catastrophes. Il s'agit de donner aux préposés à ces actions de secours d'urgence la possibilité d'optimiser les secours en les adaptant autant que possible aux besoins réels des victimes, afin d'évaluer d'éventuels graves dysfonctionnements. Mieux, la résolution propose la création d'un corps d'experts internationaux à partir d'une liste fournie par les Etats. Ces experts vont être à la disposition du secrétaire général des Nations Unies et seront mobilisables en permanence.

Section II : un renforcement progressif du nouvel ordre humanitaire international

La responsabilité de protéger prend forme de plus en plus dans la pratique du droit international et dans son corpus juridique. C'est pourquoi, pour ses défenseurs, elle est l'outil favorable pour la consécration d'un nouvel ordre humanitaire mondial bien que fragile (Paragraphe I) sans pour autant oublier que quelques faiblesses ou lacunes liées à la notion hypothèquent son universalité (Paragraphe II).

Paragraphe I : Un nouvel ordre humanitaire mondial fragile

Le monde dans toutes ses régions devient de plus en plus uniforme à travers les systèmes politiques et juridiques qui les régissent. Ces régions ne sont rien d'autre que les blocs continentaux, à travers ceux européen, africain, nord-américain, sud-américains caractérisés par une uniformisation politico-juridique et notamment régis par des principes qu'ils ont désormais en partage, tels que l'Etat de droit, la démocratie, le respect des droits de l'Homme…

---

[115] Rapport élaboré en octobre 1990, à partir des réponses gouvernementales au questionnaire adressé par le secrétaire général de l'ONU, sur la base de la résolution 43/131 ; documents officiels de l'Assemblée générale, A/45//587, 45e session, 27 octobre 1990.

La construction du monde dans ce schéma juridico-politique a justifié l'intervention de l'OTAN en Lybie. A ce titre, la responsabilité de protéger apparait comme l'instrument parfait pour la promotion d'un nouvel ordre mondial. Un nouvel ordre mondial obéissant à quelques critères fondamentaux : la protection des droits de l'Homme à travers l'interdiction et l'empêchement de la violation massive des droits de l'Homme au cours d'un grave événement, surtout une autorisation d'intervention basée sur une autorisation du conseil de sécurité. Ce dernier élément ou critère est fondamental, parce qu'on se trouve dans une situation différente des circonstances qui ont entouré les guerres contre la Yougoslavie (1999), l'Afghanistan (2001), ou l'Irak (2003), lesquelles guerres ont été menées sans une autorisation préalable du Conseil de sécurité des Nations Unies. C'est ce qui a amené Olivier Corten et Barbara Delcourt à affirmer que « *certains ont dès lors vu dans le précédent libyen un signe du renouveau du multilatéralisme et, plus généralement, d'un droit international que l'on serait désormais prêt à respecter et à faire respecter de manière plus systématique et universelle* »[116]. C'est pourquoi, une certaine doctrine soutient que la guerre en Libye aurait donc une dimension symbolique, marquant l'érosion voire l'abandon de la notion traditionnelle de souveraineté ainsi que l'émergence du concept de la « responsabilité de protéger », destiné à garantir un respect plus effectif des droits de l'Homme dans les années à venir. Depuis quelques années, le monde nous offre un tel scénario politico-juridique, c'est-à-dire depuis le début des années 1990, beaucoup d'actions militaires destinées à protéger les civils ont été menées aux quatre coins du monde sous l'autorisation du Conseil de sécurité des Nations Unies. La tendance selon une certaine doctrine, de la consécration d'un nouvel ordre mondial ne souffre pas de l'usage de temps en temps par la Chine et la Russie de leur droit de véto pour empêcher une intervention militaire dans un pays comme la Libye. Selon la même doctrine, ces Etats ne s'opposent pas à une sanction de la violation massive des droits de l'Homme dans un Etat, ils

---

[116] Corten (O.) et Delcourt (B.), « L'intervention militaire en Libye : une avancée du droit international », Politique n°70 (mai-juin 2011) ; voir aussi Corten (O.) et Delcourt (B.), *Droit de l'ingérence ou obligation de réaction* ? Bruxelles, Editions Bruylant, Editions de l'Université de Bruxelles, Collection de droit international, 2ème édition, 1996, 310p ; Chaumont (C.), *Le consentement à l'ingérence militaire dans les conflits internes*, Paris, Librairie générale et de jurisprudence, 1974, 425p.

s'opposent à une instrumentalisation des droits de l'Homme pour la satisfaction d'intérêts économiques.

De plus en plus, il faut se battre pour que les interventions d'humanité soient faites sur des bases saines. Ce qui donnera à la responsabilité de protéger une légitimité très grande et aux droits de l'Homme, un avenir meilleur sur tous les continents.

Toutefois, le fondement juridique de la responsabilité de protéger reste fragile ; fragile en ce sens que sa juridicité semble être moins essentielle par rapport aux enjeux de la souveraineté. En effet ce principe du droit international oblige les Etats à agir de façon subsidiaire à la place d'un Etat qui aurait manqué son devoir régalien de protection des populations face au crime contre l'humanité, le génocide, les crimes de guerre… à travers la résolution 1674 du Conseil de sécurité qui insinue l'usage des chapitres VI et VIII de la Charte. Cependant la résolution n'a pas de portée juridique, elle n'a pas de force juridique particulière et ne couvre pas toutes les situations ou tous les cas de figure possibles. C'est pourquoi Yves Daudet estime que la résolution 1674 et le document final du sommet mondial qui sont deux textes qui se complètent ont un champ d'application plus restreint que les opérations de reconstruction de l'Etat[117].

Jusqu'ici les résolutions sur les actions d'urgence en vue d'éviter de graves violations des droits de l'Homme ont fait l'unanimité à la différence de celle1973 du 17 mars 2011au sein de la communauté des Nations Unies. Il faut rappeler que cette résolution a été « adoptée » dans le but d'assurer non seulement la protection des civils et des zones civiles, mais aussi de garantir l'acheminement de l'aide humanitaire en Libye.

Mais l'analyse critique de cette résolution vient quelque peu affaiblir le fondement juridique de la responsabilité de protéger, établi par les deux précédentes résolutions et qu'il convient de regretter sincèrement. Cette analyse critique se fera sur le plan de sa légalité et de sa légitimité. Sur sa légalité et notamment sur le fond, le Conseil de sécurité agit en cas de menace de la sécurité internationale. Ici, le conseil de sécurité prétend agir sur le fondement de l'article VII de la

[117] Yves Daudet, « Les réponses curatives : responsabilité de protéger et reconstruction de l'Etat », in « *La responsabilité de protéger* », Colloque de Nanterre, op. cit., p.287.

Charte des Nations Unies[118]. La situation en Libye était-elle une menace contre la sécurité internationale ? Oui, la situation en Libye était une menace contre la sécurité internationale, car malgré la chute et l'assassinat de Kadhafi par les Occidentaux et les rebelles, la sécurité dans la sous-région, notamment au sud du Sahara n'est pas acquise. Toutefois, avait-on besoin de mener une guerre contre la mouvance de Kadhafi qui était prête au dialogue, et surtout à aller aux élections organisées sous le contrôle des Nations-Unies comme en Côte-d'Ivoire ? Avait-on besoin de détruire en quelques mois, les infrastructures réalisées par ce pays sous-développé pendant plusieurs décennies ? Avait-on besoin d'écarter l'Union Africaine dans la gestion de la crise libyenne ?

Mieux, sur la forme, la résolution sur la Libye pêche énormément. Il faut souligner que « *lorsqu'une résolution ne porte pas sur les questions de procédure (comme c'est le cas ici), elle n'est valide que si elle a été prise par un vote affirmatif de neuf membres (au moins) parmi lesquels tous les membres permanents* »[119]. Dans le cas d'espèce, la résolution a été votée par une majorité de dix voix et cinq abstentions dont celle de la Chine et de la Russie, tous d'eux membres permanents du Conseil de sécurité. Cet aspect, selon une certaine doctrine, aurait dû invalider la résolution 1973. Malheureusement, cette pratique s'est enracinée au sein du Conseil de sécurité au point que de nombreuses résolutions sont aujourd'hui adoptées sur des questions identiques sans la bénédiction ou le consentement formel de tous les Etats membres du système des Nations-Unies. Mieux encore la composition du Conseil de sécurité est aujourd'hui contestée. *C'est la raison pour laquelle (selon une certaine doctrine), les auteurs de la résolution cherchent le consensus le plus large possible en s'appuyant au besoin sur les condamnations formulées par la Ligue Arabe, de même que l'Union Africaine*[120].

Mieux, selon certains auteurs, « *cette résolution a fait l'objet d'une application vicieuse, ce qui lui dénie toute légitimité. Pendant que la résolution stipule expressément qu'elle a pour vocation d'instaurer une zone d'exclusion aérienne en invitant les Etats membres à prendre toutes les mesures en vue de protéger les civils, la France a décidé*

[118] Préambule de la résolution 1973 du conseil de sécurité du 17 mars 2011.
[119] Article 27 §3 de la charte des Nations unies.
[120] Préambule de la résolution 1973 du conseil de sécurité.

d'organiser des frappes aériennes contre les véhicules blindés des forces gouvernementales dans la région de Benghazi. Cette résolution n'est pas loin d'un dol orchestré par certaines puissances pour frapper Kadhafi ». C'est pourquoi Jean-Christophe Rufin (ancien ambassadeur de France à Dakar, 2007-2010) affirme que « *la guerre dans laquelle la France est engagée ne se réduit pas à la formule aseptisée de zone d'exclusion aérienne que les membres du conseil de sécurité ont approuvée. Ce terme d'exclusion suggère une main protectrice étendue sur le ciel et venant en douceur protéger toute violence. La réalité est plus crue. Nous tuons, nous bombardons des véhicules de combattants. Qu'il s'agisse des criminels lancés à l'assaut des populations désarmées ne change rien à ce constat : nous avons beau affirmer que nous n'interviendrons pas au sol, mais c'est bien au sol que sont tués ces soldats* »[121]. C'est pour les mêmes raisons que le secrétaire général de la Ligue Arabe, Amr Moussa a déclaré au lendemain des frappes occidentales que « *ce qui s'est passé en Libye diffère du but de la résolution qui est d'imposer une zone d'exclusion aérienne et ce que nous voulons c'est la protection des civils et pas le bombardement d'autres civils (allusion faite aux victimes du bombardement de Tripoli*) »[122]. De ce qui précède, on peut affirmer que le droit d'assistance humanitaire semble être à la quête d'un fondement juridique ; ce qui permettra au principe de la responsabilité de protéger de sortir de la période de balbutiement qu'il connaît depuis quelques années[123].

De plus, pour la même cause, c'est-à-dire la protection des populations en cas de défaillance de l'Etat, une méfiance des Etats se fait observer, notamment dans l'accroissement des compétences du

---

[121] Rufin (J.-C.), « Après l'intervention en Libye, où s'arrête la guerre humanitaire ? », Le monde, 25 mars 2011.

[122] Ibid.

[123] Sur la question, voir Mémoire online, Droit et Sciences politiques, Droits de l'Homme et libertés fondamentales, *La responsabilité de protéger au regard de la crise libyenne*, par Hippolyte Luabeya, Université de Kinshasha RDC-Licence, 2010 ;
Mémoire online, Droit et Sciences politiques, Droit public, *Le principe de la responsabilité de protéger : une issue pour la protection des populations civiles. Cas de la République démocratique du Congo*, par Patience Katunda Agandgi, Université de Kinshasha RDC – Licence en droit international, 2010 ;
Guillaume Coulon, Nils Andersson, Daniel Lagot (dir), *Responsabilité de protéger et guerres humanitaires : le cas de la Libye,* L'Harmattan, Paris, 2012, 155p.

Conseil de sécurité sur le terrain constitutionnel des Etats (les questions constitutionnelles relatives à la Côte-d'Ivoire dans la résolution 1633 du 21 octobre 2005 ou dans sa résolution 1757 pour mettre un terme au blocage du parlement libanais) ; ce qui amène Yves Daudet à s'interroger en ces termes : « *Osera-t-on dire alors que la « responsabilité de protéger » n'est qu'une version plus présentable, plus « soft », du « devoir d'ingérence » avec lequel elle partage donc toute la fragilité juridique ? Verra-t-on dans la responsabilité de protéger un maquillage habile de ce « devoir d'ingérence » donnant l'illusion d'être à coup sûr cette fois, dans le domaine du droit ?* » Il ressort de ce qui précède que la responsabilité de protéger est un concept ou un principe en construction ou en chantier. Ce chantier nécessite la conjugaison des efforts de tous pour que celle-ci puisse être utile à l'humanité. Pour éviter la violation massive des droits de l'Homme, la détermination et la construction juridique de ce principe doivent être considérées comme une cause commune de tous les acteurs de la société internationale. Ceci éviterait de dire que la responsabilité de protéger et le devoir d'ingérence constituent les deux faces d'une même médaille.

Paragraphe II : Un principe de plus en plus universel

Le principe de la responsabilité de protéger est de plus en plus universel. Tous les citoyens du monde ont souvent le regard tourné vers les Nation Unies ou les grandes puissances lorsqu'il y a violations massives des droits de l'Homme de par le monde. Le principe est désormais une réalité dans les esprits, car en cas de difficultés majeures auxquelles les populations se trouvent confrontées dans un pays, les regards ne sont pas tournés vers les autorités étatiques internes, mais plutôt vers l'extérieur d'où ces populations attendent un Messie. Le principe est non seulement universel, mais aussi régional.

Lors de la crise ivoirienne, les Ivoiriens avaient d'abord le regard tourné vers la CEDEAO et l'Union africaine pour les aider à éviter une grave et massive violation des droits de l'Homme. C'est le cas du Mali au lendemain de l'occupation d'une partie de son territoire au nord du pays, par des forces islamiques et sécessionnistes en 2012.

Le principe de la responsabilité de protéger se manifeste dans son universalité à travers la solidarité internationale qui peut se manifester sous forme d'aide humanitaire en cas de catastrophes humanitaires, de guerres civiles, d'émeutes…

Son universalité se manifeste par la reconstruction du pays en cas de conflit armé qui a été à la base de la destruction physique, humaine, sociale et économique du pays. Elle se manifeste dans son universalité à travers la réconciliation nationale entreprise sous la férule des Nations Unies ou de quelques grandes puissances occidentales ou de l'Est. Elle se manifeste également par la mise en place dans des Etats qui sont sortis de la dictature, par l'instauration de la démocratie et l'établissement dans ces Etats des institutions démocratiques et de contre-pouvoirs. De plus en plus, certains Etats et des hommes épris de paix et de justice travaillent à aider les Etats en difficulté à se rebâtir, à se refonder constitutionnellement, afin que ces derniers n'aient plus à se retrouver un jour à la case de départ.

Par ailleurs, l'universalité de la responsabilité de protéger se manifeste sur le plan juridictionnel. Ici, l'ingérence a permis de sauver des millions de personnes partout dans le monde, notamment dans toutes les régions du monde en permettant de lutter contre l'impunité avec la création des Tribunaux pénaux internationaux ad'hoc, des tribunaux spéciaux ou mixtes, et de la Cour Pénale Internationale. Grâce à sa compétence universelle, la Cour Pénale Internationale peut poursuivre tout criminel sur n'importe quel territoire et à n'importe quel moment.

Bien que la protection des droits de l'Homme devienne de plus en plus sélective, l'espoir est permis. Chaque jour qui passe voit se commettre à l'échelle mondiale une série de violations flagrantes et systématiques des droits de l'Homme sans que personne ne réagisse. Certains Etats bénéficient de l'impunité en dépit de la violation permanente du droit international par ces Etats. C'est le cas d'Israël qui méprise et ignore les droits de l'Homme à Gaza et partout ailleurs en Palestine sans que personne ne s'en émeuve. Malgré cette situation d'indifférence de la part de certaines puissances, parfois des Nations-Unies, le principe de la responsabilité de protéger est quand même souhaité quelque part dans le monde. Si les puissances et les Nations Unies peinent à intervenir, la société civile internationale et beaucoup de peuples souhaitent la mise en œuvre de la responsabilité de protéger qu'ils érigent très souvent en devoir de responsabilité ou de solidarité collective. Ce principe est à première vue contraire dans une certaine mesure à la charte des Nations Unies parce que contraire à certains sacro-saints principes du droit international (le principe du non-recours à la force, le principe de souveraineté…), mais toléré par certaines résolutions de l'Assemblée générale. Largement utilisé dans la réalité des faits, le principe de la responsabilité de protéger occupe toutefois de nos jours une place prépondérante dans la pratique des relations internationales contemporaines. Ce principe est considéré par certains comme le premier signe d'une mutation du droit international ; ce dernier témoigne de son incapacité à gérer certaines situations critiques qui mettent en cause la sauvegarde même des droits fondamentaux de la personne humaine. Le droit des Nations Unies que l'on croyait imperméable à toute modification semble devoir prendre la voie d'une adaptation aux réalités de son temps sous peine de perdre sa raison d'être. Mieux, le droit international connaît des avancées très rapides de sorte qu'il n'est plus permis de soutenir que les droits de la personne humaine relèvent strictement de la juridiction domestique d'un Etat. C'est ce qui donne de plus en plus de légitimité au principe de la responsabilité de protéger à travers son instrument de mise en œuvre qui n'est rien d'autre que le devoir de solidarité ou d'intervention collective.

Le risque est cependant grand que cette mutation du droit international ne se fasse au profit des plus grands. Ce concept devient universel parce que le droit d'ingérence ou le devoir d'ingérence qui permet de le concrétiser est en lui-même un droit empirique. C'est pourquoi les Etats qui ont participé à l'opération « Force alliée » entre le 24 mars et le 10 juin 1999 au Kosovo n'ayant pas obtenu la caution du Conseil de sécurité ont légitimé leur action en invoquant des considérations d'ordre éthique en faveur des populations kosovares[124].

[124] Il s'agissait d'une nécessité morale de mettre un terme à une « campagne continue de violence et de répression à l'encontre de la population albanaise du Kosovo ».

Chapitre V
La responsabilité de protéger dans sa phase de protection des personnes réfugiées en dehors des Etats, théâtres des conflits

Dans des situations exceptionnelles, notamment de violations massives des droits de l'Homme, les persécutés ou même les rescapés, par instinct de conservation sortent de leur pays pour demander asile auprès d'un autre pays. Le droit international des droits de l'Homme a prévu des traités pour résoudre les difficultés de cette nature. Aussi le réfugié et les instruments juridiques de sa protection (Section I), L'interdiction par le droit international et régional de l'expulsion collective des étrangers et du refoulement des demandeurs d'asile vers leur Etat d'origine (Section II) sont-ils le point focal du système onusien de la responsabilité de protéger concernant les réfugiés.

Section I : Le réfugié et les instruments juridiques de sa protection

Une définition du réfugié (Paragraphe I) et les textes juridiques qui assurent sa protection (Paragraphe II) sont la charpente de la présente section

Paragraphe I : Le réfugié dans sa définition

D'après l'article 1er de la convention de Genève du 28 juillet 1951 qui, modifiée par le protocole du 31 janvier 1967, constitue la base du statut international des réfugiés, doit être considérée comme réfugié, toute personne « ... *qui, par suite d'événements survenus dans son pays et craignant avec raison d'être persécutée du fait de sa race, de sa religion, de sa nationalité, de son appartenance à un certain groupe social ou de ses opinions politiques, se trouve hors du pays dont elle a la nationalité et qui ne peut ou du fait de cette crainte ne veut se réclamer de la protection de ce pays* ». De ce fait, le réfugié demande à un autre Etat de l'accueillir : il est demandeur d'asile.

-Le réfugié est donc quelqu'un qui ne se trouve plus dans son pays ou dans le pays dont il a la nationalité ou le pays où il a sa résidence et il ne se réclame plus la protection de ces différents pays évoqués.

-Le réfugié est une personne qui craint d'être persécutée ;

-Le réfugié a et doit avoir des raisons objectives de craindre d'être persécuté. Il doit donc avoir des motifs de persécution tels que la race, la religion, la nationalité, l'appartenance à un certain groupe social...[125]Son Etat a le devoir de le protéger des dangers suscités. Tout Etat se doit de protéger son national. Mais, une personne qui n'a plus cette protection de son Etat, doit avoir une protection internationale. Celle – ci est donc une protection de substitution à la protection étatique. C'est ce genre de protection que les Etats limitrophes des conflits et même les autres doivent apporter aux personnes en danger demandant leur protection.

Le Haut Commissariat des Nations Unies pour les Réfugiés (HCR) doit donc s'efforcer de gérer cette permanence de la condition de réfugiés, sous bien entendu le contrôle du Conseil de sécurité des Nations Unies et même des Organisations Non Gouvernementales des droits de l'Homme.

Une difficulté majeure réside en ce que le droit international n'impose pas aux Etats d'accorder le droit d'asile, mais seulement de ne pas renvoyer le réfugié dans un pays dans lequel il existe de sérieuses raisons de craindre pour sa sécurité (convention de Genève, art.13).

Il faut préciser que l'asile est un droit de l'Etat car c'est celui – ci qui l'accorde, il est donc un droit étatique.

Aujourd'hui, les Etats d'accueil sont submergés par l'accroissement des demandes et se montrent de plus en plus réticents et considèrent que beaucoup de demandeurs sont de « faux réfugiés » en quête d'une amélioration de leur condition économique et financière et non pas victimes de persécution.

La conséquence est que plusieurs dizaines de millions de personnes se trouvent en difficultés, persécutées et en quête d'asile.

---

[125] Jean-Nazaire Tama, *Droit international et africain des droits de l'Homme*, op.cit., p.249.

En 1949, pour faire face au problème des réfugiés palestiniens du Proche –Orient, l'Assemblée Générale des Nations Unies a créé l'office de secours et de travaux des Nations Unies (U.N.R.W.A). Cette organisation a des activités essentiellement humanitaires dispensant des services et secours à plus de deux millions cinq cent mille réfugiés (2,5. 000.000).

De nos jours, le Haut Commissariat des Nations Unies pour les Réfugiés (H.C.R.), collabore avec d'autres institutions, notamment les Organisations Non Gouverrnementales pour des actions humanitaires dans le monde comme, ce fut le cas en Somalie, dans les Grands Lacs et dans les Balkans pendant les années mille neuf cent quatre-vingt-dix.

Paragraphe II : Les instruments de protection internationale

Ils sont nombreux, et l'on peut citer :

A- La convention de Genève de 1951

La convention de Genève de 1951a pour vocation de régir les aspects propres aux problèmes des réfugiés dans le monde. Mais, elle a été précédée de trois ans par la Déclaration universelle des droits de l'Homme (DUDH) du 10 décembre 1948. Celle – ci ne contient pas de dispositions relatives aux réfugiés, mais contient une disposition qui parle de l'asile.

L'asile étant la protection accordée à une personne pour lui permettre d'échapper au risque qu'elle court dans son pays d'origine et de résidence.

L'article 14 alinéa 1 de la DUDH énonce que devant la persécution, toute personne a le droit de chercher asile et de bénéficier de l'asile en d'autres pays.

Le droit consacré par l'article 14, est celui de chercher asile, ce qui suppose que l'on doit quitter le pays dont on a la nationalité.

L'article 14 de la DUDH, parle du droit des personnes de bénéficier de l'asile en d'autres pays. Il ne comporte pas d'obligation d'accorder l'asile, mais il présente l'obligation de faire en sorte que toute personne persécutée trouve l'asile quelque part.

Enfin, il faut retenir que la convention de Genève n'est pas suffisante, car elle n'est pas une convention sur l'asile, car elle ne fait pas obligation aux Etats d'admettre sur leur territoire un réfugié.

Toutefois, l'article 33 de la Convention interdit aux Etats de renvoyer un réfugié dans un Etat où il risque d'être torturé. Dans ce cas, cet Etat cherche un autre Etat où renvoyer le réfugié indésirable s'il ne le veut pas chez lui ; mais non pas dans le pays d'origine de celui – ci[126].

B- Le pacte relatif aux droits civils et politiques

Ce pacte ne contient pas des dispositions expresses concernant l'asile et les réfugiés. Mais on peut en déduire des obligations des Etats à l'égard des personnes qui ont besoin de protection. Par exemple, l'article 7 du pacte interdit la torture. Cela veut dire implicitement que les Etats ne peuvent pas exposer à la torture et au traitement cruel inhumain et dégradant un individu.
C'est l'effet ricochet du traitement cruel et dégradant. Il faut dire que cette disposition de l'article 7 est large, car elle ne concerne pas seulement les réfugiés[127].

C- La Déclaration sur l'asile du 14 décembre 1967

Cette Déclaration a été adoptée pour faire face aux problèmes qui étaient survenus dans presque toutes les régions du monde, à la suite de la décolonisation. Ainsi, le besoin de réglementer l'institution de l'asile s'est fait sentir. Il faut noter que cette Déclaration est antérieure de deux ans à la convention de l'Organisation de l'Unité Africaine (O.U.A.).

Elle pose le principe que les Etats peuvent accorder l'asile dans l'exercice de leur souveraineté et que cet asile doit être respecté par les autres Etats : « *l'octroi d'un asile n'est pas un acte inamical à l'égard de l'Etat d'où provient le réfugié* ».

Selon cette Déclaration, l'asile est une prérogative de la souveraineté de l'Etat : il peut l'accorder ou non et en le faisant, les autres Etats

---

[126] Jean-Nazaire Tama, *Droit international et africain des droits de l'Homme*, op.cit., p.253
[127] Jean-Nazaire Tama, *Droit international et africain des droits de l'Homme*, op.cit., p.253

doivent le respecter. Il faut préciser qu'un système régional de protection des réfugiés existe à l'échelle de certains continents[128].

Section II : L'interdiction par le droit international et régional de l'expulsion collective des étrangers et du refoulement des demandeurs d'asile vers leur Etat d'origine

En situation de conflit armé dans certains Etats, il arrive que des Gouvernements d'accueil, loin de protéger des personnes en difficultés provenant de ces Etats objet de conflit armé, non seulement les expulsent de façon collective en raison de la nature du groupe qu'elles représentent, mais aussi les renvoient vers les pays d'où elles sont persécutées. Aussi, la définition de l'expulsion (Paragraphe I), l'interdiction de l'expulsion collective et le principe de non-refoulement (Paragraphe II) constituent-ils le contenu de la présente section.

Paragraphe I : Définition de l'expulsion

C'est en 1975 que la commission européenne des droits de l'Homme, dans une affaire Becker c Danemark[129], a eu à se prononcer pour la première fois sur ce qu'est une expulsion collective au sens de l'article 4 du protocole n°4 additionnel à la convention européenne des droits de l'Homme.
A cet effet, la commission a d'abord défini ce qu'est une expulsion avant de préciser la définition de l'expulsion collective.
Ainsi selon la commission, l'expulsion doit s'entendre de toute mesure contraignant des étrangers à quitter le pays dans lequel ils se trouvent, et cela indépendamment du caractère régulier ou non de leur situation.
L'expulsion comprend toutes les mesures allant de la décision d'expulser jusqu'au rapatriement y compris la reconduite à la frontière, l'embarquement à bord d'un moyen de transport aérien,

---

[128] Au nombre des systèmes régionaux de protection des réfugiés, l'on peut citer le système européen avec la convention européenne des droits de l'Homme, le système latino-américain avec la convention de la Havane du 20 février 1928, la convention de Caracas du 28 mars 1954 et la Déclaration de Carthagène sur les réfugiés du 22 novembre 1984. Il ya enfin le système africain de protection des réfugiés, marqué par la convention du 10 septembre 1969 régissant les aspects propres aux problèmes des réfugiés en Afrique.
[129] Req n° 7011/75, Becker c Danemark du 3 octobre 1975.

maritime ou terrestre[130]. Toutefois, des procédures de recours par le collectif des réfugiés ou pour chaque réfugié doivent être disponibles par le droit interne de l'Etat d'accueil. C'est à ce niveau que les défenseurs des droits de l'Homme, les organisations humanitaires et la Communauté internationale doivent veiller au grain.

Paragraphe II : L'interdiction de l'expulsion collective, le principe de non-refoulement, et les droits des réfugiés dans le pays d'accueil

L'expulsion telle que définie plus haut est collective lorsqu'elle contraint des étrangers, en tant que groupe à quitter un pays, sauf dans les cas où une telle mesure est prise à l'issue et sur la base d'un examen raisonnable et objectif de la situation particulière de chacun des étrangers qui forment le groupe.

Pour la jurisprudence, il y a expulsion collective d'étrangers, lorsque ceux-ci sont « *expulsés en tant que groupe* ». Ce qui entache la décision d'expulsion, et fait d'elle une mesure d'expulsion collective, c'est le mobile de l'expulsion. En d'autres termes, l'autorité qui expulse n'a d'autres motifs d'expulsion que l'appartenance des personnes au groupe visé.

C'est dire qu'ici, la décision d'expulsion touche globalement des individus pour le seul motif qu'ils présentent une telle caractéristique déterminante pour l'autorité. Les personnes visées par la décision le sont indépendamment du caractère régulier ou non de leur présence sur le territoire. Ainsi, par exemple, l'expulsion des 199 enfants vietnamiens du Danemark aurait violé l'article 4 du protocole n°4 additionnel à la convention européenne des droits de l'Homme, si leur expulsion se fondait sur leur origine vietnamienne[131].

Selon les dispositions de l'article 12 de la Charte africaine des droits de l'Homme et des Peuples, « *l'expulsion collective est celle qui vise globalement des groupes nationaux, raciaux, ethniques ou religieux* ».

En d'autres termes, lorsque l'expulsion a lieu systématiquement en raison de l'appartenance des individus à une race, à une nationalité, à une ethnie, ou à une religion, elle devient une expulsion collective.

---

130 Jean-Nazaire Tama, *Droit international et africain des droits de l'Homme*, op.cit., p.262.

131 Voir req. Becker c Danemark, op. cit.

Mais doit – on considérer la notion de groupe comme se limitant aux seules caractéristiques nationale, raciale, ethnique ou religieuse ?

Si dans la Charte africaine des droits de l'Homme et des Peuples, la réponse paraît positive, il ne semble pas qu'il aille de même dans le système européen. La notion du groupe entrant dans le champ d'application de l'article 4 du protocole n°4 (additionnel à la convention européene des droits de l'homme), est une notion plus large qui englobe d'autres caractéristiques telles que le groupe social, linguistique…

Toute expulsion collective basée sur des motifs relatifs à la race, à la nationalité, à l'ethnie, ou à la religion est interdite par non seulement le droit international des droits de l'Homme, mais aussi le droit régional des droits de l'Homme.

Par ailleurs, l'interdiction est faite selon l'article 33 de la convention de Genève du 28 juillet 1951 aux Etats de renvoyer un réfugié ou un quelconque groupe vers le pays qu'il fuit : c'est le principe de non-refoulement [132] . Ici, le rôle du Conseil de sécurité, du Haut Commissariat des Nations Unies pour les Réfugiés (HCR), du Haut Commissariat des Nations Unies pour les droits de l'Homme, des Organisations Non Gouvernementales des droits de l'Homme aussi bien internationales que des Pays concernés… doivent jouer un rôle de veilleur et de lobbying envers les Etats qui, au mépris du droit international expulsent les demandeurs d'asile ou des réfugiés vers les Etats qu'ils fuient pour préserver leurs relations diplomatiques ou de coopération.

Mieux, dans leur pays d'accueil, les réfugiés ou les demandeurs d'asile doivent bénéficier des droits civils et ceux économiques, sociaux et culturels. Il s'agit pour les droits civils, l'inviolabilité de la personne humaine, le droit à la vie, à la liberté, à la sécurité et à l'intégrité physique, l'interdiction de la torture, des peines et traitements inhumains, cruels et dégradants, la liberté de pensée, d'expression, d'opinion, de religion, de conscience…, presque tous les droits civils sauf ceux politiques. Pour les droits économiques, sociaux et culturels, ils peuvent bénéficier des droits suivants : le droit à la

---

[132] Jean-Nazaire Tama, *Droit international et africain des droits de l'Homme*, op.cit., p.262.

santé, le droit à l'éducation, le droit au travail (sauf la fonction publique), le droit à la culture, le droit de grève, le droit de toute personne à la reconnaissance en tous lieux de sa personnalité juridique, le droit de toute personne à ce que sa cause soit entendue équitablement et publiquement par un tribunal indépendant, le droit de tout individu à avoir une nationalité, car, nul ne peut être privé de sa nationalité...

En revanche, les demandeurs d'asile ou les réfugiés doivent respecter les lois du pays d'accueil et les mesures prises par ce pays pour y maintenir l'ordre public.

La garantie de tous ces droits civils, économiques, sociaux et culturels doit être assurée et protégée par l'Etat d'accueil au risque de mettre en jeu sa responsabilité internationale, vis-à-vis de la communauté internationale. A ce sujet également, un lobbying et une veille de la part de tous les acteurs sociaux nationaux et internationaux en raison du caractère exceptionnel de la situation s'avèrent nécessaires et indispensables envers les Etats d'accueil concernés.

Chapitre VI
La phase juridictionnelle de la responsabilité de protéger

La responsabilité de protéger peut ou plutôt doit avoir un aboutissement judiciaire, par les Nations-Unies au titre du chapitre VII ou d'un autre organisme régional, au titre du chapitre VIII, d'un tribunal ad hoc ou même permanent, destiné à rendre justice aux victimes d'un conflit en punissant par la même occasion les délinquants internationaux qui ont été à l'origine de drames humains. C'est ce qui fut fait au lendemain des tragédies rwandaises et de l'ex-Yougoslavie. A ce titre et avant l'avènement de ces tragédies, certains préalables avaient été déjà assouvis par les Nations Unies et la communauté internationale, pour permettre de combattre l'impunité dans le monde entier. Il s'agit de l'institution et de l'adoption du principe de la compétence universelle (section I) et du principe de l'imprescriptibilité des crimes les plus odieux (section II). Ici, l'on limitera les exemples aux tragédies du Rwanda et de l'ex-Yougoslavie.

Section I : Le principe de la compétence universelle : historique et fondements juridiques

La compétence universelle tire ses racines profondes du droit interne des Etats, avant d'être peaufinée par le droit international. A ce titre, les compétences de l'Etat (Paragraphe I), la définition et le contenu de la compétence universelle (Paragraphe II), et la compétence universelle en matière des crimes les plus graves (Paragraphe III) constituent la toile de fond de la présente section.

Paragraphe I : Les compétences de l'Etat

Les Etats dans leur fonctionnement interne disposent d'un certain nombre de compétences au nombre desquelles, l'on peut citer :

- la compétence législative ou le pouvoir d'édicter des lois ;
- la compétence déclarative ou le pouvoir d'interpréter les lois ou de les appliquer et ;

- la compétence d'exécution ou le pouvoir de prise de décisions pour l'exécution des lois.

Généralement, au regard du droit interne, l'Etat ne peut véritablement et souverainement agir que sur son territoire national, sa compétence d'exécution étant limitée au territoire national. Toutefois, le droit international reconnaît que les Etats dans leur fonctionnement puissent aussi déployer leur puissance administrative sur des actes ou des événements survenant en dehors de leur territoire, ou même statuer sur ces événements : c'est la compétence extraterritoriale de l'Etat. Pour cette raison, le droit interne de l'Etat peut par sa législation pénale ou son droit pénal reconnaître un certain nombre de principes pouvant permettre l'exercice de la compétence extraterritoriale. Peuvent être concernés :

- les actes commis par des personnes qui ont la nationalité de l'Etat en question (principe de nationalité, ou compétence personnelle active) ;
- les actes commis contre des ressortissants de l'Etat en question (compétence personnelle passive) ;
- les actes qui affectent la sécurité de l'Etat (principe de protection).

Il faut remarquer ici que ces principes suscités exigent l'existence d'un lien de rattachement entre l'acte commis et l'Etat qui fait valoir sa compétence. Mais en ce qui concerne la compétence universelle, rien de cette nature n'est exigé.

Paragraphe II : La compétence universelle

Le monde constitue aujourd'hui l'expression de la culture et de la civilisation humaines qui, malgré leur diversité, traduisent l'unité de la famille humaine. Les hommes appartiennent désormais à un monde unique, indivisible à cause de la dignité humaine qui constitue, le socle de cette famille, c'est-à-dire son ciment et son terreau. C'est pourquoi, cette patrie commune, cette origine commune qu'est la famille humaine peut être aujourd'hui considérée comme un patrimoine commun qu'il appartient à tous les êtres humains de préserver à tout prix. Dans ces conditions, certains crimes d'une gravité particulière peuvent affecter cette famille humaine dans ses intérêts et dans ses valeurs les plus profondes. C'est la raison pour laquelle le principe de la compétence universelle a été conçu pour veiller aux intérêts de cette famille humaine et, par extension, de la communauté internationale, en permettant à un Etat de poursuivre les auteurs des crimes portant atteinte à l'ensemble de la famille humaine et de la communauté internationale, même en l'absence de tout lien de rattachement avec l'Etat en question. C'est dire en d'autres termes que le principe de la compétence universelle est une arme ou moyen juridique qui permet de faciliter et de garantir la répression des crimes les plus graves quels que soient leur auteur, leur victime ou le lieu de leur commission. Comme l'affirme la doctrine, la compétence universelle a pour objet d'éviter l'impunité et d'empêcher ceux qui commettent des crimes graves de trouver refuge dans des pays tiers. Mieux encore, elle donne des possibilités ou compétences à une juridiction de juger des criminels, quelle que soit leur nationalité ou celle de leurs victimes, ou quel que soit l'endroit où ils commettent leur forfait. Elle permet par conséquent aux Etats qui l'ont adoptée au regard du droit international de s'acquitter de leur obligation de poursuivre afin de juger les auteurs des crimes les plus odieux. Les crimes odieux au regard du droit international et aussi selon la doctrine, « *sont une série d'actes délictueux, dont la répression par tous les Etats est justifiée ou nécessaire, dans l'intérêt de l'ordre pénal international, en raison de la gravité des crimes et de l'importance de leur répression aux yeux de la communauté internationale* ».

Mais la mise en œuvre de cette obligation conventionnelle ou même coutumière ne peut se faire que lorsque les Etats décident d'incorporer la compétence universelle dans leur ordre juridique interne.

Par ailleurs, la compétence universelle selon le droit international dans l'ordre juridique interne revêt plusieurs aspects ou dimensions en raison du degré de gravité des actes délictueux auxquels elle s'applique. Certains crimes, notamment les plus graves, sont tenus immanquablement d'être réprimés par les Etats ; dans ce cas, l'on peut parler de compétence universelle obligatoire, tandis que d'autres laissent une marge de manœuvre aux Etats dans leur répression. Ici, l'on pourrait parler de compétence universelle facultative. Il faut aussi préciser que la compétence universelle peut être d'origine diverse. Elle peut être conventionnelle, et dans ce cas elle est obligatoire, parce que procédant d'un texte juridique international, c'est-à-dire d'un traité. En revanche, elle peut provenir d'une coutume généralement internationale, ce qui ne lui enlève pas une portée juridique obligatoire.

De plus, le droit international n'exclut pas que la compétence universelle soit prévue par les textes juridiques nationaux d'un Etat, notamment une loi ; mécanisme que la doctrine internationale a appelé la compétence universelle législative. En revanche, elle peut provenir non pas d'un texte législatif national, comme le cas précédent, mais à travers, un acte, un comportement ou une attitude d'un tribunal qui décide directement la poursuite ou le jugement des prévenus : c'est la compétence universelle déclarative.

En revanche, une autre forme de compétence universelle déclarative peut aussi s'exprimer par l'attitude d'un tribunal qui décide de fonder sa compétence, directement sur le droit international, sans avoir à se référer à une législation nationale.

Paragraphe III : La compétence universelle en matière de crime de guerre et autres crimes

En matière de crime de guerre, la compétence universelle possède deux sources : une source conventionnelle et une coutumière.

En droit conventionnel, ce sont les quatre conventions de Genève de 1949 qui sont en vue, relativement à la protection des victimes de la guerre. Ici, la compétence universelle est prévue pour la violation de ces quatre conventions qualifiées d'« infractions graves ».

Selon respectivement les articles 49, 50,129 et 146 de ces quatre conventions, les Etats sont dans l'obligation absolue de rechercher les auteurs présumés « quelle que soit leur nationalité » pour les déférer devant les tribunaux nationaux ou pour de les extrader en vue de leur jugement devant ou vers un Etat partie à ces conventions qui a retenu contre eux des charges suffisantes : *aut dedere aut judicare*. En d'autres termes, les Etats ont deux options : extrader les auteurs présumés vers un autre Etat, ou les juger sur place par leurs propres tribunaux.

De plus, le protocole additionnel I de 1977 aux conventions de Genève de 1949 est un autre siège de la compétence universelle. En effet, ce protocole étend le principe de la compétence universelle aux infractions graves concernant la conduite des hostilités. Mieux, il qualifie aussi toutes les infractions graves de crime de guerre (article 25).

Par ailleurs, beaucoup d'autres instruments juridiques pertinents sont dans la même mouvance de la compétence universelle en cas d'infractions graves de crimes de guerre. Il s'agit de la convention de La Haye de 1954 pour la protection de biens culturels, en cas de conflit armé et son deuxième protocole qui prévoient des obligations identiques pour les Etats parties. En effet, cette convention de La Haye de 1954 et son deuxième protocole obligent les Etats parties à réprimer les violations graves de ces instruments sur la base du principe de la compétence universelle. De même, la convention contre la torture fait partie des conventions obligeant les Etats à doter de la compétence universelle leurs tribunaux dans le but de réprimer la commission du crime de torture. Tel est également le cas de la convention internationale de 2006 pour la protection de toutes les personnes contre les disparitions forcées, laquelle convention impose aussi la compétence universelle.

En droit international coutumier, la compétence universelle est aussi de règle. Ce droit est même plus protecteur que le droit conventionnel sur la question de la compétence universelle dans certaines conditions. En effet, pendant que le droit conventionnel fait obligation aux Etats de ne prévoir la compétence universelle que pour les violations qualifiées d'« infractions graves », le droit international coutumier en revanche ne la prévoit qu'à toutes les violations des lois et coutumes de la guerre constitutives tout simplement de crimes de guerre. Il est important de préciser ici que la compétence universelle en droit international coutumier prend en compte certaines violations graves du droit applicable aux conflits armés non internationaux, notamment l'article 3 commun aux conventions de Genève et leur protocole additionnel II de 1977.

De plus, en droit international coutumier, la règle 157 de l'étude du Comité International de la Croix Rouge (C.I.C.R.) sur le droit international humanitaire coutumier, établit que « *les Etats ont le droit de conférer à leurs tribunaux nationaux une compétence universelle en matière de crime de guerre* ». Selon la pratique des Etats, cette règle constitue une norme du droit international coutumier en ce qui concerne les crimes de guerre commis dans les conflits armés tant internationaux que non internationaux[133].

De ce qui précède, il faut rappeler à nouveau que la compétence universelle prônée par le droit international à travers ses traités ne peut être effective que si les Etats parties auxdits traités acceptent de les introduire dans leur ordre juridique interne. La raison en est que le droit international n'est pas auto-exécutoire. A ce sujet, il faut rappeler que les méthodes d'incorporation de la compétence universelle dans l'ordre juridique interne des Etats sont variées. En effet, certains Etats passent par les dispositions de leur constitution pour le faire. A ce titre, la constitution est utile et est la seule capable de déterminer dans l'ordre juridique interne le statut du droit international conventionnel et coutumier.

D'autres Etats passent par leur code pénal (ordinaire et/ou militaire) pour prévoir la compétence universelle. C'est l'exemple des Etats du système romano-germanique dont une bonne partie du droit interne est basée sur les codes.

La compétence universelle peut être aussi prévue par le droit de procédure pénale ou même dans une loi relative à l'organisation judiciaire. D'autres Etats encore passent par une loi spéciale pour doter leurs tribunaux de la compétence universelle.

En revanche, dans les Etats du système de *common law*, la compétence universelle est généralement prévue dans la législation primaire qui définit aussi bien la portée matérielle du crime que le type de compétence juridictionnelle auquel il est soumis.

Section II : Le principe de l'imprescriptibilité des crimes les plus graves

L'imprescriptibilité des crimes en droit international semble être inspirée par le droit interne des Etats qui la connaissait dans une certaine mesure. Le droit interne des Etats a connu la prescription de certains crimes jusqu'à son abandon. La notion de prescription (Paragraphe I), l'imprescriptibilité des crimes de guerre en droit international (Paragraphe II) permettront d'appréhender les armes

[133] Jean-Marie Henckaerts et Louise Doswald-Beck, *Droit international humanitaire coutumier,* Volume I : Règles, Bruylant, Bruxelles, 2006, p.823.

dont disposent les tribunaux aussi nationaux qu'internationaux pour éradiquer l'impunité dans le monde dans le cadre de la responsabilité de protéger et même au-delà.

Paragraphe I : La notion de prescription

Lorsqu'on parle de prescription, l'on doit voir la notion sous deux angles : d'une part, il s'agit de la prescription de l'action publique et, d'autre part, de la prescription relative aux peines. S'agissant de la prescription de l'action publique, il faut retenir que l'écoulement d'un certain délai depuis la commission du crime devient un obstacle non seulement à l'exercice de l'action publique, mais aussi au jugement. En ce qui concerne la prescription de la peine, il est établi que l'écoulement d'un certain délai depuis le prononcé d'une condamnation pénale reste ou demeure un obstacle à son exécution. Ce dispositif ou arsenal juridique relatif à la prescription de l'action publique ou de la peine n'a pas pour ambition d'encourager l'impunité, mais plutôt de garantir la quiétude des paisibles populations et surtout l'ordre public. Un crime qui a mis dans un émoi total toute une population mérite d'être oublié si ses auteurs échappent pendant longtemps à la justice. Le réveiller des années plus tard en vue de rendre justice peut agiter la société avec tous les risques de vandalisme et de douleur morale qu'il peut provoquer. C'est pourquoi la prescription de l'action publique existe dans la plupart des systèmes juridiques pour les crimes de moindre gravité. Par contre, pour les crimes graves, beaucoup de systèmes juridiques ne connaissent pas cet obstacle à l'exercice de l'action publique. C'est par exemple le cas des systèmes de *Common law*. En revanche, les systèmes de droit romano-germanique (systèmes de droit basés sur des codes) ont pour les crimes graves institué des prescriptions beaucoup plus longues que pour des crimes de moindre gravité, ou purement et simplement exclu toute prescription.

Par ailleurs, la prescription des peines à la différence de celle de l'action publique n'est presque pas acceptée par les deux systèmes de droit. Les pays de *Common law* ne la connaissent pas, tandis que ceux du droit romano-germanique la limitent énormément de sorte que les délais sont généralement très longs pour les infractions les plus graves. Mieux, dans le même système, la prescription des peines ne joue pas en faveur des criminels dangereux ou récidivistes ou n'est même pas admise pour des infractions particulières.

Paragraphe II : L'imprescriptibilité des crimes de guerre et des crimes contre l'humanité en droit international

L'imprescriptibilité des crimes de guerre en droit international ne peut être appréhendée que d'un double point de vue. Il s'agit de l'imprescriptibilité des crimes de guerre du point de vue du droit conventionnel et l'imprescriptibilité du point de vue du droit international coutumier. Tout d'abord, l'imprescriptibilité veut dire l'état de ce qui ne peut pas être supprimé, enlevé par un délai ou un laps de temps, voire le temps tout court.

En droit conventionnel, elle repose sur des traités. Ce sont ces traités qui lui donnent sa dimension juridique, et son champ juridique d'application. Curieusement, les conventions de Genève de 1949 et leurs protocoles additionnels de 1977 ne se prononcent pas en la matière, notamment en matière de crimes de guerre. C'est pourquoi, quelques années plus tard, cette lacune monumentale a été comblée par les Nations Unies.

En effet, le 26 novembre 1968, l'Assemblée générale des Nations Unies a adopté la convention sur l'imprescriptibilité des crimes de guerre et des crimes contre l'humanité. Cette imprescriptibilité dont traite cette convention concerne aussi bien l'action publique que les peines. La convention vise les crimes de guerre incluant expressément les « infractions graves » aux conventions de Genève, les crimes contre l'humanité, commis en temps de guerre comme en temps de paix, sans oublier le génocide et l'apartheid. Cette convention a été dotée par ses concepteurs d'un effet rétroactif.

De plus, sur le plan régional, des efforts ont été faits dans le même sens. C'est pourquoi la convention européenne du 25 janvier 1974 sur l'imprescriptibilité des crimes contre l'humanité et des crimes de guerre doit être rappelée ici. Cette convention entrée en vigueur le 27 juin 2003 concerne aussi bien l'imprescriptibilité de l'action publique que celle des peines.

Par ailleurs, le statut de Rome de 1998 de la Cour Pénale Internationale (C.P.I.) énonce que « *(...) les crimes relevant de la compétence de la cour ne se prescrivent pas* » (article 29). Il faut préciser que l'imprescriptibilité selon le statut Rome vise les crimes les plus graves, à savoir les crimes de guerre, les crimes contre l'humanité, le crime de génocide et le crime d'agression.

En droit international coutumier, l'imprescriptibilité des crimes de guerre, des crimes de génocide et des crimes contre l'humanité est de règle. Par exemple, selon la règle 160 du Droit international coutumier, « *les crimes de guerre ne se prescrivent pas* ». Selon la pratique des Etats, cette règle constitue une norme de droit international coutumier applicable aux crimes de guerre commis dans les conflits armés internationaux et non internationaux[134].

En outre, le principe de l'imprescriptibilité des crimes de guerre est inscrit selon Jean-Marie Henckaerts et Louise Doswald-Beck dans de nombreux manuels militaires ainsi que dans la législation de nombreux Etats (la législation de l'Allemagne), y compris des Etats qui ne sont pas parties à la convention des Nations Unies, ni à la convention européenne sur l'imprescriptibilité des crimes de guerre ou des crimes contre l'humanité[135].

Il existe aussi des déclarations officielles dans ce sens selon Jean-Marie Henckaerts et Louise Doswald-Beck. Ainsi, en 1986, les Etats-Unis ont écrit une note adressée à l'Irak (qui n'était pas partie à la convention des Nations Unies), lui signifiant que « *les personnes coupables de crimes de guerre pourraient être poursuivies en tout temps, sans aucune prescription* »[136].

De plus, la constitution de l'Ethiopie énonce que la prescription ne s'applique pas aux crimes contre l'humanité sans mentionner les crimes de guerre[137]. Mais dans l'affaire Mengistu et autres, en 1995, le Procureur spécial de l'Ethiopie a déclaré que « *c'est une coutume et une conviction bien établies que les crimes de guerre et les crimes contre l'humanité ne peuvent (...) faire l'objet de prescription* »[138].

---

[134] Jean-Marie Henckaerts et Louise Doswald-Beck, *Droit international humanitaire coutumier,* Volume I : Règles, op.cit., p.823.
[135] Voir les manuels militaires de l'Australie, paragraphe 773.
[136] Etats-Unis, Department of state, Diplomatic Note to Irak (Ibid. paragraphe 861).
[137] Jean-Marie Henckaerts et Louise Doswald-Beck, *Droit international humanitaire coutumier,* Volume I : Règles, op.cit., p.823.
[138] Ethiopie, Bureau du Procureur spécial, affaire Mengistu et autres, paragraphe 828.

La France a aussi adhéré au principe de l'imprescriptibilité des crimes de guerre dans un débat aux Nations Unies en 1967, qui a conduit à l'adoption de la convention des Nations Unies sur l'imprescriptibilité des crimes contre l'humanité et des crimes de guerre[139].

La loi israélienne sur les nazis et les collaborateurs nazis énonce que les crimes de guerre ne se prescrivent pas. Toutefois, cette loi ne couvre que les crimes de guerre commis par les nazis pendant la Seconde Guerre mondiale[140]. Mais, Israël a par la suite selon Jean-Marie Henckaerts et Louise Doswald-Beck appuyé le principe général selon lequel les crimes de guerre, quels qu'ils soient, sont imprescriptibles[141].

De ce qui précède, l'on peut dire que le nombre grandissant d'Etats ayant souscrit dans leur législation pénale l'imprescriptibilité des crimes de guerre, du génocide et des crimes contre l'humanité est indéniable. Il faut aussi parler dans le même ordre d'idées de la codification du concept dans l'article 29 du statut de la cour Pénale Internationale (C.P.I.), considérée par ses concepteurs comme indispensable et incontournable pour prévenir l'impunité de ces crimes. Il faut aussi remarquer le nombre croissant des Etats parties à la convention des Nations Unies et à celle du conseil de l'Europe.

A ces moyens juridiques puissants pouvant permettre de combattre l'impunité à propos des crimes commis dans ces deux régions à savoir la compétence universelle et l'imprescriptibilité des crimes les plus graves, pourraient s'ajouter les statuts des tribunaux ad hoc dans la même optique.

Section III : Les tribunaux ad hoc de La Haye et d'Arusha

La Haye en Hollande et Arusha en Tanzanie sont les sièges de deux tribunaux internationaux nés dans des contextes qui sont presque identiques.

---

[139] Jean-Marie Henckaerts et Louise Doswald-Beck, *Droit international humanitaire coutumier,* Volume I : Règles, op.cit., p.823.

[140] Israël, Nazis and Nazi collaborators (Punishment) Law, cité par Jean-Marie Henckaerts et Louise Doswald-Beck, in *Droit international humanitaire coutumier,* Volume I : Règles, op.cit. p.820.

[141] Voir à ce propos la déclaration d'Israël.

Paragraphe I : Les fondements juridiques

« *Un tribunal international pour juger les personnes présumées responsables de violations graves du droit humanitaire international commises sur le territoire de l'ex-Yougoslavie depuis 1991* » a été établi par la résolution 808 du conseil de sécurité des Nations Unies du 22 février 1993. Le statut de ce tribunal a été ensuite adopté par la résolution 827 du conseil de sécurité le 25 mai 1993.

Quelque temps après, « *un tribunal international chargé uniquement de juger les personnes présumées responsables d'actes de génocide ou d'autres violations graves du droit international humanitaire commis sur le territoire du Rwanda et les citoyens rwandais présumés responsables de tels actes ou violations commis sur le territoire d'Etats voisins, entre le 1er janvier et le 31 décembre 1994* » a été créé par la résolution 808 du conseil de sécurité des Nations Unies du 8 novembre 1994. Le statut dudit tribunal est annexé à la résolution.

L'originalité de la création de ces deux tribunaux ad hoc réside dans le fait qu'elle procède d'une décision d'une institution, les Nations Unies, plutôt que d'une convention comme par le passé. Cet état de fait a des incidences juridiques énormes d'autant plus que ces deux créations onusiennes et non conventionnelles font de ces deux tribunaux des organes subsidiaires du conseil de sécurité, en vertu de l'article 29 de la charte.

A ce titre, les résolutions et les statuts relatifs à ces tribunaux s'imposent à tous les Etats membres des Nations Unies conformément à l'article 25 de la charte des Nations Unies.

Paragraphe II : Les compétences

Elles sont diverses :

A- La compétence ratione materiae

Il s'agit de la compétence *ratione materiae*. La compétence *ratione materae* du tribunal pour l'ex-Yougoslavie comprend les crimes de guerre et les crimes contre l'humanité :

- les infractions graves aux conventions de Genève de 1949(article 2 du statut) ;
- la violation des lois et coutumes de
- la guerre (article 3) ;
- le génocide (article 4) ;

- les crimes contre l'humanité (article 5) ;
- La compétence *ratione materiae* du tribunal international pour le Rwanda comprend :
- le génocide (article 2 du statut) ;
- les crimes contre l'humanité (article 3) ;
- la violation de l'article 3 commun aux conventions de Genève et du protocole additionnel (article 4).

Il faut signaler qu'en comparaison avec les tribunaux internationaux que le monde a connus, notamment ceux du Nuremberg et de Tokyo, les compétences des tribunaux ad hoc d'Arusha et de La Haye sont plus minces d'autant plus qu'elles ne s'étendent pas aux crimes contre la paix ; cependant elles sont plus larges cette fois – ci parce qu'elles ne se limitent pas au droit de Genève.

Mieux, elles s'étendent même au-delà de ce qui est prévu à l'article 85 du 1er protocole additionnel de 1977 pour l'incrimination de certaines violations du droit de La Haye, dans la mesure où la liste des infractions graves énoncées à l'article 3 du statut du TPIY est exemplative et a énoncé d'ailleurs des faits non visés à l'article 85.

En revanche, ces compétences sont plus étendues aussi d'autant plus qu'elles comprennent de façon détaillée le génocide (article 4 du statut du tribunal pour l'ex-Yougoslavie, l'article 2 du statut du tribunal international pour le Rwanda), en plus des crimes contre l'humanité stricto sensu (article 5 du statut du tribunal pour l'ex-Yougoslavie et l'article 3 du statut du tribunal international pour le Rwanda).
La définition du crime contre l'humanité commune aux deux statuts, est la suivante[142] :

« *Le tribunal international est habilité à juger les personnes présumées responsables des crimes suivants lorsqu'ils ont été commis*

---

[142] Dans l'affaire Nicolic ((IT-94-2), le TPIY a estimé que la qualification de crime contre l'humanité s'applique aux actes d'agression sexuelle qui ne constituent pas nécessairement un viol. Voy aussi, dans les affaires Karadzic (IT-95-5-R61) et Mladic (IT-95-18-R61), la décision de la chambre de 1ère instance qui a estimé que les violences sexuelles méritent une attention particulière parmi les méthodes de nettoyage ethnique, en raison de leur systématicité et de la gravité des souffrances infligées à la population civile. Dans l'affaire Akayezu (TPIR 96-4-T), le TPIR a considéré le viol comme un crime contre l'humanité en même temps comme moyen pour perpétrer le génocide.

au cours d'un conflit armé, de caractère international ou interne, et dirigés contre une population civile quelle qu'elle soit :

(a) assassinat ;
(b) extermination ;
(c) réduction en esclavage ;
(d) expulsion ;
(e) emprisonnement ;
(f) torture ;
(g) viol ;
(h) persécutions pour des raisons politiques, raciales et religieuses ;
(i) *autres actes inhumains* ».

L'Assemblée Générale des Nations Unies a qualifié le « nettoyage ethnique », de « forme de génocide [143] ». C'est pourquoi le « nettoyage » ou l'« épuration ethnique » bien que n'étant pas cités parmi les faits ciblés ou visés, peuvent être qualifiés de crime contre l'humanité, car se traduisant par des « expulsions » ou des « *persécutions pour des raisons politiques, raciales et religieuses* ».

Les statuts des tribunaux ad hoc ont visé de façon explicite le génocide ; et mieux la définition de la convention internationale sur la prévention et la répression du crime de génocide, adoptée par l'Assemblée générale des Nations Unies du 9 décembre 1948[144].

En d'autres termes, le génocide est considéré comme un crime du droit international par l'article 1er de la convention. Trois éléments le caractérisent : les actes délictueux, une intention spéciale et une victime particulière, le groupe.

« *Un quelconque des actes ci-après, commis dans l'intention de détruire, en tout ou en partie, un groupe national ethnique, racial ou religieux, comme tel :*

---

[143] A/Rés.47/121, 18 décembre 1992, préambule, 9è considérant.
[144] Le terme avait été utilisé pour la première fois par Raphaël Lemkin en 1944. Il avait fallu attendre la résolution 96(I) de l'Assemblée générale des Nations Unies pour que celui – ci soit, le 11 décembre 1946, officiellement considéré comme « un crime de droit des gens, condamné par le monde civilisé ».

a) *meurtre de membres du groupe ;*
b) *atteinte grave à l'intégrité physique ou mentale de membres du groupe ;*
c) *Soumission intentionnelle du groupe à des conditions d'existence devant entraîner la destruction physique totale ou partielle ;*
d) *Mesures visant à entraver les naissances au sein du groupe ;*
e) *Transfert forcé d'enfants du groupe à un autre groupe* ».

Le génocide est réputé « crime de droit des gens » par l'article 1er de la convention.

B- La compétence ratione personae

Les personnes physiques, auteurs, coauteurs, complices et instigateurs concernent la compétence *personae* des crimes évoqués (article 6 du statut du tribunal pour l'ex-Yougoslavie ; article 5 du statut du tribunal international pour le Rwanda).

Curieusement, ces statuts ne comportent pas non seulement des dispositions qui prévoient la possibilité de poursuivre pénalement des personnes morales publiques et privées, mais aussi de déclarer criminels des groupes ou organisations à l'instar de ce qui était prévu à Nuremberg (statut du tribunal militaire international, article 9).

C- Compétences ratione loci et ratione temporis :

A ce sujet, la compétence *ratione loci* et *ratione temporis* relative au tribunal pour l'ex-Yougoslavie est réduite aux faits qui se sont passés :

- sur le territoire de l'ex-Yougoslavie ;
- entre le 1er janvier 1991 et « *une date que déterminerait le Conseil de sécurité après la restauration de la paix* » (article 8 et s/Rés.827, 25 mai 1993, Paragraphe 2).

S'agissant du tribunal pour le Rwanda, la compétence *ratione loci* et *ratione temporis* se réduit :

- au territoire du Rwanda et au territoire d'Etats voisins « *en cas de violations graves du droit international humanitaire commises par des citoyens rwandais* » ;
- Pour la période allant du 1er janvier 1994 et au 31 décembre 1994 (article 7).

A l'image des tribunaux de Nuremberg et de Tokyo, ces deux tribunaux internationaux sont des juridictions ad hoc.

D- Les peines :

La restitution à leurs légitimes propriétaires de tous biens et ressources acquis illégalement par la personne condamnée, et des peines d'emprisonnements sont prévues en tant que peines par les statuts (article 24 paragraphe 3 du statut du tribunal pour l'ex-Yougoslavie, article 23 du statut du tribunal international pour le Rwanda).

Il est intéressant de rappeler que les statuts des tribunaux militaires internationaux de Nuremberg (articles 27-28) et de Tokyo (article 16) les autorisaient à prononcer la peine de mort ou « *tout autre châtiment que le tribunal estimera juste* ».

Il faut aussi souligner que les statuts ne prévoient ni peine pécuniaire ni peine de substitution.

Mieux, même les frais et dépenses du procès ne sont pas mis à charge du condamné ; car ils sont plutôt imputés sur le budget ordinaire de l'ONU (article 32 du statut du tribunal pour l'ex-Yougoslavie ; article 30 du statut du tribunal international pour le Rwanda).

En ce qui concerne l'étendue des peines d'emprisonnement, les statuts autorisent de recourir au droit interne des pays abritant ces tribunaux (article 24 paragraphe 1er du statut du tribunal international pour l'ex-Yougoslavie) et (l'article 23, paragraphe1er du statut du tribunal international pour le Rwanda). Cette dernière option vise à éviter le problème de violation du principe « *nullum crimen, nulla poena sine lege* », car les peines sont celles prévues par le droit normalement applicable sur le territoire où l'infraction a été commise[145].

Le TPIY a ainsi justifié la peine prononcée dans l'affaire Erdemovic : « *Que ce soit à Nuremberg, où les peines les plus graves allant jusqu'à la peine de mort ont été prononcées et appliquées, ou qu'il s'agisse des Etats qui ont introduit le crime contre l'humanité dans leurs législations internes, ou enfin qu'il s'agisse de la législation pertinente de l'ex-Yougoslavie, les peines les plus lourdes sont*

---

[145] Pour un résumé des discussions autour de la non – rétroactivité de la loi pénale à Nuremberg, voy A. Huet et R. Koering-Joulin, *Droit pénal international*, Paris, P.U.F., 1994, n°23.

prévues pour le crime contre l'humanité. Il s'agit là de l'expression d'un principe général de droit reconnu par l'ensemble des nations. »

Quant au recours à la grille générale des peines d'emprisonnement appliquées par les tribunaux de l'ex-Yougoslavie et prévu au statut, la chambre constate que le crime contre l'humanité n'entre pas strictement dans les prévisions du code yougoslave, lequel prévoit le génocide et les crimes de guerre contre la population civile.

La jurisprudence des tribunaux de l'ex-Yougoslavie est peu significative, notamment en raison du nombre restreint de décisions. Aussi la chambre est – elle d'avis que la grille est dépourvue pour elle de valeur contraignante. Les juges considèrent même que faire de cette grille l'unique référence pour la détermination de l'échelle des peines, en raison du principe parfois invoqué *nullum crimen, nulla poena sine lege*, reviendrait à méconnaître le caractère criminel universellement attaché aux crimes contre l'humanité, ce crime faisant partie depuis longtemps de l'ordre juridique international ainsi que les peines les plus sévères qui y sont attachées[146].

A l'instar du tribunal militaire international de Nuremberg, la qualité officielle d'un accusé, comme chef d'Etat ou de gouvernement, ou bien comme haut fonctionnaire, ne l'exonère pas de sa responsabilité pénale, et par conséquent ne peut être un motif de diminution de la peine (article 7 paragraphe 2 du statut du tribunal pour l'ex-Yougoslavie ; article 6 paragraphe 2 du statut du tribunal international pour le Rwanda).

De même, le fait que l'un quelconque des actes réprimés a été commis par un subordonné ne soustrait pas son supérieur hiérarchique de sa responsabilité pénale s'il savait ou avait des raisons de savoir que le subordonné s'apprêtait à commettre cet acte ou l'avait fait et que le supérieur n'a pas pris les mesures nécessaires et raisonnables pour empêcher que ledit acte ne soit commis ou en punir les auteurs (article7, paragraphe 3 du statut du tribunal pour l'ex-Yougoslavie ; article 6 paragraphe 3 du statut du tribunal international pour le Rwanda).

---

[146] Tribunal international pour l'ex – Yougoslavie, 29 Novembre 1996, J.T.,1996 (abrégé), 839.

De plus, l'ordre d'un gouvernement ou d'un supérieur n'exonère pas un accusé de sa responsabilité pénale ; mais il peut être considéré comme un motif de diminution de la peine, mais à condition que le tribunal international le considère conforme à la justice (article7 paragraphe 4 du statut du tribunal pour l'ex-Yougoslavie ; article 6 paragraphe 4 du statut du tribunal international pour le Rwanda).

Paragraphe III : la concurrence de juridictions

En cas de concurrence de juridictions, les tribunaux internationaux ont la primauté sur ceux internes, seulement dans la mesure où ceux-ci peuvent connaître de pareils faits. Dans ce cas les tribunaux internes doivent se dessaisir en faveur du tribunal international si ce dernier le leur demande (article 9 du statut du tribunal pour l'ex-Yougoslavie et article 8 du statut du tribunal international pour le Rwanda).

En la matière, les tribunaux belges se sont illustrés en se dessaisissant dans plusieurs affaires.

Ainsi, lorsqu'une demande de dessaisissement des juridictions belges est formulée par le tribunal international pour le Rwanda concernant un fait relevant de sa compétence, la Cour de cassation belge, sur réquisition du procureur général, après audition de la personne intéressée et après avoir vérifié qu'il n'y a pas erreur sur la personne, prononce le dessaisissement de la juridiction belge saisie du même fait ou d'une procédure portant sur des faits ou des points de droit ayant une incidence sur des enquêtes ou des poursuites en cours devant le tribunal international[147] . La cour vérifie aussi si le fait indiqué dans la demande de dessaisissement ressortit à la compétence *ratione materiae*, *ratione personae*, *ratione loci* et *ratione temporis* du tribunal international pour le Rwanda, conformément aux dispositions respectivement des articles 1er, 5 et 7 du statut de ce tribunal[148].

[147] Jean-Nazaire Tama, *Droit international et africain des droits de l'Homme*, op.cit.p 292.

[148] Cf article 2, 4, 5 et 6 de la loi du 22 mars 1996 relative à la reconnaissance du tribunal international pour l'ex – Yougoslavie et du tribunal international pour le Rwanda et à la coopération avec ces tribunaux ; article 1er à 8 inclus, spécialement 1er, 5,7 et 8, paragraphe 2 du statut du tribunal international pour le Rwanda ; article 9 (iii) du règlement de procédure et de preuve.

Section IV : Quelques grandes lignes des avancées relatives à certains concepts du droit international humanitaire par les deux tribunaux et les limites desdits Tribunaux

Certains concepts et théories du droit international humanitaire ont connu des clarifications et des améliorations par les juges des deux tribunaux d'Arusha et de la Haye. Aussi, des avancées concernant le viol (Paragraphe I) le groupe (Paragraphe II), le génocide et les crimes contre l'humanité (Paragraphe III) et d'autres concepts (Paragraphe IV) seront abordés.

Paragraphe I : le viol selon le Tribunal pénal international pour l'ex-Yougoslavie et le Tribunal pénal international pour le Rwanda

Le Tribunal international pénal pour l'ex-Yougoslavie a contribué à éclairer le monde sur le concept de viol par sa jurisprudence. Selon les juges de ce tribunal, « *le viol et les violences sexuelles peuvent aussi être des éléments constitutifs d'autres crimes en droit international* ». C'est pourquoi ce tribunal a jugé, dans l'affaire Delalic, que « *le viol peut constituer une torture lorsque l'acte répond aux critères spécifiques constitutifs de la torture* »[149].

De plus, le Tribunal pénal international pour le Rwanda a estimé, dans les affaires Akayesu et Musema, que « *le viol et les violences sexuelles pouvaient être constitutifs de génocide lorsque les conditions spécifiques du génocide sont remplies* »[150].

En outre, ces tribunaux en arrivent à frayer un chemin pour une quelconque définition du concept ou de l'infraction. C'est d'ailleurs la voie qu'a empruntée le Tribunal pénal international pour le Rwanda qui estime que « *le viol constitue une forme d'agression et qu'une description mécanique des objets et des parties du corps qui interviennent dans sa commission ne permet pas d'appréhender les éléments essentiels de ce crime* ». La chambre du Tribunal pénal international pour le Rwanda en arrive à définir le viol comme étant « *une invasion physique de nature sexuelle commise sur la personne d'autrui sous l'empire de la*

[149] TPIY, affaire Le Procureur c. Zejnil Delalic et consorts, jugement (ibid., par.1731).

[150] TPIR, affaires Le Procureur c. Jean-Paul Akayesu, jugement (ibid., par.1728)

contrainte »[151]. Donc, le viol selon le Tribunal pénal international pour le Rwanda rime avec la violence ou des formes de violences. Ces violences sexuelles selon le Tribunal concernent les femmes, les hommes et les enfants. Le sexe, objet des formes de violence, a été défini par une autre institution judiciaire internationale, notamment la Cour Pénale Internationale (C.P.I.), du moins par le statut de cette institution : « *Aux fins du présent statut, le terme « sexe » s'entend de l'un et l'autre sexe masculin et féminin suivant le contexte de la société. Il n'implique aucun autre sens* » (article 7, 3 du statut de la C.P.I.).

Par ailleurs, le Tribunal pénal international pour le Rwanda découvre, à travers l'affaire Akayesu et bien d'autres, que le sexe peut être une arme visant à entraver les naissances. Ainsi, ceci peut comprendre la mutilation sexuelle, la pratique de la stérilisation, l'utilisation forcée de moyens contraceptifs, la séparation des sexes, l'interdiction des mariages. Pour le Tribunal, ces mesures visant à entraver les naissances peuvent aussi être mentales.

Le Tribunal affirme que « *le viol peut être une mesure à entraver les naissances quand la personne visée refuse ensuite de procréer, de même que les membres du groupe peuvent être amenés par menace ou traumatismes à ne plus procréer* »[152]. Le Tribunal pénal international pour le Rwanda en arrive à conclure que le viol peut être qualifié de génocide. Le viol dans un conflit n'est pas dirigé vers n'importe quelle personne. Il est dirigé vers un groupe.

Paragraphe II : Le groupe

« *Aux fins du présent statut, on entend par crime de génocide l'un des actes ci après commis dans l'intention de détruire en tout ou en partie, un groupe national, ethnique, racial ou religieux, comme tel (...) : Meurtre de membres du groupe ;*

Atteinte grave à l'intégrité physique ou mentale de membres du groupe (...) » (Article 6 du statut de la Cour Pénale Internationale (C.P.I.))

Cette définition du génocide sert de boussole dans l'identification de la nature de cette forme d'infraction par le truchement du concept de

---

[151] Définition donnée par le TPIR, Affaire Akayesu, décision de la chambre de 1ère instance du TPIR, 2 septembre 1998.

[152] Le Procureur c. Jean-Paul Akayesu (Paragraphes 507 à 508).

groupe. Dans les crimes ou homicides de masse, généralement le concept de groupe est un élément clé de l'infraction. Il est le déterminant de tout ce qui tourne autour de l'infraction, l'élément moteur de l'infraction, sinon c'est l'impasse juridique qui s'ensuit relativement à la détermination des éléments constitutifs de cette forme ou nature d'infraction. C'est pourquoi les Tribunaux pénaux internationaux se sont prononcés sur le contenu du concept de groupe afin de permettre de juger par n'importe quel tribunal avec clarté et sans injustice, les crimes de génocide et autres.

A ce sujet, le Tribunal pénal international pour le Rwanda annonce les couleurs en affirmant que les groupes visés, c'est-à-dire national, ethnique, racial ou religieux doivent être stables, constitués de façon permanente. Selon le Tribunal, on doit y appartenir par naissance. Ceci exclut les groupes mouvants, qu'on rejoint par un engagement volontaire individuel, tels les groupes politiques et économiques. Mieux, le Tribunal pour le Rwanda a même dégagé les critères communs aux quatre groupes : l'appartenance à de tels groupes ne doit pas pouvoir être remise en cause par ses membres, qui y appartiennent d'office, par naissance, de façon continue et irrémédiable (paragraphe 511)[153].

Le Tribunal pénal international pour le Rwanda et celui de l'ex-Yougoslavie ont essayé d'appréhender le concept de groupe par deux voies : la conception objective et celle subjective.

Selon le Tribunal international pénal de l'ex-Yougoslavie, c'est la stigmatisation, par la collectivité du groupe en tant qu'entité ethnique, raciale ou nationale distincte, qui permettra de déterminer si la population visée constitue pour les auteurs présumés de l'acte, un groupe ethnique, racial ou national.[154]Le Tribunal pénal international pour le Rwanda conseille de retenir la conception objective du groupe. Cette jurisprudence sera confirmée plus tard par les deux Tribunaux[155]. Le Tribunal Pénal international pour le Rwanda en arrive à fixer le monde en donnant ou en proposant expressément une définition des différents groupes visés :

[153] TPIR, Le Procureur c. Jean-Paul Akayesu, Chambre de première instance, jugement, 2 septembre 1998.
[154] TPIY, Le Procureur c. Goran Jelisic, Chambre de première instance, jugement, 14 décembre 1999 et Arrêt, Chambre d'appel, 5 juillet 2001, paragraphe 70.
[155] Voir TPIR, Le Procureur c. Bagilishema, jugement 7 juin 2001.

- Groupe national : ensemble de personnes considérées comme partageant un lien juridique basé sur une citoyenneté commune, jointe à une réciprocité de droits et de devoirs (Paragraphe 512) ;

- Groupe ethnique : groupe dont les membres partagent une langue et une culture commune (Paragraphe 513) ;

- Groupe racial : fondé sur les traits physiques héréditaires, souvent identifiés à une région géographique, indépendamment des facteurs linguistiques, culturels, nationaux ou religieux (Paragraphe 514) ;

- Groupe religieux : groupe dont les membres partagent la même religion, confession ou pratique de culte (Paragraphe 515)[156].

De tout ce qui précède, il faut souligner que cette approche de définition du concept de groupe que proposent les juges de ces différents Tribunaux pénaux renforce la doctrine qui avait déjà « déblayé » le terrain sur la question.

Paragraphe III : Le génocide, les crimes contre l'humanité et les crimes de guerre

« *Aux fins du présent statut, on entend par crime de génocide l'un des actes ci-après commis dans l'intention de détruire en tout ou en partie un groupe national, ethnique, racial ou religieux, comme tel (...) : Meurtre de membres du groupe ; Atteinte grave à l'intégrité physique ou mentale de membres du groupe ; Soumission intentionnelle du groupe à des conditions d'existence devant entraîner sa destruction physique, totale ou partielle ; Mesures visant à entraver les naissances au sein du groupe ; Transfert forcé d'enfants du groupe à un autre groupe.* » Comme le montre la doctrine, pour commettre un crime de génocide, il faut avoir l'intention de le faire ; cette intention, vu la particularité et la gravité de cette infraction doit être spéciale. C'est ce que confirme le Tribunal pénal international pour l'ex-Yougoslavie lorsqu'il souligne que l'intention spéciale exigée pour le crime de génocide comporte un double élément :

- L'acte ou les actes doit (vent) viser un groupe national, ethnique, racial ou religieux ;

---

[156] Le Procureur c. Jean-Paul Akayesu, Chambre de première instance, jugement, 2 septembre 1998.

- L'acte ou les actes doit (vent) chercher à détruire tout ou partie de ce groupe[157].

Pour le Tribunal Pénal international pour l'ex-Yougoslavie, l'intention de détruire un groupe « en partie » désigne la volonté de détruire une fraction distincte du groupe, et non une multitude d'individus isolés appartenant au groupe[158]. Ce Tribunal soutient dans l'affaire Goran Jelisic qu'il est théoriquement possible qu'un individu soit seul, auteur d'un génocide[159] ; celui-ci étant considéré par les anciens Tribunaux pénaux ad hoc comme, par essence, un crime de l'Etat. Il estime également dans l'affaire Krstic que le crime de génocide ne concerne pas que les civils. Il soutient que « *l'exigence de l'intention génocidaire ne vaut pas seulement pour les cas où l'auteur vise exclusivement des civils. Si la partie du groupe qu'il cherche à détruire est substantielle, et s'il a l'intention de détruire cette partie en tant que telle, rien dans la définition du génocide n'interdit de le déclarer coupable lorsque, par exemple, il a tué des soldats détenus, membres d'un groupe protégé en raison de leur appartenance à ce groupe. Il est possible qu'en pratique l'intention génocidaire vise presque invariablement des civils, mais ce n'est pas là un élément constitutif du génocide* »[160].

Dans le même sens, le Tribunal pénal international pour le Rwanda affirme que l'auteur de l'acte doit avoir eu l'intention de détruire, en tout ou en partie, l'un des groupes visés. Un dol spécial est ainsi exigé en plus du dol typique de l'acte sous-jacent. Pour le Procureur, ce crime est extrêmement difficile à prouver, surtout le dol spécial. C'est pourquoi le Tribunal estime que pour que l'un des actes visés soit constitutif de crime de génocide, il faut que la victime de l'acte ait été choisie non pas en fonction de son identité individuelle, mais bien en raison de son appartenance nationale, ethnique, raciale ou religieuse[161].

Les deux Tribunaux ont montré dans l'ensemble de leur jurisprudence relative au génocide que celui-ci est un crime qui peut être commis en

---

157 TPIY, Krstic, Chambre de première instance, 2 août 2001, paragraphe 550.
158 TPIY, Krstic, 2 août 2001, jugement, paragraphe 590.
159 TPIY, Le Procureur c. Goran Jelisic, Chambre de première instance, jugement, 14 décembre 1999 et Arrêt, Chambre d'appel, 5 juillet 2001.
160 TPIY, Krstic, Chambre d'Appel, 19 avril 2004, paragraphe 226.
161 Le Procureur c.Jean-Paul Akayesu, paragraphe 521.

temps de paix comme en temps de guerre. Mais la commission de ce crime est prohibée par la convention des Nations Unies interdisant le génocide, de même que l'entente en vue de commettre un tel crime, c'est-à-dire le génocide, l'incitation directe et publique à commettre le génocide, la tentative de génocide et la complicité dans le génocide.

Par ailleurs, le Tribunal Pénal international pour le Rwanda a rappelé les éléments matériels du crime de génocide que sont :

- la commission préalable d'un ou plusieurs des cinq actes visés ;

- la direction de ces actes contre un groupe « national », « ethnique », « racial », ou « religieux » ;

- l'exclusion des groupes politiques ou culturels.

Fort de ces éléments matériels du génocide déclinés, le Tribunal pénal international pour le Rwanda affirme dans l'affaire Akeyesu que l'atteinte grave à l'intégrité physique ou mentale des membres d'un groupe n'a pas besoin d'être permanente et irrémédiable pour que le crime soit constitué[162].

Plusieurs condamnations ont été prononcées dont seulement ici à titre d'exemple celle du Tribunal pénal international pour le Rwanda du 29 septembre 2014 concernant Mathieu Nguirumpatse et Edouard Karemera, condamnés à la prison à perpétuité (confirmation en appel du jugement de 2011). Il y a aussi la condamnation de Zdravko Tolimir, condamné le 12 décembre 2012 à la prison à perpétuité, dans le cadre du massacre de Srebrenica (audience d'appel du 12 novembre 2014).

Par ailleurs, l'évolution de la notion de crime contre l'humanité a été constatée suite aux jugements rendus par les deux Tribunaux. Ainsi, selon le Tribunal pénal international pour l'ex-Yougoslavie, les crimes contre l'humanité sont punissables, qu'ils soient commis en temps de guerre comme en temps de paix. Il estime que ce sont des crimes qui ne sont ni sporadiques, ni isolés[163]. Ce Tribunal affirme que « *si le*

---

[162] TPIR, Le Procureur c. Jean-Paul Akeyesu, Chambre de première instance, jugement, 2 septembre 1998.
[163] TPIY, Le Procureur c.Dusko Tadic, Chambre d'appel, 2 octobre 1995.

crime contre l'humanité est normalement perpétré contre un nombre important de personnes, cela n'exclut pas qu'un acte inhumain perpétré contre une seule personne puisse constituer un crime contre l'humanité s'il s'inscrit dans un système ou s'exécute selon un plan, ou s'il présente un caractère de représentativité qui ne laisse aucun doute sur les intentions de l'auteur »[164].

En outre pour ce Tribunal, il suffit que l'auteur sache que son comportement est lié à une attaque généralisée ou systématique contre une population civile ou qu'il entende l'inscrire dans un tel cadre, sans qu'il soit nécessaire qu'il ait connaissance de toutes les caractéristiques de cette attaque[165].

Le fait que l'auteur ait agi dans des buts personnels sans lien avec l'attaque ne prive pas le crime de sa qualification de crime contre l'humanité, dès lors que l'auteur a conscience du lien de son crime avec le contexte dans lequel il est perpétré[166].

De plus, après avoir rappelé les éléments constitutifs du crime de guerre, le Tribunal pénal international pour l'ex-Yougoslavie soutient qu'il peut être commis indifféremment dans un contexte de conflit armé international ou de conflit armé non international. Il estime que la violation doit porter atteinte à une règle du droit international humanitaire, conventionnelle ou coutumière, que la violation doit être grave, qu'elle doit entraîner aux termes du droit international coutumier ou conventionnel la responsabilité pénale individuelle de son auteur[167].

Mieux, le Tribunal international pénal pour le Rwanda a même identifié celui qui peut être un criminel de guerre. Pour celui-ci, les membres des forces armées placées sous le commandement militaire de l'une ou de l'autre partie belligérante peuvent être considérés comme des criminels de guerre. Toutefois, les personnes n'appartenant pas aux forces armées s'il existe un lien entre elles et les

---

[164] TPIY, Le Procureur c. Dusko Tadic, 7 mai 1997, du Paragraphe 644 au paragraphe 649.
[165] TPIY, Tadic (appel, paragraphe 248).
[166] TPI, Kunarac (Paragraphe 434).
[167] TPIY, Ch. Appel, Le Procureur c/Dusko Tadic, Décision du 2 octobre 195 relatif à l'appel de la défense concernant l'exception préjudicielle d'incompétence.

forces armées, peuvent être aussi considérées comme des criminels de guerre[168].

Enfin, dans le cadre de la compétence universelle dont se sont dotés plusieurs tribunaux nationaux, la responsabilité de protéger a été mise en œuvre dans sa phase judiciaire par des tribunaux belge et français à propos des crimes commis au Rwanda et dans l'ex-Yougoslavie. Ces Tribunaux ont contribué à coup sûr à la lutte contre l'impunité. Mais quelles ont été leurs limites ?

Paragraphe IV : Les limites des Tribunaux

Les deux Tribunaux sont établis en dehors des pays objet des massacres. Le Tribunal Pénal international pour l'ex-Yougoslavie réside à La Haye en Hollande, tandis que celui du Rwanda est à Arusha en Tanzanie. Ce choix peut se comprendre. Il est dû à un besoin de sécurité et de sérénité pour tous les acteurs de ces Tribunaux. Toutefois, l'éloignement de ces Tribunaux du lieu du massacre peut poser d'énormes problèmes logistiques pour une bonne administration de la justice. Mieux, ces Tribunaux auront du mal à être acceptés par les auteurs des crimes parce qu'ils seront perçus comme des Tribunaux des Blancs se mettant aux côtés des maîtres d'hier les Tutsis pour les Hutus et des usurpateurs de positions sociales et politiques à la faveur du dictateur yougoslave qui a intégré des peuples qui n'auraient pas dû avoir leur place dans la Yougoslavie façonnée par celui-ci. En bref, ces Tribunaux peuvent souffrir de problème d'intégration ou d'enracinement dans les deux pays concernés par son office. Ils auraient dû être implantés au sein de ces Etats avec des mesures de sécurité solides prises pour une bonne administration de la justice. Par exemple, à la suite du génocide, des milliers de personnes devraient être entendues et jugées par le Tribunal pénal international pour le Rwanda ; ce qui n'a pas été possible. Et pour sans doute remédier à ces difficultés, des tribunaux traditionnels appelés « *Gacaca* » ont été établis avec un style différent d'administration de la justice. La justice doit être unique pour toute personne présumée coupable, surtout lorsqu'on est en présence de crime d'une cruauté particulière comme le génocide. De plus les tribunaux ordinaires rwandais ont jugé des présumés coupables, vu le

[168] TPIR, Chambre de première instance II, 21 mai 1999, Le Procureur c/ lément Kayisheme et Obed Ruzindana, Aff. TPIR-95-1.

nombre impressionnant des auteurs du génocide. Sur le sol rwandais, ces *gacaca* et les tribunaux ordinaires rwandais ne sont pas indépendants vu l'amertume et la volonté de revanche affichées par le Président tutsi, Paul Kagamé. La preuve, l'armée du Président Paul Kagamé a commis un autre génocide d'ampleur tout aussi impressionnante à l'égard des génocidaires fuyards hutu dont il n'a pas voulu entendre parler. Cette situation provoquerait pour cette tragédie inévitablement une justice à géométrie variable ou à plusieurs vitesses.

Par ailleurs, les deux Tribunaux pénaux internationaux, dès leur début ont souffert de graves problèmes financiers, surtout le Tribunal pénal international pour le Rwanda. Ce Tribunal était longtemps confronté à une insuffisance et une incompétence du personnel, ce qui était à la base d'une durée excessive des procédures, avec des dossiers négligés ou bâclés. Mieux, même le personnel de défense était décrié parce que la plupart des mis en cause étaient mal défendus, faute d'avocats de bon niveau. Les greffiers n'étaient pas du reste parce que le greffe de ce Tribunal n'était pas pourvu de greffiers bien formés ; ce qui ne donnait pas de bonnes relations de travail entre le corps des avocats et celui des greffiers. En d'autres termes, l'institution judiciaire du Rwanda a souffert de graves problèmes de dysfonctionnement, souvent dénoncé par les Organisations Non Gouvernementales de droits de l'Homme.

Ainsi, la réparation au bénéfice des victimes était impossible au niveau des deux Tribunaux, d'où l'absence de celles-ci au niveau des procès où elles étaient représentées par le Procureur. Même si le but des Nations Unies était de lutter contre l'impunité, il était aussi essentiel et surtout fondamental que les victimes obtiennent réparation, sinon la justice n'est pas équitable dans ces conditions. Mieux, Arnaud de Raulin corrobore cet argument en affirmant qu'« *afin de comprendre pourquoi les victimes ne se voient octroyer aucune place au sein de la procédure, il est important de garder à l'esprit que celle suivie devant les TPI était fondée principalement sur le système accusatoire à l'origine. Dans un tel système, le rôle de la victime n'est que d'apparaître en tant que témoins pour l'une des parties à la procédure. Elle ne peut donc rechercher une quelconque indemnisation « au pénal »* »[169]. Arnaud de Raulin éclaire davantage le monde dans les insuffisances de ces Tribunaux à travers celui du Rwanda lorsqu'il corrobore l'idée précédente en affirmant que « *pour les rédacteurs des statuts du TPIY comme du TPIR, une autre priorité était de protéger le droit des accusés en leur offrant un procès équitable et rapide. Etant donné la nature et l'étendue des crimes jugés par les TPI, impliquant un grand nombre de victimes et une charge émotionnelle importante, la présence de la victime a été considérée comme pouvant retarder la procédure, et donc faire échec au droit des accusés d'être jugés dans un délai raisonnable* »[170]. Mais un bémol peut être trouvé ici à travers l'article 19 du statut du Tribunal International pénal pour le Rwanda évoqué par Arnaud de Raulin ; lequel article protège quelque peu la victime qui peut en définitive se référer aux tribunaux rwandais sur ordre du Tribunal pénal pour obtenir réparation et qui énonce que « *la Chambre de 1ère instance veille à ce que le procès soit équitable et rapide et à ce que l'instance se déroule conformément au règlement de procédure et de preuve (RPP). Pour ce faire, les droits de l'accusé doivent être pleinement respectés et « la protection des victimes et des témoins dûment assurée* » »[171].

Pour des raisons d'efficacité, une Cour Pénale Internationale a été instituée et peut servir à juger les criminels de ces deux grandes tragédies et bien d'autres pour l'avenir, puisque ces Tribunaux pénaux internationaux ont une durée de vie très courte.

Section V : La Cour Pénale Internationale (C.P.I.)

La Cour Pénale Internationale est le couronnement des efforts de la Communauté internationale qui a de tout temps manifesté son désir de voir l'impunité bannie en matière des droits de l'Homme.

---

[169] Arnaud de Raulin, "La justice pénale internationale à l'épreuve de l'Afrique", Revue juridique et politique des Etats francophone, Paris, 2009, pp135-148.
[170] Arnaud de Raulin "La justice pénale international à l'épreuve de l'Afrique", op.cit., p.143.
[171171] Arnaud de Raulin "La justice pénale internationale à l'épreuve de l'Afrique", op.cit., p.143.

Paragraphe I : Historique

Un comité consultatif de juristes fut mandaté au lendemain de la première guerre mondiale en 1920 par la Société des Nations (SDN) afin d'établir un projet de cour permanente de justice internationale. Sa mission était de « *juger des crimes qui constituent une violation de l'ordre public international de la loi universelle des nations* ». Ceci ne fut pas concrétisé.

Au lendemain de la Seconde Guerre mondiale plus précisément en 1948, le projet refit surface sous une autre forme d'autant plus que l'Assemblée générale des Nations Unies demanda à la commission de droit international de se pencher sur la question de l'opportunité de la création d'une « *chambre pénale de la Cour internationale de justice* »[172].

C'est pourquoi la convention pour la prévention et la répression du génocide du 9 décembre 1948 a prévu en son article VI que les personnes accusées de génocide ou de l'un quelconque des autres actes énumérés à l'article III, seront soit traduites devant les juridictions nationales compétentes de l'Etat sur le territoire duquel l'acte a été commis, soit devant la cour criminelle internationale qui sera compétente à l'égard de celles des parties contractantes qui en auront reconnu la juridiction.

Quelques années plus tard, précisément en 1973, lors de l'adoption de la Convention sur l'élimination et la répression du crime d'apartheid, il a été également question de la nécessité de création d'une cour pénale internationale.

En 1980, une résolution du 4 décembre 1989[173] enjoignit à la Commission de droit international « *d'étudier la question de la création d'une cour de justice pénale internationale ou d'un autre mécanisme juridictionnel pénal de caractère international, qui aurait compétence à l'égard des personnes accusées d'avoir commis des infractions éventuellement prévues dans un code et notamment à l'égard des personnes se livrant au trafic illicite transfrontière de stupéfiants* ».

[172] Doc off – AG NU A/Rés.260(III) B.
[173] Résolution 44/89.

Pour cette noble entreprise, l'Assemblée générale des Nations Unies fit un pas important en créant en décembre 1995 un comité préparatoire pour l'établissement d'une Cour Pénale Internationale (le « Prep Com »).

De mars 1996 à mars 1998, ce comité préparatoire travailla d'arrache-pied en se réunissant six fois à New York, sous la pression de près de cinq cents (500) Organisations Non Gouvernementales regroupées dans une « *coalition internationale pour une cour pénale internationale* ».

Pourtant le 15 juin 1998, une conférence des plénipotentiaires s'ouvre à Rome révélant l'hostilité de certains Etats par rapport à la création de cette nouvelle institution judiciaire : les Etats-Unis et la Chine refusent de signer le statut de la nouvelle cour ; la France par contre le fait difficilement.

Néanmoins le statut de cette cour a été adopté définitivement à Rome le 17 juillet 1998.

Il faut signaler qu'à la différence du tribunal de Nuremberg, cette cour a vocation de juger des individus. De plus, à la différence des tribunaux ad hoc du Rwanda et de l'ex-Yougoslavie, elle n'est pas une juridiction de circonstance.

Enfin à la différence de la Cour Internationale de Justice de La Haye, elle jugera des individus. Mais, elle n'a pas à l'instar de celle-ci, une juridiction réservée aux Etats.

Paragraphe II : Un organe permanent des Nations Unies

Il est créé une Cour Pénale Internationale, en tant qu'institution permanente, qui aura pour vocation de juger des personnes uniquement, pour les crimes « *les plus graves ayant une portée internationale* » (article 1er.).

Un accord lie cette Cour aux Nations Unies, accord qui doit être approuvé par l'Assemblée des Etats parties au statut, puis conclu par le président de la Cour au nom de celle-ci (article 2).

De ce fait, son personnel bénéficiera des mêmes privilèges et immunités que les fonctionnaires des Nations Unies.

A l'instar de la Cour internationale de justice, le TPIY et le TPIR[174], elle a son siège à la Haye.

Il faut retenir qu'elle peut siéger ailleurs, si l'intérêt supérieur de la justice l'exige (article 3 ; voir aussi article 62 ; comp. Art. 22 du statut de la Cour Internationale de Justice).

La Cour Pénale Internationale a une compétence subsidiaire. Elle est donc une cour complémentaire des juridictions pénales nationales (préambule et article 1er). Elle se différencie ainsi du TPIY et du TPIR.

Chaque Etat a l'obligation de soumettre à sa juridiction criminelle les responsables de crimes internationaux. Mais, en vertu de l'article 14, tout Etat partie a la possibilité de déférer au procureur une situation qu'il estimerait relever de la compétence de la Cour, et demander au procureur d'enquêter sur cette situation en vue de juger les personnes qui éventuellement auraient commis des crimes relevant de la compétence de la Cour.

Paragraphe III : Les compétences de la Cour

Elles sont nombreuses. En ce qui concerne la compétence *ratione materiae*, la compétence de la Cour « *est limitée aux crimes les plus graves qui touchent l'ensemble de la communauté internationale* » (article 5). Ce sont : le crime de génocide, les crimes contre l'humanité, les crimes de guerre, le crime d'agression.

Il faut remarquer que certains crimes ne figurent pas sur la liste, notamment le crime de terrorisme et le trafic de stupéfiants. Toutefois, l'article 123 donne l'espoir de voir un jour, notamment sept ans après l'entrée en vigueur du statut, la liste s'allonger.

Par ailleurs, l'unanimité ne s'est pas faite à propos de la définition du crime d'agression. Signalons que selon l'article 9, les « éléments de crimes », c'est-à-dire les éléments constitutifs, devront être adoptés à la majorité des deux tiers des membres de l'Assemblée des Etats parties. Ils ont ainsi le devoir d'aider la Cour à interpréter et appliquer les articles 6, 7 et 8.

[174] Le TPIR est installé à Arusha en Tanzanie, mais son siège officiel est à la Haye.

En effet, avant la Seconde Guerre mondiale, l'agression constituait un acte illicite engageant la responsabilité de l'Etat agresseur.

En 1945, la Charte du tribunal international de Nuremberg définit l'agression : « *L'agression est reconnue comme un crime international pouvant engager la responsabilté pénale individuelle de ses auteurs* (art.6 (a)), *et définie comme étant « un crime contre la paix* ». »

En 1974, l'Organisation des Nations Unies (ONU) s'y est intéressée à travers la Résolution 3314 (XXIX). Par ce canal, l'Assemblée générale des Nations Unies a adopté une définition de l'agression : « *l'emploi de la force armée par un Etat contre la souveraineté, l'intégrité territoriale ou l'indépendance politique d'un autre Etat, ou de toute autre manière incompatible avec la charte des Nations Unies* » (art.1).

Même si l'unanimité sur la définition de l'agression est trouvée un jour, elle doit être compatible avec les buts, principes et dispositions (paragraphe 2) de la Charte des Nations Unies ; ce qui sous-entend que le Conseil de sécurité aura ou gardera la mainmise sur cette définition. Celle-ci a été effectivement trouvée en 2010, lors de la Conférence de kampala en Ouganda, à travers l'article 8 bis du statut : « *constitue un crime d'agression la planification, la préparation, le lancement ou l'exécution par une personne effectivement en mesure de contrôler ou de diriger l'action politique ou militaire d'un Etat, d'un acte d'agression qui, par sa nature, sa gravité et son ampleur, constitue une violation manifeste de la charte des Nations Unies*[175]. »

Relativement à la compétence *ratione temporis*, l'entrée en vigueur du statut de la cour devient le point de départ de cette compétence. C'est dire qu'après l'entrée en vigueur de son statut pour chaque Etat partie, elle sera compétente à l'égard des crimes commis après cette période, sauf si un Etat partie fait une déclaration d'acceptation (art.11). Ici, les crimes visés après l'entrée en vigueur du statut sont prévus à l'article 5 de celui-ci.

---

[175] Ghislaine Doucet, *La répression nationale et internationale des crimes internationaux*, Cours panafricain, Dakar, novembre 2014, p.64.

La compétence de cette cour peut s'exercer dans deux situations :

1- Elle est saisie par le conseil de sécurité, même si l'Etat en cause n'est pas partie au statut de ladite cour,

2- L'un des Etats suivants ou les deux sont parties au statut de la cour, ou ont accepté sa compétence :

a) L'Etat sur le territoire duquel le comportement en cause a eu lieu[176],

b) L'Etat dont la personne accusée du crime est ressortissant.

En ce qui concerne la saisine de la cour et la compétence *ratione personae,* c'est son procureur qui a compétence à la saisir après avoir été préalablement contactée à cette fin par le truchement d'une affaire par un Etat partie ou par le conseil de sécurité. Le procureur peut aux termes de l'article 13 se saisir d'office. Il faut noter que le statut de Rome a connu une évolution depuis son adoption et son entrée en vigueur par les Etats parties. De façon schématique, il faut retenir relativement à la compétence de la cour :

- l'accusé est un ressortissant d'un Etat partie ou d'un Etat qui a accepté la compétence de la cour ;

- le crime a été commis sur le territoire d'un Etat partie ou d'un Etat qui a autrement accepté la compétence de la cour ou ;

- le Conseil de sécurité de l'Organisation des Nations Unies (ONU) a déféré la situation au procureur quels que soient la nationalité de l'accusé ou le lieu où le crime a été commis ;

- lorsque l'Etat où le crime a été commis a ratifié le statut ;

- lorsque l'Etat dont l'accusé a la nationalité est partie au statut ;

- lorsque l'Etat non partie au statut de Rome accepte sur une base ad hoc, la compétence de la cour ;

- lorsque le Conseil de sécurité défère à la cour une situation, qui peut concerner un Etat non partie au statut de Rome (cas du Soudan en 2005 et de la Libye en 2012).

---

[176] Ou, si le crime a été commis à bord d'un navire ou d'un aéronef, l'Etat du pavillon ou l'Etat d'immatriculation peut renseigner sur la compétence du tribunal.

Par ailleurs, relativement à l'ouverture d'une enquête par le procureur, celui-ci peut le faire :

- sur une situation déférée par un Etat partie ;

- sur une situation déférée par le Conseil de sécurité de l'Organisation des Nations Unies (ONU) ;

- de sa propre initiative, *propio motu.*

En ce qui concerne la compétence *ratione personae*, ce ne sont que les individus, c'est-à-dire les personnes physiques âgées au moins de 18 ans qui peuvent être jugées par la cour sur la base du principe de la responsabilité pénale individuelle (art.26).

Les Etats restent responsables en vertu du droit international.

Sont visés :

f) Les auteurs, que le crime ait été commis individuellement, conjointement avec une autre personne ou par l'intermédiaire d'une autre personne, que cette autre personne soit ou non pénalement responsable ;

g) La personne qui ordonne, sollicite ou encourage la commission d'un crime visé au statut, dès lors qu'il y a commission ou tentative de commission de ce crime ;

h) A propos de la complicité, la personne qui, en vue de faciliter la commission d'un tel crime, apporte son aide, son concours ou toute autre forme d'assistance à la commission ou à la tentative de commission de ce crime, y compris en fournissant les moyens de cette commission ; celle qui contribue de toute autre manière à la commission ou à la tentative de commission d'un tel crime par un groupe de personnes agissant de concert. Cette contribution doit être intentionnelle et, selon le cas :

i) Viser à faciliter l'activité criminelle ou le dessein criminel du groupe, si cette activité ou ce dessein comporte l'exécution d'un crime relevant de la compétence de la Cour ; ou

ii) Etre faite en pleine connaissance de l'intention du groupe de commettre ce crime ;

- S'agissant du crime de génocide, la personne qui incite directement, publiquement autrui à le commettre ;

- La personne qui tente de commettre un crime visé au statut par des actes qui, par leur caractère substantiel, constituent un commencement d'exécution, mais sans que le crime soit accompli en raison de circonstances indépendantes de sa volonté (tentative et infraction manquée). Toutefois, la personne qui abandonne l'effort tendant à commettre le crime ou en empêche de quelque autre façon l'achèvement ne peut être punie en vertu du statut pour sa tentative si elle a complètement et volontairement renoncé au dessein criminel.

Paragraphe IV : Des observations relatives à la Cour Pénale Internationale (C.P.I.)

Il est loisible de constater une évolution du statut de Rome plusieurs années après la création de la Cour Pénale Internationale (C.P.I.). En 1998, le crime d'agression était inscrit à l'article 5 du statut de Rome. Il relève de la compétence de la Cour, mais ni le crime ni ses conditions d'application n'avaient été définis à l'époque. Il a fallu attendre 2002 pour qu'un groupe de travail spécial soit créé dans ce sens. A la suite de longues discussions sur les éléments de définition du crime et sur les conditions requises nécessaires de sa justiciabilité, une définition du crime a été retenue, lors de la conférence de Kampala en Ouganda ; ce qui est un élément additionnel au statut de Rome. A la suite de cette Conférence, il est retenu la définition suivante du crime d'agression : « *Constitue un crime d'agression, la planification, la préparation, le lancement ou l'exécution par une personne effectivement en mesure de contrôler ou de diriger l'action politique ou militaire d'un Etat, d'un acte d'agression qui, par sa nature, sa gravité et son ampleur, constitue une violation manifeste de la Chartedes Nations Unies.* »

En d'autres termes, constitue un acte d'agression l'emploi par un Etat de la force armée contre la souveraineté, l'intégrité territoriale ou l'indépendance politique d'un autre Etat, ou de toute autre manière incompatible avec la Charte des Nations Unies (La première définition retenue par les Nations Unies). Le crime d'agression (article 5 du statut de Rome) a donc été enrichi en 2010, lors de la conférence de Kampala, et devient l'article 8 bis du statut de Rome. Cependant, à cause de limites ou de faiblesses, la Cour Pénale Internationale ne pourra exercer sa compétence à l'égard de ce crime qu'à partir de janvier 2017, si les Etats décident d'activer sa compétence et quand trente (30) Etats au moins auront ratifié l'amendement.

De plus, les Etats parties peuvent se soustraire à la compétence de la Cour en déposant une déclaration auprès du greffier de la Cour. Une telle déclaration pourra être faite à tout moment (y compris avant l'entrée en vigueur de l'amendement) et sera révisée par l'Etat partie, dans un délai de trois (3) ans (article 15 bis).

En outre, les Etats non parties au statut ne sont pas soumis à la compétence de la Cour vis-à-vis du crime d'agression, lorsque celui-ci aura été commis par ses ressortissants ou sur le territoire d'un Etat non partie (article 15 bis). Mieux, la Cour exerce sa compétence à l'égard du crime d'agression sous réserve d'une décision qui sera prise après le 1er janvier 2017. Ce sont donc autant d'obstacles à la répression du crime dont la commission entraîne des conséquences néfastes incalculables au développement des Etats.

Par ailleurs, la Cour Pénale Internationale ne dispose pas de moyen juridique contraignant pour obliger les Etats à livrer un présumé criminel du droit international humanitaire.

En outre, elle semble être sélective dans le jugement des délinquants internationaux. Elle paraît se focaliser sur les crimes commis par les Africains, alors qu'il y en a d'autres sur les autres continents du monde qui sont restés impunis et dont les auteurs, d'origine occidentale et bien connus, se déplacent aisément dans le monde sans être inquiétés. Aux Etats-Unis d'Amérique, les hommes de couleur et les minorités provenant d'autres régions du monde et habitant ce pays, tombent quotidiennement sous les balles des policiers majoritairement blancs sans que la Cour ne fasse des mises en garde aux autorités américaines, alors qu'elle le fait facilement aux dirigeants des Etats africains pour des faits ou crimes moins graves ou de gravité égale ou similaire.

C'est la raison pour laquelle certaines voies officielles d'Afrique et d'autres régions pauvres du monde la qualifient de Cour raciste ne poursuivant essentiellement que des hommes de couleur, notamment des Africains et aussi d'autres minorités. Elle est considérée par beaucoup d'africains et surtout beaucoup d'hommes et de femmes épris de paix et de justice, comme un instrument de néocolonialisme. La preuve, certaines puissances occidentales non parties aux statuts de Rome, font pression sur la Cour avec succès pour obtenir la poursuite des dirigeants africains par cette institution. La Cour Pénale Internationale (CPI) est de nos jours en quête de légitimité dans le monde. Il faut redéfinir certaines modalités de fonctionnement de l'institution et surtout assurer que tous les justiciables de la Cour, bénéficient du principe d'égalité et de non-discrimination.

Chapitre VII
La responsabilité de protéger dans sa phase de construction ou de reconstruction constitutionnelle et démocratique des Etats en crise

Les Nations Unies dans le but de ramener dans les Etats en crise la paix et la sécurité internationales ont agi soit directement en favorisant la mise en place d'un cadre juridique et institutionnel sous sa houlette, soit par l'intermédiaire des organisations régionales ou sous régionales. Ainsi les Nations Unies, garantes directes de la construction démocratique des Etats en crise (section I), et l'Union africaine et la Communauté économique des Etats de l'Afrique de l'Ouest garantes de la reconstruction démocratique de ces Etats (C.E.D.E.A.O.) (Section II) constituent la charpente du présent chapitre.

Section I : Les Nations Unies, garantes directes de la construction ou de la reconstruction démocratique des Etats en crise

Les hommes politiques africains sont souvent caractérisés par des comportements de revirements ou d'instabilité par rapport à la règle du jeu politique, entraînant ainsi des situations de crises politiques inutiles et dangereuses. C'est pourquoi il a fallu que des règles supranationales viennent en appui aux constitutions africaines (Paragraphe I) et même des accords politiques conclus sous les auspices de la communauté internationale (Paragraphe II) avant que certains Etats ne puissent connaître un constitutionnalisme pacifié et pacifique.

Paragraphe I : Les Nations Unies, commanditaires et maîtresses d'œuvre directe de l'établissement des bases et des fondements constitutionnels des Etats en situation de sortie de crise

Au lendemain des crises ou tragédies qui sapent tout le tissu socio-économique et politique des Etats en crise ou en sortie de crise, les Nations Unies s'emploient à établir les fondements juridiques et politiques de l'Etat qu'elles ont aidé à renaître de ses propres cendres, sous le fondement de la responsabilité de protéger. Il faut signaler au passage que dans certaines conditions, ces Etats objet de tragédies humaines souffrent de crises institutionnelles caractérisées, par la quasi-absence d'institutions politiques et juridiques indépendantes, de textes juridiques constitutionnels contraignants pour tous les acteurs sociaux et politiques, d'institutions juridictionnelles garantes des droits et libertés reconnus aux personnes... C'est pourquoi les Nations Unies, pour construire un futur sûr à ces Etats pour la garantie de la paix et de la sécurité internationales, décident d'aider ceux-ci à se doter de normes constitutionnelles contraignantes pour tous les citoyens desdits Etats avec des organes juridiques et politiques pouvant jouer le rôle de cadre institutionnel de l'arsenal constitutionnel du pays. En fait, il s'agit d'une internationalisation du droit constitutionnel desdits Etats qui était mal en point et qui n'avait pas pu résorber les problèmes de ces Etats. Cette internationalisation du droit constitutionnel des Etats de sortie de crise consiste donc à restaurer l'ordre juridique interne desdits Etats, un ordre juridique renouant avec le constitutionnalisme classique caractérisé par la séparation des pouvoirs, sur fond d'Etat de droit garantissant les droits de l'Homme et les libertés fondamentales, avec des institutions juridictionnelles pouvant protéger ces droits et libertés et assurer le fonctionnement normal des pouvoirs publics.

Cette entreprise d'internationalisation du droit constitutionnel des Etats se fait le plus souvent par la naissance d'une nouvelle constitution dans ces Etats ou l'amélioration de celles existantes et sources des conflits qui ont détruit le pays ou parfois même, l'adoption des accords de paix prévoyant des réformes constitutionnelles. Ces constitutions accordent souvent une place de choix aux droits de l'Homme et aux libertés fondamentales et prévoient les mécanismes de leur défense et promotion. C'est ce que corrobore Kevin Ferdinand Ndjimba lorsqu'il affirme que « *dès lors, la finalité de l'internationalisation réside dans la nécessité non seulement de restaurer l'ordre juridique, mais surtout de restaurer un ordre juridique respectant l'Etat de droit et assurant le respect des droits et libertés des individus* »[177]. Ces constitutions ainsi nées ou améliorées sous la houlette des Nations Unies sont ensuite sacralisées

---

[177] Kevin Ferdinand Ndjimba, « L'internationalisation des constitutions et la revalorisation du droit constitutionnel des Etats » ; Kevin Ferdinand Ndjimba est docteur en droit, ATER, Irénée Nançy Université.

par le jeu du barrage constitutionnel les mettant à l'abri des révisions intempestives, avec à la clé la garantie d'une stabilité durable à ces constitutions. C'est ce que confirme Kevin Ferdinand Ndjimba lorsqu'il affirme à propos des constitutions internationalisées qu' « *(...) on procède à la limitation matérielle de la marge de manœuvre d'un éventuel pouvoir constituant dérivé, en vue de faire échapper à toute modification des normes ou des principes constitutionnels pouvant être assimilés à de la supra-constitutionnalité ou à une sorte de super-constitution. L'objectif de cette limitation est de ne pas soumettre le texte constitutionnel à la volonté d'un organe soumis au souverain ordinaire* »[178].

A cet égard, les constitutions suivantes peuvent servir d'exemples et de fondements à ces idées. Il s'agit de la constitution japonaise de 1947[179], la constitution de Chypre de 1960[180], les exemples de la Namibie relativement aux principes constitutionnels énoncés dans la résolution 435/78 du Conseil de sécurité des Nations unies[181] et de la Bosnie Herzégovine concernant les dispositions de l'article X.2 qui prévoient qu'« *aucun amendement à la (...) constitution ne peut éliminer ou restreindre les droits ou libertés visés à l'article II de la (...) constitution, ni modifier les dispositions du présent alinéa* »[182]. Quelques derniers exemples ont été proposés par Ndjimba, à travers le cas du Timor oriental ou du Kosovo pour lequel l'article 56-2 prévoit qu'« *aucune dérogation aux droits et libertés fondamentales*

---

178 Ibidem.

179 Voir sur ce point des exemples qui ont été proposés par Ndjimba comme ceux-ci : Ofuji (N.), «Tradition constitutionnelle et supra-constitutionnalité : y a-t-il une limite à la révision de la constitution ? L'exemple de la constitution japonaise », R.F.D.C., n°59, juillet 2004, pp.619-631 ;

180 La constitution de Chypre contient notamment vingt-et un principes constitutionnels fixés par l'article 182-1 résultant des accords de Zurich et considérés comme fondamentaux et insusceptibles de faire l'objet ni d'amendement, ni d'addition, ni de suppression ;

181 Wiechers (M.), « Namibia : the 1982 constitutional principles and their legal significance », S.A.Y.I.L., vol.15, 1989-1990, pp.5-21 ;

182 Sur la constitution de Bosnie-Herzégovine, voir Pech (L.), « La garantie internationale de la constitution de Bosnie-Herzégovine », R.F.D.C., n°42, 2000, pp.421-440 ; voir également Sierpinski (B.), « La constitution de Bosnie-Herzégovine : un texte à la croisée du droit interne et du droit international », R.R.J., 1997-3, pp.1053-1070 ;

garantis par les articles 23, 24, 25,27, 28,29, 31, 33, 34, 37 et 38 (...) n'est permise en aucune circonstance »[183].

Par ailleurs, les Nations Unies vont parfois très loin en aidant les Etats sortant de crises à organiser les élections. C'est l'exemple du Timor oriental, du Népal et de la Côte-d'Ivoire qui en 2010 sous la houlette de cette institution universelle a organisé les élections présidentielle et législative. Par la résolution 1765 du Conseil de sécurité de l'ONU (2007), le représentant spécial du Secrétaire général Y. J. Choi est mandaté pour certifier toutes les étapes du processus électoral. La certification de la liste électorale assurée par les Nations Unies en Côte-d'Ivoire « *a tenu compte de six mesures clés accomplies au cours des 5 dernières années telles que : la mise en place d'audiences foraines, la reconstitution des registres d'état civil perdus ou détruits, l'identification de la population, l'établissement de la liste électorale provisoire (...) et le processus de recensement électoral* »[184].

Ces élections ont connu un couronnement difficile puisque le Président Laurent Gbagbo n'a pas reconnu les résultats dudit scrutin, ce qui a débouché sur un conflit armé qui a fait plus d'un millier de morts. Deux institutions ont été ainsi établies en Côte-d'Ivoire par le truchement des Nations Unies : un nouveau chef de l'exécutif ivoirien, monsieur Alassane Dramane Ouattara, et une Assemblée nationale.

Les Nations Unies ont partiellement joué le même rôle en Bosnie-Herzégovine, d'autant plus que par la suite, l'Union européenne a pris le relais. En effet, la Mission des Nations Unies en Bosnie-Herzégovine (MINUBH) a eu pour mission de contribuer à créer un Etat de droit en Bosnie-Herzégovine, en aidant les autorités bosniaques à réformer et restructurer la police locale, en examinant le fonctionnement du système judiciaire en place et en évaluant les activités de la police et autres institutions locales, en matière de

---

[183] Traduction de Kevin Ferdinand N'djimba.

[184] http://www.un.org/en/peacekeeping/missions/unoci/http://www.onuci.org/ Ou contactez Hamadoun Toure, Porte-parole de l'ONUCI hamadoun@un.org; Nick Birnback, Chef des Affaires Publiques, Département des Opérations de Maintien de la Paix birnback@un.org.
Produced by the UN Department of Public Information Strategic Communications Division, 25 October 2010

maintien d'ordre[185].En octobre 2010, trois millions cent vingt-six mille cinq cent quatre-vingt-dix-neuf (3.126.599) électeurs bosniaques ont été appelés aux urnes. Ceux-ci avaient pour tâche civique d'élire les trois (3) membres de la présidence collégiale du pays et les quarante-deux (42) députés de la Chambre basse du Parlement de la République de Bosnie-Herzégovine[186]. Plus de huit mille (8.000) candidats issus de quarante-sept (47) partis politiques et quatorze (14) candidats indépendants étaient en lice pour tous ces scrutins[187].

Il faut préciser que ce scrutin devait permettre de résoudre un problème institutionnel dont la résolution permettrait au pays d'avoir une assise juridique et surtout administrative de fonctionnement : la Bosnie-Herzégovine a-t-elle besoin d'une plus grande centralisation ou est-il préférable que les deux entités qui la composent (Fédération de Bosnie-Herzégovine et République serbe de Bosnie) conservent leur autonomie ?

Les Serbes de Bosnie sont favorables à cette dernière solution, tandis que les Bosniaques prônent une plus grande centralisation[188].[189]Le scrutin sera supervisé par une mission de l'Organisation pour la Sécurité et la Coopération en Europe (O.S.C.E.).

Enfin, la reconstruction concerne aussi les Etats victimes de catastrophes naturelles. Pour cette raison, un certain nombre de

---

185 www.robert-schuman.eu/.../1063-élections présidentielle-et-législative-en-bosnie-her

186 www.robert-schuman.eu/.../1063-élections présidentielle-et-législative-en-bosnie-her

187 www.robert-schuman.eu/.../1063-élections présidentielle-et-législative-en-bosnie-her

188 www.robert-schuman.eu/.../1063-élections présidentielle-et-législative-en-bosnie-her

189 La République de Bosnie-Herzégovine a un système politique très complexe. Cette République est une confédération composée de deux entités : la Fédération de Bosnie-Herzégovine et la République serbe de Bosnie (Republika Srpska). Le pays possède une présidence collégiale élue pour quatre ans et composée de troismembres – un Croate, un Serbe et un Bosniaque – chacun élu au suffrage universel par sa communauté. La direction de la présidence alterne tous les huit mois entre les différentes communautés.
Le parlement de la République de Bosnie-Herzégovine (Skupstina) est bicaméral et comprend la Chambre des représentants (Predstavnichi Dom) et la Chambre des peuples (Dom Narada).

besoins a été assouvi au bénéfice des populations victimes desdites catastrophes par différentes Missions des Nations Unies.

En effet, les populations ont eu droit à la sûreté, un droit de l'Homme qui concerne leur sécurité physique et juridique. Par libertés de la personne physique, il faut entendre d'abord la libre disposition pour chacun de sa personne physique. Elle exclut donc en principe, toute intervention non consentie d'un tiers dans la vie physique : les violences, la détention arbitraire, la séquestration, le viol, le meurtre... C'est la certitude pour les personnes qu'elles ne feront pas l'objet, notamment de la part du pouvoir et même des pouvoirs privés de mesures arbitraires les privant de leurs libertés individuelles... Ce droit à la sûreté devant être assuré aux populations en période de catastrophe naturelle, constitue la protection la plus avancée de toutes les libertés fondamentales.

Pendant cette période de catastrophe naturelle et même au sortir de ladite période, les Missions des Nations Unies ont assuré la remise au juge de l'intégralité de la fonction répressive.

Par ailleurs, les Missions déployées par les Nations Unies sur le théâtre des catastrophes naturelles ont pendant et après celles-ci assuré au profit des personnes quelques droits fondamentaux, notamment les droits à la vie familiale, à la vie privée, à l'association, à l'opinion, à la religion...

Pendant et après le sinistre, les Nations Unies et parfois l'Union européenne, l'Union africaine..., ont assuré l'édification des infrastructures requises pour la réalisation des droits économiques, sociaux et culturels, notamment le droit à l'éducation, le droit à la propriété, le droit au logement, le droit à la santé, le droit à l'emploi... Mieux, les besoins les plus urgents sont assurés pendant et après la catastrophe concernant la fourniture d'aliments et d'eau, l'accès aux marchandises et aux services avec la construction d'infrastructures y afférentes.

L'exemple d'Haïti est ici indiqué. Le constitutionnel étant fondamental dans l'ordre juridique national, les Nations Unies font en sorte que les droits fondamentaux reconnus aux populations victimes de catastrophe naturelle, soient des droits assurés par la constitution de ces Etats, dans la phase de reconstruction desdits Etats et même après.

Paragraphe II : La portée des interventions onusiennes

Lorsqu'un peuple se meurt, l'humanité doit se manifester et s'organiser afin de donner, du moins de redonner espoir à ce dernier. La Charte et les Nations Unies elles-mêmes en constituent alors le cadre juridique et institutionnel. Les Nations Unies au lendemain des tragédies humaines des années mille neuf cent quatre-vingt-dix, ont redoré leur blason suite à leur passivité ou quasi passivité affichée devant certaines crises qui ont marqué le monde, notamment le génocide rwandais. Trois piliers différents composent la responsabilité de protéger : le pilier « prévention », le pilier « réaction » et le pilier « reconstruction ». Le premier pilier, notamment la prévention a été complètement ratée par l'Organisation des Nations Unies. Elle a été sourde aux signaux de détresse des populations persécutées émis par les Organisations Non Gouvernementales ; et ce qui devrait être craint et redouté arriva. Le deuxième pilier, en l'occurrence celui de la réaction a été assouvi, mais partiellement, puisque les tueries ont cessé tardivement parce que les puissances qui composaient les forces d'interposition au sein de celles-ci se referaient à leur propre hiérarchie, et non à celle des états majors militaires de l'Organisation. Le troisième pilier, celui de la reconstruction démocratique des Etats en crise a été une réussite, malgré quelques zones d'ombre liées à des situations inédites de cette nature.

Les Nations Unies se sont employées à asseoir dans ces Etats qui sortent des crises politiques un cadre juridique et institutionnel des activités politiques au bénéfice des acteurs politiques et des citoyens de ces pays. Des constitutions ont fait l'objet de toilettage, d'autres ont été purement et simplement réécrites. Toutes ces constitutions révisées ou réécrites l'ont été suivant les normes du constitutionnalisme classique, à savoir une constitution qui organise le fonctionnement et les relations harmonieuses des pouvoirs publics, une constitution organisant les compétences des différents pouvoirs régaliens, une constitution accordant une place de choix aux droits de l'Homme et aux libertés fondamentales, tout en prévoyant les mécanismes de la protection et de la défense desdits droits et libertés, sans oublier l'organisation par la constitution de la hiérarchie des normes et de leur respect, bref, une norme constitutionnelle à l'avant-garde de la production interne des normes dans ces pays.

Il s'agit en d'autres termes pour les Nations Unies de revaloriser la constitution qui avait perdu entretemps de sa force contraignante et de son caractère sacré par le truchement des acteurs politiques qui l'instrumentalisaient au gré de leurs ambitions politiques. Les constitutions africaines avaient souffert d'une grave crise de normativité. Elles n'étaient plus des constitutions rigides, de sorte qu'elles étaient révisées indéfiniment.

Les Nations Unies ont aidé à les revaloriser en leur redonnant par leur internationalisation leur caractère de norme suprême à l'intérieur des Etats, suprématie qu'il fallait garantir par l'encouragement des Etats par les Nations Unies, à édifier des institutions de contrôle du respect de la constitution, non seulement par les acteurs politiques et les citoyens, mais aussi par les autres institutions de l'Etat. Des constitutions qui ne laissaient pas suffisamment de places aux droits de l'Homme sont devenues au lendemain des crises, sous la houlette des Nations Unies ou d'autres organismes internationaux ou régionaux, de véritables chartes de droits de l'Homme et des libertés fondamentales. Les Nations Unies ont donc opté pour la voie de l'internationalisation de la constitution et du droit constitutionnel, ce qui est une bonne option. C'est ce que confirme d'ailleurs Ndjimba (K.F.), lorsqu'il écrit que l'internationalisation des constitutions dans les Etats en crise « *permet aussi et c'est sans doute là un de ses apports majeurs, de montrer l'extrême complémentarité qui se noue désormais entre droit international et droits constitutionnels internes, complémentarité qui se traduit par le passage d'une indifférence partagée à une réciproque prise en compte* »[190].

Toutefois, cette façon d'aider les Etats à se reconstruire « constitutionnellement », c'est-à-dire leur dicter la chose constitutionnelle de l'extérieur peut conduire comme l'affirme Ndjimba (K.F.), à la perte de maîtrise de l'élaboration du droit par les Etats. Elle peut aussi conduire à une dépendance constitutionnelle des Etats au profit des organisations internationales. Mieux, des constitutions endogènes c'est-à-dire de provenance interne ne seront plus respectées dans l'ordre juridique interne de ces Etats en question. Mieux encore, ces constitutions allogènes, c'est-à-dire de provenance

[190] Ndjimba (K.F.), *L'internationalisation des constitutions dans les Etats en crise. Réflexions sur les rapports entre droit international et droit constitutionnel, thèse*, Nancy 2, 2011.

extérieure, ou les ordres juridiques internes imposés, ne tiennent pas à coup sûr compte des réalités culturelles ou sociologiques desdits pays, puisque ce sont des constitutions ou des ordres juridiques internes de l'urgence, conçus dans une extrême urgence. C'est ici aussi une violation de la souveraineté des Etats qui s'exprime, même si en situation de crise grave, l'on pourrait affirmer que ces Etats en question ne sont pas véritablement souverains. L'on pourrait parler alors de la domination d'un modèle juridique et du relativisme culturel ici en vogue en situation de crise[191].Dans cette mouvance, Ndjimba (K.F.) corrobore l'idée ci-dessus développée en disant que « *l'internationalisation des constitutions permet de mettre en lumière une véritable préemption internationale de la compétence constituante des Etats que l'on peut identifier comme une sorte d'internationalisation formelle à travers laquelle des instances extérieures aux Etats se substituent à ceux-ci pour mettre en place des constitutions qui s'y appliqueront, soit déterminent des règles sous l'empire desquelles les autorités nationales exercent leur compétence constituante* »[192].

Section II : Les autres organismes dans la construction ou la reconstruction démocratique des Etats sortis de crise

Aucune disposition de la présente Charte ne s'oppose à l'existence d'accords ou d'organismes régionaux destinés à régler les affaires qui, touchant au maintien de la paix et de la sécurité internationales, se prêtent à une action de caractère régional, pourvu que ces accords ou ces organismes régionaux et leur activité soient compatibles avec les Buts et les Principes des Nations Unies (article 52.1 de la Charte). A ce titre, beaucoup d'organismes internationaux ou régionaux se sont employés à apporter leur pierre à l'édifice des Etats qui traversent une sortie de crise, ceci dans le renforcement de l'œuvre de construction démocratique des Etats en difficulté, œuvre amorcée par les Nations Unies dans les régions du monde en difficulté. Des engagements positifs souscrits par les Etats africains au lendemain ou pendant les crises (Paragraphe I), Un conventionnalisme sain (Paragraphe II) et

[191] Ponthoreau (M.-C.), « Trois interprétations de la globalisation juridique. Approche critique des mutations du droit public », Actualité juridique, Droit administratif, n°1, 2006, pp.2-6.

[192] Ndjimba (K.F.), *L'internationalisation des constitutions dans les Etats en crise. Réflexions sur les rapports entre droit international et droit constitutionnel, Ibidem.*

un conventionnalisme malsain (Paragraphe III) constituent la toile de fond de la présente section.

Paragraphe I : Des engagements positifs souscrits par les Etats africains au lendemain ou pendant les crises

Les conflits violents qui ont secoué le continent africain sont des conflits occasionnés par les constitutions dont les normes portent les germes desdits conflits. Le conflit qui a secoué pendant presqu'une décennie la Côte-d'Ivoire tire ses racines de la constitution, notamment les dispositions qui énoncent l'« *ivoirité* ». La grave crise politique qui a secoué le Niger trouve ses racines dans la mauvaise foi des hommes politiques de ce pays par rapport à leur propre constitution et aux engagements souscrits devant le peuple nigérien. La longue crise mauritanienne qui a secoué ce pays en 2008 procède de ce même comportement des dirigeants mauritaniens par rapport aux normes constitutionnelles du pays et même par rapport au consensus national et aux différents accords politiques internes souscrits par les acteurs politiques mauritaniens. La même situation peut être regrettée à Madagascar secoué depuis 2010 par une crise dont l'issue paraît incertaine aujourd'hui.

Ces conflits naissent aussi du processus électoral souvent mal parti parce que les textes électoraux sont taillés sur mesure, en faveur généralement de la mouvance présidentielle. Stéphane Bolle à ce propos confirme en Afrique que « *le pouvoir succombe trop fréquemment à la tentation de légiférer pour faire l'élection. Le code électoral se trouve alors surchargé de règles, parmi lesquelles des dispositions rédhibitoires propres à fausser la compétition et l'expression du suffrage* ».

C'est ce que l'histoire du constitutionnalisme francophone au sud du Sahara voire dans tout le continent a offert au reste du monde. C'est pourquoi en Afrique de l'Ouest, le protocole A/SP1/12/01 du 21 décembre 2001 a vu le jour permettant de dénoncer, habituellement sur la scène politique et non en justice, l'incompatibilité d'une modification des règles constitutionnelles et législatives du jeu électoral.

Enfin certains conflits naissent de l'absence de démocratie dans ces Etats ou de la mauvaise gouvernance qui conduit le plus souvent dans la banqueroute économique ou en cessation de paiement dans lesdits Etats. Dans ces conditions, les constitutions deviennent insuffisantes pour résorber les crises qui s'annoncent et finissent par éclater avec leur lot quotidien de violations graves et massives des droits de l'Homme, entraînant ainsi l'instabilité non seulement de ces Etats, mais de toute la région où ils sont situés. Cette situation a amené les Etats africains à souscrire à la Charte africaine de la démocratie, des élections et de la gouvernance, adoptée par la huitième session ordinaire de la conférence de l'Union Africaine tenue le 30 janvier 2007 à Addis Abeba. L'article 23 de cette charte oblige les Etats africains à « *promouvoir la tenue régulière d'élections transparentes, libres et justes afin d'institutionnaliser une autorité et un gouvernement légitimes ainsi que les changements démocratiques de gouvernement* ». C'est aussi l'exemple de la déclaration de Bamako du 3 novembre 2000 adoptée en conclusion du symposium international sur le bilan des pratiques de la démocratie, des droits et des libertés dans l'espace francophone. C'est enfin l'exemple de la Déclaration universelle sur la démocratie, adoptée sans vote par le Conseil interparlementaire de l'Union interparlementaire, lors de sa 161e session au Caire, le 16 septembre 1997. Comme on peut le constater, on note sur les plans mondial, africain et régional, (avec la Communauté économique des Etats de l'Afrique de l'Ouest), l'Union africaine ou l'Organisation internationale de la francophonie, l'émergence d'une prise en charge de la question constitutionnelle (comme le dit Jean du Bois de Gaudusson dans l'article précité) par les organismes internationaux et l'émergence d'une « *doctrine constitutionnelle* » dont l'impact ou l'influence sur les Etats est loin d'être négligeable. En effet, les différentes déclarations qui ont été adoptées par les Etats africains sous les auspices des organismes qui ont apporté leur tutelle à ces Etats pour l'adoption desdites déclarations, font obligation morale et parfois juridique à ces Etats de respecter toutes leurs dispositions au risque de mettre en jeu leur responsabilité internationale. Dès lors que les Etats ont souscrit à leur contenu, elles deviennent une règle de jeu à respecter scrupuleusement par eux. Ces normes permettent le déploiement des observateurs nationaux et internationaux lors des joutes électorales. Mieux, à la veille des élections, les envoyés spéciaux de la CEDEAO, de l'Union africaine et de la francophonie..., passent dans les Etats concernés, pour leur rappeler les engagements pris lors de la signature de ces déclarations.

La résultante majeure de cette situation est une stabilité politique remarquée çà et là sur le continent, notamment au niveau de certains Etats francophones qui sont résolument engagés sur la voie de la démocratie apaisée avec des constitutions qui tiennent compte des réalités sociologiques du pays. C'est le cas du Bénin qui est le théâtre d'alternances politiques régulières réussies sans difficulté majeure sur la base d'une constitution respectée par les acteurs politiques et l'armée, encadrée par des juges constitutionnels qui se mettent très souvent au-dessus de la mêlée. La constitution béninoise a par exemple pris en compte la sociologie du pays, un pays marqué dans le passé dans son ensemble par la royauté où le pouvoir ne se partageait pas. C'est ce qui a amené le constituant béninois à éviter un pouvoir de cohabitation, en optant par exemple pour un régime présidentiel qui n'offre pas la possibilité du partage de pouvoir entre un président et un Premier ministre. C'est dans cette même veine qu'il faut compter dans une certaine mesure certains pays comme le Mali et le Niger qui, pour réviser leurs constitutions les soumettent pour paraphraser Jean du Bois de Gaudusson au banc d'essai de forums nationaux avant de déclencher les mécanismes de révision. Le Bénin peut être classé dans ce groupe d'Etats puisque la dernière révision proposée par le politique a échoué faute de consensus national évoqué par le juge constitutionnel. C'est cette attitude de consensus national que les ministres et chefs de délégation des Etats et gouvernements membres de l'Organisation internationale de la francophonie à travers la Déclaration de Bamako adoptée le 3 novembre 2000 se sont engagés à faire observer dans leur pays respectif en aidant « *à faire en sorte que les textes fondamentaux régissant la vie démocratique résultent d'un large consensus national, tout en étant conforme aux normes internationales, et soient l'objet d'une adaptation et d'une évaluation régulières* ».

Cette stabilité peut être aussi expliquée par des constitutions qui tiennent compte des réalités ethniques du pays ; constitutions qui amènent le constituant national à tenir compte de la configuration ethnique et sociologique des Etats[193].

[193] Ainsi la constitution du Burundi adoptée le 28 février 2005 prévoit-elle en application du principe d'inclusion des groupes ethniques et des partis politiques minoritaires, consacré par l'Accord sur le partage du pouvoir d'août 2004 que les deux Vice-présidents doivent appartenir à des groupes ethniques et des partis

Les exemples du Sénégal, du Mali, et dans une certaine mesure, du Cameroun, du Gabon, du Congo, de la Guinée équatoriale, du Burundi… sont à citer.

Le résultat de tout cet effort d'internalisation du constitutionnalisme africain et des constitutions tenant compte des réalités sociologiques et culturelles est sans ambages globalement positif et il faut renouveler et intensifier cet effort pour que vive un constitutionnalisme apaisé, thérapeutique et vital pour tout le continent africain[194].

Paragraphe II : Un conventionnalisme sain

A la différence d'un certain nombre de conventions vues de par le monde, notamment en Afrique, certaines d'entre elles sont salvatrices, puisqu'elles ont permis à un certain nombre d'Etats qui étaient au bord de la guerre civile de retrouver le chemin de la paix, et donc du développement durable. Des Etats comme le Togo, le Congo, la Côte-d'Ivoire… ont passé par ce chemin qui n'était pas au départ évident quant à ses chances d'aboutissement. Les [2]conventions connues par ces Etats en pleine et profonde crise politique ont été pour les constitutions de ces pays de véritables digues pour canaliser « *les flots déstabilisateurs et diaboliques* » des courants politiques ravageurs mus par la logique de la soif du pouvoir, au mépris des intérêts de leur peuple. C'est ce qu'a confirmé Joël Aivo, à travers des exemples d'une pertinence exceptionnelle. En effet, l'Accord cadre de Lomé de 1999 signé sous les auspices de la France, de l'Allemagne et de l'Union européenne, a donné une chance au Togo de retrouver le chemin de la démocratie que les acteurs politiques ont du mal à emprunter. Cet accord qui avait pour but d'aider le Togo à résoudre les problèmes politiques nés de la présidentielle du 12 juin 1998 et des législatives de 2000 a permis à ce pays de réussir ces deux grands événements politiques majeurs de la vie du Togo, puisque les acteurs politiques concernés ont fait violence sur eux-mêmes pour faire taire certains appétits politiques inconciliables. C'est pourquoi le professeur Joël Aivo disait de cet accord qu'il était « *un compromis fondamental*

---

politiques différents, que le ministre chargé de la force de défense nationale ne doit pas être de la même ethnie que le ministre responsable de la police nationale, que des quotas ethniques doivent être respectés, selon des mécanismes complexes, dans la composition de l'exécutif et du gouvernement.

[194] Jean-Nazaire Tama, *L'odyssée du constitutionnalisme en Afrique*, Harmattan, Paris, 2015, pp143-146.

qui, en requérant le strict respect de la constitution comme l'une des garanties indispensables au libre jeu démocratique et de l'alternance a réussi tout au moins à ajourner la révision de la constitution »[195]. Il faut signaler que cet accord permettait de préserver le Togo de révisions constitutionnelles politiciennes, ce qui fut une réalité au Togo pendant la période que couvrait l'Accord. Fort du succès du premier accord politique, un autre a été négocié au bénéfice de ce pays et a eu aussi le même succès permettant à ce pays de progresser dans sa marche pour la construction d'un Etat de droit et de démocratie. Il s'agit de l'Accord politique global signé en 2006 ; accord qui encourageait la classe politique togolaise à poursuivre les réformes qui permettront aux Togolais de réussir la construction de l'Etat de droit et de la démocratie, si possible des révisions constitutionnelles nécessaires à la consolidation de la démocratie, dans un esprit de consensus national[196].

En République démocratique du Congo, l'Accord global et inclusif de Sun City, signé à Pretoria le 17 décembre 2002 en Afrique du Sud, est dans la même mouvance que celui de Lomé, voire plus, puisque cet Accord sous certaines conditions tient lieu de normes fondamentales, car organisant le fonctionnement de certaines institutions constitutionnelles de la transition[197] ; mieux il constitue la matrice des normes postérieures à la crise qu'elle est appelée à solutionner, et même de la future constitution. Cet accord politique a suppléé les insuffisances de la constitution mère ou originelle et a permis à la République démocratique du Congo de survivre à une grave crise

---

[195] Frédéric Joël Aïvo, « La crise de normativité de la constitution en Afrique », op.cit., p 177.

[196] Accord cadre de Lomé, 3ème partie, in Aboudou-Salami (M.S.), « La révision constitutionnelle du 31 décembre 2002 : une revanche sur la conférence nationale de 1991 », art. cité., p.74.

[197] L'article 1 de la constitution de la transition de la République démocratique du Congo est explicite : « *La constitution de la transition de la République démocratique du Congo est élaborée sur la base de l'Accord global et inclusif sur la transition en République démocratique.* » Joël Aivo soutient dans son article sur la crise de la normativité en Afrique, que même si les alinéas 2 et 3 du même article font de l'accord global et inclusif et de la constitution de la transition la seule source du pouvoir et le cadre d'établissement et d'exercice de tous les pouvoirs durant la période transitoire, il n'en demeure pas moins que la constitution de la transition est bien subordonnée pour sa légitimité et sa validité normative à la lettre et à l'esprit de l'Accord global et inclusif qui lui est supérieur. Voir l'article de Mbodj cité ci-dessous.

politique qui a longtemps secoué ce pays, et d'amorcer vaille que vaille ou petitement, mais sûrement sa marche sur le chemin de la démocratie et de l'Etat de droit[198].

Par ailleurs, les partenaires de la promotion du constitutionnalisme dans les Etats africains, notamment l'Union européenne, l'Union africaine, la CEDEAO, la France, la Belgique, la Hollande... ne manquent pas d'aider et d'accompagner les Etats africains dans leur processus électoral en soutenant la classe politique africaine dans l'édiction des codes de bonne conduite politique, véritables boussoles des acteurs politiques avant, pendant et après le processus électoral, parfois en lien avec les accords politiques préalablement négociés et conclus entre les acteurs politiques sous les auspices de la communauté internationale. Plusieurs Etats en ont bénéficié. En effet, la Côte-d'Ivoire qui a longtemps été secouée par une grave crise politique a pu se doter avec l'appui de la communauté internationale le jeudi 24 avril 2008 d'un code moral de bonne conduite en lien avec les accords politiques qui ont été signés auparavant en faveur du pays ; et dont l'article 1er dispose que « *les signataires s'engagent à soutenir la tenue d'élections démocratiques, libres, ouvertes et transparentes organisées par la Commission Electorale Indépendante (CEI). Ils s'engagent à respecter le verdict des urnes. Ils s'engagent également à n'utiliser que la procédure judiciaire prévue par les lois pour contester éventuellement les résultats des élections* »[199]. C'est le cas

---

[198] Sur cette question de l'Accord politique concernant la RDC, consulter l'article de Mbodj (El. H.), « La constitution de transition et la résolution des conflits en Afrique... », cité par Joël Aivo, in « *Réflexions sur la crise de normativité de la constitution en Afrique* »*RBSJA*, 2011.

[199] Code de bonne conduite des partis politiques, des groupements, des forces politiques et des candidats aux élections en Côte-d'Ivoire.

Son préambule donne le contenu suivant : « *Nous, Partis politiques, Groupements, Forces politiques et candidats aux élections en Côte-d'Ivoire, désignés dans ce code sous le titre de « signataires » ;*

- *Considérant l'impérieuse nécessité d'œuvrer à une sortie de crise rapide pour une paix durable ;*
- *Souscrivant sans réserve aux lois et règlements qui encadrent les élections en Côte-d'Ivoire ainsi qu'aux standards internationaux en matière électorale ;*
- *Souscrivant aux Accords politiques entre Acteurs ivoiriens et aux Résolutions internationales tendant au règlement de la crise ivoirienne ;*
- *Souscrivant aux valeurs et fondements d'une compétition électorale démocratique : libre, transparente et ouverte à tous ;*

également du Niger et du Tchad qui, pour pouvoir organiser des élections libres, transparentes et crédibles, ont bénéficié, avec l'appui et sous la férule des partenaires internationaux, d'un tel code[200]. L'article 1er du code de bonne conduite tchadien stipule que « *les signataires s'engagent à respecter l'ordre public, l'autorité de l'Etat, de même que les lois et règlements de la République. Ils s'engagent à œuvrer pour la sauvegarde de la paix, de la concorde sociale et de l'unité nationale par l'acceptation de la diversité d'options politiques et d'opinions et le rejet de la violence sous toutes ses formes. Ils réaffirment leur attachement à la mise en œuvre intégrale de l'Accord politique du 13 août 2007 en vue du renforcement du processus démocratique et souscrivent sans réserve aux standards internationaux en matière d'élections démocratiques...* »[201]

- *Soucieux de la stabilité et de l'intégrité de la Côte-d'Ivoire* »

[200] Code de bonne conduite des partis politiques et candidats indépendants en période électorale au Niger du 25 janvier 2011. Son préambule dit ce qui suit : « *Nous dirigeants des partis politiques légalement reconnus, des candidats indépendants ou leurs représentants, soussignés,*

- *Profondément attachés au respect des droits de la personne humaine consacrés par la Déclaration Universelle des Droits de l'Homme, la Charte Africaine des Droits de l'Homme et des Peuples et par la constitution du 25 novembre 2010 ;*
- *Résolus à préserver les acquis des traditions de luttes héroïques du peuple nigérien ;*
- *Soucieux de garantir la paix et la stabilité politique, économique et sociale pour les générations actuelles et futures en République du Niger ;*
- *Conscients du rôle capital des partis politiques et des candidats indépendants dans la mobilisation participative des citoyens en vue de l'expression du suffrage populaire ;*
- *Convaincus que l'organisation d'élections transparentes et crédibles concourt à l'apaisement du climat politique et social ainsi qu'à la consolidation de la démocratie au Niger ;*
- *Persuadés de la nécessité d'une franche et effective implication de tous les acteurs dans les différentes phases du processus électoral ;*
- *Engagés à garantir la bonne réalisation des échéances électorales ;*
- *Décidons d'adopter le présent code pour servir de base de gestion de nos rapports en périodes pré électorale, électorale et post électorale* »

[201] Code de bonne conduite des partis politiques et groupements politiques du Tchad. Son préambule donne le contenu suivant : « *La crédibilité d'une élection démocratique repose sur l'engagement des parties prenantes à œuvrer au bon déroulement de l'ensemble du processus électoral et à rejeter toute initiative visant à le perturber ou à le bloquer. Les divergences de points de vue et d'options pour la*

Comme l'on peut le constater, certains Accords politiques apportent du nouveau souffle à la vie politique et constitutionnelle des Etats auxquels ils s'appliquent devenant par la même occasion pour ceux-ci, ce que la forêt amazonienne est pour le monde en termes d'oxygène[202].

Paragraphe III : Un conventionnalisme malsain

Les crises politiques que l'Afrique a traversées ont habitué le continent à deux sortes d'accords politiques : les accords politiques salvateurs et protecteurs qui confortent les constitutions préexistantes en en comblant les lacunes, les imprécisions et ceux déstabilisateurs qui non seulement font doublon avec la constitution primitive ou originelle des Etats en crise, mais aussi volent aux constitutions leur sacralité, leur suprématie et leur caractère de norme suprême. Le constitutionnalisme dans ces Etats revêt désormais un caractère hybride, c'est-à-dire enfile une robe à double coloration, notamment juridico-politique. Le constitutionnalisme est pris en tenaille par le juridisme et la politique. Ces accords politiques sont dans une certaine mesure, supérieurs aux constitutions d'autant plus que dans certaines situations qu'ils régissent concurremment avec la constitution, leurs normes l'emportent au détriment de celles de la constitution. Les normes de certains accords politiques modifient même les

---

gestion de la société ainsi que les enjeux d'une élection particulière ne doivent pas être de nature à mettre en danger la paix, l'unité nationale et la cohésion sociale.

- *Conscients de notre rôle historique dans l'enracinement de la culture démocratique ;*
- *Conscients de notre influence sur l'opinion publique nationale et de notre responsabilité dans la préservation de la cohésion nationale et de la paix sociale ;*
- *Considérant que les périodes électorales sont souvent porteuses de germes de fracture sociale ;*
- *Considérant que la cohésion nationale et la paix sociale reposent sur une bonne gouvernance démocratique, elle-même tributaire d'un scrutin honnête et transparent ;*
- *Considérant que nul n'est digne de mandat local ou national (législatif ou présidentiel) s'il n'y parvient par la volonté du peuple tchadien, source de toute légitimité ;*

Nous, partis, groupements politiques participant aux élections au Tchad ci-dessous désignés les « signataires », décidons librement de conformer notre conduite publique et nos rapports réciproques aux principes suivants ».

[202] Jean-Nazaire Tama, L'odyssée du constitutionnalisme en Afrique, op.cit., pp146-149.

constitutions. C'est ce que fait d'ailleurs l'Accord de paix d'Arusha du 10 juin 1991 pour le Rwanda qui a modifié la constitution rwandaise en étendant ses propres normes à celles de l'Accord de paix d'Arusha : « *Les deux parties acceptent que la constitution du 10 juin 1991 et l'Accord de paix d'Arusha constituent indissolublement la loi fondamentale qui régit le pays durant la période de transition.* »[203]

Le Professeur Aivo analyse l'impact du texte d'Arusha sur la constitution rwandaise en affirmant qu'il a apporté deux sortes de modifications : « *Au plan institutionnel, l'accord crée de nouvelles institutions transitoires dont un gouvernement à base élargie et détermine leurs compétences. Ensuite la* [204]*constitution rwandaise sort de cette reformulation enrichie de nouveaux principes fondamentaux. Les signataires y proclament, notamment l'Etat de droit, la démocratie, mais surtout le multipartisme.* »[205]

Le Professeur Aivo poursuit dans cette logique non pas à propos de l'Accord de paix d'Arusha, mais plutôt à propos de l'Accord de Marcoussis en signant que celui-ci a considérablement modifié la distribution des pouvoirs organisés par la constitution du 1er août 2000[206]. Dans le même sens, le Professeur Gaudusson, quant à lui à propos du même Accord, relève deux variétés de normes. Les unes « *d'application immédiate* » [207] , définissant matériellement une nouvelle constitution dont la vocation est d'alléger partiellement la répartition des compétences au sein de l'Exécutif. Les autres plutôt « *programmatiques* », mettant pour le long ou moyen terme un certain nombre de réformes et de révisions, mais dont le sens, les grandes lignes ou orientations sont déterminés. Mieux, selon K. Dosso, « *l'Accord de Marcoussis suspend certaines dispositions de la constitution et en modifient d'autres. Les éléments de contrariété majeure qui n'échappent pas aux observateurs concernent l'érosion des attributions du président de la République au profit du Premier*

[203] Article 3 des Accords de paix d'Arusha du 15 août 1993.

[205] Frédéric Joël Aïvo, op.cit., p174.

[206] Frédéric Joël Aïvo, op. cit., p174.

[207] Gaudusson Jean Du Bois, « L'accord de Linas-Marcoussis, entre droit et politique », article cité par Joël Aïvo, in « *Réflexions sur la crise de normativité de la constitution en Afrique* », déjà cité, p.31.

ministre ».[208] Dosso dans une remarquable analyse montre que l'article 41 de la constitution ivoirienne du 1er août 2000 se trouve modifié par le point 3 l'Accord de Linas-Marcoussis, car il fait du chef de l'Etat « *le détenteur exclusif du pouvoir exécutif* »[209]. Par contre selon Dosso le même Accord, que ne modifiera en ces éléments précis aucun des accords signés[210] ultérieurement, rend indépendant le Premier ministre vis-à-vis du chef de l'Etat, fragilisant les attributions de celui-ci en le dépossédant de ses pouvoirs gouvernementaux ; lesquels désormais font partie du « patrimoine politico-juridique » du Premier ministre, c'est-à-dire ses pouvoirs constitutionnels. Dans cette situation, l'on peut dire que le pouvoir constituant ivoirien a été mis « *entre parenthèses* », l'ordre juridique interne, notamment, la constitution et ses « *accessoires* » quelque peu en berne, l'indépendance du pays à travers ses institutions largement entamée. C'est d'ailleurs ce qu'ont remarqué et noté les Professeurs Kpodar et Gaudusson parlant de l'Assemblée Nationale de Côte-d'Ivoire lorsqu'ils disent qu'elle n'est pas indépendante relativement à la mise en œuvre des conclusions de l'accord de Marcoussis. Le premier estime que l'indépendance du pouvoir législatif n'est pas épargnée par « *la manipulation politique du texte constitutionnel* »[211] ; mieux, l'Accord de Marcoussis « *déstabilise l'ordre institutionnel* ».[212] Pour le second, « *sa souveraineté fonctionnelle est affectée par la recommandation de réformer dans certains domaines et sur des matières énumérées, suivant des orientations déterminées par les signataires de l'accord* »[213]. Le second c'est-à-dire Gaudusson corrobore l'idée en affirmant que l'« *introduction* » de l'accord de

---

208 Dosso (K.), « Le premier ministre dans la crise ivoirienne », in *RRJ-Droit prospectif*, 2008, n°4, pp.2369-2390 ; Mel (A. P.), « La réalité du bicéphalisme du pouvoir exécutif ivoirien », in *RFDC*, 2008, n°75, pp.538-548.

209 Mel (A. P.), « La réalité du bicéphalisme du pouvoir exécutif ivoirien », art. cité, pp.520-526.

210 Il faut préciser que l'Accord de Linas-Marcoussis est le noyau dur de tous les accords concernant la paix en Côte-d'Ivoire. Outre celui-ci, plusieurs autres compromis ou accords complémentaires ont été signés, soit pour consolider le compromis obtenu à Marcoussis, soit pour l'alléger. Furent donc signés successivement par les mêmes acteurs, les Accords d'Accra au Ghana, ceux de Pretoria en Afrique du Sud et les Accords de Ouagadougou au Burkina-Faso.

211 Kpodar (A.), « Politique et ordre juridique : les problèmes constitutionnels posés par l'accord de Linas-Marcoussis du 23 janvier 2003 », art. cité, pp.2517-2519.

212 Kpodar (A.), « Politique et ordre juridique… », art. cité, p.2506.

213 Voir Du bois de Gaudusson (J.), « L'accord de Linas-Marcoussis, entre droit et politique », art. cité, pp. 42-44.

Marcoussis dans l'ordre juridique interne ivoirien passe par la révision de la constitution du 1er août 2000[214]. La supériorité de l'Accord politique de Linas-Marcoussis sur la constitution ivoirienne a été « *célébrée* » par le professeur Kpodar lorsqu'il affirme qu'« *au total sa mise en œuvre a généré des nouvelles règles étrangères à la constitution et eu pour conséquence, au plan strictement juridique, le gel partiel de la constitution et le triomphe du compromis politique dont les dispositions sont substituées à la norme fondamentale* »[215].

La même situation a été également relevée, non pas en Côte-d'Ivoire ou au Rwanda, mais à Madagascar, avec la Convention du 31 octobre 1991 qui, a de fond en comble, modifié la constitution du 31 décembre 1975, en supprimant non seulement nombre d'institutions de la République,[216] mais en créant de nouvelles autres[217] et en réduisant considérablement les pouvoirs du chef de l'Etat[218]

[214] Du bois de Gaudusson (J.), « L'accord de Linas-Marcoussis, entre droit et politique », art. cité, p.46.

[215] Kpodar (A.), « Politique et ordre juridique... », art. cité, pp. 2522-2523.

[216] Le conseil suprême de la révolution et l'Assemblée nationale populaire. Cf Article premier, Convention du 31 octobre 1991.

[217] La Haute autorité pour la transition vers la troisième République. Cf Article premier, Convention du 31 octobre 1991.

[218] L'article 2 de la Convention modifie la constitution en la matière et redéfinit les attributions du chef de l'Etat ; la charge de celui-ci étant recentrée sur les compétences régaliennes de l'Etat à savoir, « symbole de l'indépendance » et de « l'unité nationale », « chef suprême des armées », « droit de grâce ». Il faut préciser que cette modification du texte constitutionnel ampute les attributions du président de la République des pouvoirs gouvernants.

Chapitre VIII
La responsabilité de protéger dans sa dimension décentralisée : l'exemple de l'Union Africaine et de la Communauté Economique des Etats de l'Afrique de l'Ouest (C.E.D.E.A.O.) conformément à la Charte des Nations Unies

Aucune disposition de la présente Charte ne s'oppose à l'existence d'accords ou d'organismes régionaux destinés à régler les affaires qui, touchant au maintien de la paix et de la sécurité internationales, se prêtent à une action de caractère régional, pourvu que ces accords ou ces organismes régionaux et leur activité soient compatibles avec les Buts et les Principes des Nations Unies (article 52.1 de la Charte). Dans ce cadre, certaines crises qui ont secoué l'Afrique ont vu les organismes régionaux ou sous-régionaux se pencher sur ces crises soit individuellement, soit conjointement à la suite de l'autorisation du Conseil de sécurité des Nations Unies. Les exemples retenus des crises libériennes, sierra-léonaises et Bissau guinéennes (section I) et les acteurs de leur résolution (section II) constituent les matières de réflexion du présent chapitre.

Section I : Les crises du Liberia, de la Sierra-Léone et de la Guinée Bissau

L'Afrique de l'Ouest a été confrontée à plusieurs crises politiques à la fin des années quatre-vingt et au début des années quatre-vingt-dix ; lesquelles crises ont amené la communauté internationale et celle africaine à s'investir dans leur résolution. Les crises du libéria (Paragraphe I), de la Sierra-Léone (Paragraphe II) et celle de la Guinée Bissau (Paragraphe III) constituent le contenu de la présente section.

Paragraphe I : La crise du Libéria

Le Libéria, petit pays de l'Afrique de l'Ouest a été créé de toutes pièces par les Américains. Avant cette création, ce pays entra en contact respectivement avec les explorateurs portugais en 1461, lesquels Portugais le dénommèrent du nom de Costa da Pimenta. Ensuite, ce fut au tour des Néerlandais de fouler le sol de ce pays où ils créèrent un poste de traite à Grand Cape Mount en 1663. En 1663, arrivèrent les Anglais qui y installèrent un comptoir.

L'aventure des rencontres de ce pays se poursuivit en 1817 avec le truchement de l'American colonization Society, une société philanthropique qui souhaita le retour en Afrique des victimes de la traite aux Etats-Unis d'Amérique. Des milliers d'esclaves firent alors un retour au bercail, en Afrique, plus précisément au Libéria.

En 1847, cette colonie appelée Commonwealth du Libéria en 1838 accéda à la souveraineté internationale, en devenant une République. Celle-ci se dota d'une constitution appelée la Déclaration d'indépendance du Libéria et ratifiée le 16 juillet 1847. Cependant, le suffrage universel est écarté par cette déclaration d'indépendance au profit du suffrage censitaire, un suffrage basé sur la fortune qui écarta les populations autochtones des scrutins électoraux. Ainsi s'installa une domination des populations autochtones très pauvres par les Américano libériens ; cette domination dura un siècle et fit des autochtones, des citoyens de seconde zone. Mais à la suite de nombreux soulèvements, des autochtones, ceux-ci acculèrent le Président libérien de l'époque, monsieur William Tubman, au point qu'il jeta du lest en leur accordant le droit de vote en 1945.

A partir de 1971, les autochtones renversèrent la vapeur de la domination à leur profit au détriment des Américano-libériens, à la suite de l'accession au pouvoir de monsieur William Tolber, Vice-président du pays depuis 1951, grâce à la disparition du Président Tubman. Dès lors s'installa une dissension très profonde, entre les Libériens autochtones et les Américano-libériens.

Le 12 avril 1980, le Président William Tolber fut renversé par Samuel Doe, un autre autochtone du pays qui instaura une féroce dictature. Pendant cette dictature, les Américano- libériens s'organisèrent pour la conquête du pouvoir au moyen d'une rébellion dirigée par Charles Taylor, à la suite de laquelle le Président Doé fut assassiné par un dissident de la rébellion, Prince johnson qui entretemps créa l'Independent National Patriotic Front of Liberia (I.N.P.E.L.).

Cette guerre civile opposa les forces gouvernementales au groupe d'opposition dirigé par Charles Taylor ; groupe dénommé le National Patriotic Front of Liberia (N.P.F.L.). Cette guerre civile fit plus de cent cinquante mille morts (150.000) et huit cent cinquante mille (850.000) réfugiés.

La Communauté Economique des Etats de l'Afrique de l'Ouest (C.E.D.E.A.O.), un organisme sous-régional africain décida d'envoyer une force d'interposition, l'Economic Community of West African States Cease-Fire Monitoring Group (ECOMOG), composée de quatre mille (4.000) hommes.

Après une accalmie de quelques années de la guerre, due aux forces de la CEDEAO, celle-ci reprend en 1997, pour prendre fin en 1998.

Paragraphe II : La crise de la Sierra-Léone

Située en Afrique de l'Ouest entre la Guinée et le Libéria, la Sierra-Léone est un petit pays qui a pour capitale, Freetown, une ville d'environ un million d'habitants. Ce pays connut tour à tour comme son voisin libérien, le contact des Portugais, puis des Britanniques entre 1808 et 1961, l'année de son indépendance. En 1971, elle s'est proclamée République. Ce pays a connu la mal-gouvernance durant son existence, notamment et surtout à partir de 1961. Les différents régimes qui se sont succédé à la tête du pays ont brillé par la mauvaise gestion, des finances publiques de l'Etat, à travers les détournements de deniers publics, la gabégie et la corruption. Ce pays s'est souvent retrouvé en cessation de paiement, conséquence d'une banqueroute sans précédent.

Par ailleurs, elle est l'un des pays diamantifères du monde, manne financière dont le pays n'a nullement profité à cause de la corruption qui a gangréné l'appareil politique au sommet de l'Etat, voire l'administration entière du pays. Elle est également minée par les rivalités ethniques, accentuées par la mauvaise répartition des richesses du pays entre ses régions. Cette situation a conduit le pays dans une instabilité politique chronique, marquée par des coups d'Etat militaires. Mais en 1991 la banqueroute économique que traversait le pays depuis un certain nombre d'années a été aggravée par la crise économique qui a ravagé la plupart des Etats africains, au point de plonger le pays dans une guerre civile. Après une légère accalmie,

Ahmed Tejan Kabbah, élu président en 1996, a été renversé un an plus tard par Johnny Paul Koroma, chef du Conseil révolutionnaire des Forces armées (A.F.R.C.). Dès lors, ce pays connut une guerre presque interminable ponctuée de moments de négociations et de signatures d'accords de cessez-le-feu et de paix. Cette guerre civile prend fin le 18 janvier 2002 et a causé la mort d'environ quatre cent mille (400.000) personnes, un demi-million de réfugiés (500.000) et deux millions (2.000.000) de personnes déplacées.

Paragraphe III : La crise de la Guinée Bissau

La Guinée Bissau, petit pays de l'Afrique de l'Ouest, appelée Guinée portugaise, a été l'un des Etats africains qui ont obtenu leur indépendance à la suite d'un conflit armé. Au nom du principe de l'autodétermination des peuples à disposer d'eux-mêmes, ce pays sous l'impulsion politique et patriotique d'Amilcar Cabral a forcé son destin, en se mettant sur le chemin de l'indépendance longtemps après l'assassinat de celui-ci. Cet Etat ne fut pas la préoccupation des puissances occidentales, faute de ressources minières et énergétiques dans son sous-sol. Les seules ressources de celui-ci sont ses ressources humaines qui n'étaient pas à l'époque de bonne qualité puisque presque sans instruction.

Les difficultés du pays procèdent de sa négligence par la puissance colonisatrice qu'est le Portugal qui n'a même pas, à la différence des autres puissances colonisatrices des Etats africains posé les bases d'un système politique, administratif et économique qui pourrait servir de tremplin, à l'image des autres Etats africains, pour amorcer le développement et la consolidation de l'Etat.

Suite au refus de la puissance colonisatrice de permettre à cet Etat d'emprunter le chemin de l'indépendance politique, Amilcar Cabral, par le truchement du Parti Africain pour l'Indépendance (P.A.I.) fondé en 1956 engagea une lutte armée (par sa branche militaire) pour l'indépendance de ce pays et du Cap-Vert ; entretemps, ce parti est devenu, le Parti Africain pour l'Indépendance de la Guinée et du Cap-Vert (P.A.I.G.C.).

L'armée coloniale a essuyé de nombreux revers en Guinée Bissau qui provoquèrent au Portugal un coup d'Etat militaire qui renversa le régime de Marcelo Caetano en avril 1974. Le Portugal, intransigeant par rapport à l'indépendance de la Guinée Bissau et du Cap-Vert, assouplit sur la question sa position par le canal du nouveau régime qui fut désormais à la tête du Portugal. Cette situation conduisit le pays à l'indépendance en 1974. A partir de cette période, il fallait construire en Guinée Bissau un Etat-nation. Mais les rivalités politiques et ethniques ont rendu le chemin très rocailleux.

Les premières difficultés provinrent des rivalités entre les cadres cap-verdiens du PAIGC entre eux d'une part et les mêmes cadres avec les combattants de la guérilla qui sont des paysans de Guinée Bissau. C'est dans ce cafouillage politique et militaire que fut assassiné Amilcar Cabral.

Un grave schisme apparut alors entre les Bissau Guinéens et les Cap Verdiens, des métisses plus instruits que les premiers. Cette situation conduit le pays au bord du gouffre, lequel pays était dirigé par son premier Président qui fut le demi-frère d'Amilcar Cabral, en la personne de Luis de Almeida Cabral[219]. Le nouveau Président, impuissant face au schisme entre Cap Verdiens (les cadres du parti) et les Bissau Guinéens, majoritaires, dans l'armée (par l'ethnie balante) crut s'en sortir en renforçant son pouvoir par les premiers. Joao Bernado Vieyra dit Nino profita de la situation pour prendre le devant dans cette contestation. Il devint une alternative, bien qu'étant issu d'une ethnie minoritaire (l'ethnie papel), mais parce qu'ayant combattu aux côtés des combattants balante, ceux-ci lui donnèrent une légitimité qui finit par le porter à la tête du pays, à la suite d'un coup d'Etat militaire le 14 novembre 1980. Son accession au pouvoir conduit au retrait des Cap Verdiens qui finissent par regagner leur pays, le Cap-Vert.

Cependant, les difficultés de la Guinée Bissau n'étaient pas à leur terme puisque les rivalités politiques et ethniques continuèrent. Mais le nouveau Président, pour protéger son fauteuil, renforça les pouvoirs de l'armée et institua presque une dictature. Il manifesta presqu'une paranoïa politique, car soupçonnant presque tous les officiers de l'armée et les cadres civils de velléités de coup d'Etat. Cette situation coûta la vie à un officier de l'armée Paulo Correia avec cinq autres

[219] Gilles Olakounlé Yabi, Rôle de la CEDEAO dans la gestion des crises politiques et des conflits, cas de la Guinée et de la Guinée Bissau, Friedrich Ebert Stiftung, Abuja, 2010, p.12.

militaires, tous de l'ethnie balante. C'est la goutte d'eau qui va déborder le vase, car cet épisode douloureux de la vie politique de ce pays n'a pas été digéré par l'armée en majorité de l'ethnie balante, et qui longtemps après causera la chute du Président Bernado Vieyra.

Le pays manqua de ressources financières pour son développement, les rares ressources existantes sont consacrées à l'armée, alors que les fonctionnaires étaient sans salaires pendant des mois et le service public pratiquement inexistant. Sous la pression de la Banque Mondiale et du Fonds Monétaire International (F.M.I.), le Président fut contraint à des réformes économiques et surtout politiques qui furent à la base de l'instauration du multipartisme et de l'organisation des premières élections démocratiques en Guinée Bissau remportée par le Président. Ces élections révélèrent le parti pour la Rénovation sociale (P.R.S.) de Kumba Yala de l'ethnie balante qui sera l'alternative des mécontents du régime de Vieyra et qui remportera les élections présidentielles et législatives, après une nouvelle et sanglante guerre civile. Celle-ci eut comme source principale l'arrestation du chef d'Etat major, le général Ansoumane Mané, autre figure de la guerre d'indépendance, assigné en résidence surveillée et limogée de ses fonctions, le 6 juin 1988. Une guerre civile féroce opposa alors les partisans de Mané qui exigèrent la démission du Président aux forces loyalistes appuyées par des troupes guinéennes et sénégalaises. Un accord de paix est signé sous la férule de la CEDEAO, le 1er novembre 1998, entre le Président Vieyra et Mané. Malgré l'accord de paix, les forces d'Ansoumane Mané reprirent le combat à partir du 7 mai 1999 et renversèrent le Président Vieyra qui fut contraint à l'exil. Un gouvernement de transition fut installé et celui-ci organisa de nouvelles élections que remporta Kumba Yala. Celui-ci, incapable de faire de véritables réformes économiques et une bonne politique de reconstruction nationale, conduit sonpays à une nouvelle banqueroute économique et finit par être renversé par un coup d'Etat militaire. Le 14 septembre 2003, la saga de la vie politique guinéenne Bissau a continué malgré le coup d'Etat, puisque les Présidents Vieyra et Kumba entretemps bannis de la vie politique nationale réapparaitront sur la scène politique nationale avec de nouvelles tragédies pour ce pays que l'Union africaine et le CEDEAO s'emploieront à résoudre sous l'autorisation et l'appui des Nations Unies.

Section II : Le cadre juridique et institutionnel de prévention, de gestion, de règlement de conflit et de maintien de la paix et de la sécurité par l'Union Africaine et la Communauté Economique des Etats de l'Afrique de l'Ouest (C.E.D.E.A.O.)

L'Union Africaine et la Communauté Economique des Etats de l'Afrique de l'Ouest estiment que pour gagner le pari du développement et accroître le niveau de vie de leurs populations, le maintien de la paix et de la sécurité sur leurs sols respectifs constitue un impératif catégorique et non négociable. C'est pourquoi ces deux institutions se sont dotées d'un arsenal juridique et institutionnel requis, à la hauteur de leurs ambitions. Aussi, le cadre juridique de prévention, de gestion, de règlement de conflit et du maintien de la paix et de la sécurité (Paragraphe I) et le cadre institutionnel des mêmes objectifs (Paragraphe II) méritent-ils d'être appréhendés.

Paragraphe I : Le cadre juridique de prévention, de gestion, de règlement de conflit et du maintien de la paix et de la sécurité en Afrique

L'Union Africaine et la Communauté Economique des Etats de l'Afrique de l'Ouest, se donnant pour boussole la Charte des Nations Unies en matière de développement, de la promotion et de la défense des droits de l'Homme sur fond de paix et de sécurité internationales, n'ont pas manqué, tenant compte de leur propre sociologie d'aller dans la même direction que l'Organisation des Nations Unies. C'est dans cette optique que pour asseoir une société de paix et de sécurité, pour un développement durable de leurs sociétés respectives, elles se sont dotées de textes juridiques requis. Ces textes juridiques ont défini des objectifs et des principes à assouvir pour pouvoir permettre à ces deux entités juridiques et politiques d'atteindre leurs buts.

A- Le cadre juridique de prévention, de gestion et de règlement des conflits de l'Union Africaine (UA)

Tout d'abord, le préambule de l'Acte constitutif de l'Union africaine et celui du traité révisé de la CEDEAO, ont défini la philosophie, l'idéologie et les valeurs profondes auxquelles appartiennent et dont procèdent les deux entités juridiques et politiques. Cette philosophie et ces valeurs sont celles de l'unité, de l'union et de la solidarité sans lesquelles aucune œuvre humaine n'est possible.

Ainsi, le préambule de l'Acte constitutif de l'Union Africaine insiste et prend appui sur le socle du développement identifié et nourri par les pères fondateurs de l'Organisation de l'Unité Africaine à travers des idéaux vers lesquels le continent doit tendre.

C'est pourquoi ce préambule pour être en phase avec ces idéaux énonce tout d'abord ce qui suit : « *Inspirés par les nobles idéaux qui ont guidé les pères fondateurs de notre Organisation continentale et des générations de panafricanistes dans leur détermination à promouvoir l'unité, la solidarité, la cohésion et la coopération entre les peuples d'Afrique et entre les Etats africains* » ; et « *conscients du fait que les fléaux de conflit en Afrique constituent un obstacle majeur au développement socio-économique du continent, et de la nécessité de promouvoir la paix, la sécurité et la stabilité, comme conditions préalables à la mise en œuvre de notre agenda dans le domaine du développement et de l'intégration* », avant que le texte de l'Acte constitutif de l'institution dégage logiquement des objectifs suivants à réaliser sur le continent dont voici quelques-uns :

- réaliser une plus grande unité et solidarité entre les pays africains et entre les peuples d'Afrique ;
- promouvoir la paix, la sécurité et la stabilité sur le continent ;
- promouvoir et protéger les
- droits de l'Homme et des Peuples conformément à la Charte africaine des droits de l'Homme et des peuples et autres instruments pertinents relatifs aux droits de l'Homme ;
- promouvoir le développement durable aux plans économique, social et culturel, ainsi que l'intégration des économies africaines ;
- promouvoir la coopération et le développement dans tous les domaines de l'activité humaine en vue de relever le niveau de vie des peuples africains[220]...

Des principes sur la base desquels ces objectifs dégagés seront atteints jouent le rôle de socle à l'institution, il s'agit :

- de la mise en place d'une politique de défense commune pour le continent africain ;
- du règlement pacifique des conflits entre les Etats membres de l'Union par les moyens appropriés qui peuvent être décidés par la

[220] Article 3 de l'Acte constitutif de l'Union africaine.

- conférence de l'Union ;
- de l'interdiction de recourir ou de menacer de recourir à l'usage de la force entre les Etats membres de l'Union ;
- du droit de l'Union d'intervenir dans un Etat membre sur décision de la Conférence dans certaines circonstances graves à savoir : les crimes de guerre, le génocide et les crimes contre l'humanité ;
- du droit des Etats membres de solliciter l'intervention de l'Union pour restaurer la paix et la sécurité ;
- du respect des principes démocratiques, des droits de l'Homme, de l'état de droit et de la bonne gouvernance ;
- du respect du caractère sacro-saint de la vie humaine et de la condamnation et rejet de l'impunité, des assassinats politiques, des actes de terrorisme et des activités subversives ;
- de la condamnation et du rejet des changements anticonstitutionnels de gouvernement[221]...

Par ailleurs, l'Union africaine a été inspirée et mue par des valeurs de paix et de développement, gage du progrès de toute communauté humaine, et condition sine qua non d'une société où rayonnent les droits de l'Homme et surtout la dignité humaine, substrat fondamental de l'humanité. C'est pourquoi convaincue de la nécessité de création d'une société de paix et par les idéaux de développement, de la solidarité entre les peuples, et de l'unité, l'Union africaine a adopté par la huitième session ordinaire de la Conférence des chefs d'Etat et de gouvernement, le 30 janvier 2007 à Addis-Abeba (Ethiopie), la Charte africaine de la Démocratie, des élections et de la gouvernance : « *Nous, Etats membres de l'Union Africaine (U.A.) ; inspirés par les objectifs et principes énoncés dans l'Acte constitutif de l'Union africaine, en particulier, en ses articles 3 et 4 qui soulignent l'importance de la bonne gouvernance, de la participation populaire, de l'Etat de droit et des droits de l'Homme ; Reconnaissant les contributions de l'Union africaine et des Communautés économiques régionales à la promotion, à la protection, au renforcement et à la consolidation de la démocratie et de la bonne gouvernance ; Réaffirmant notre volonté collective d'œuvrer sans relâche pour*

---

[221] Article 4 de l'Acte constitutif de l'Union africaine. Voir sur la question, Saidou Nourou Tall, Droit des Organisations Internationales Africaines : Théorie générale. Droit communautaire comparé. Droits de l'Homme, paix et sécurité; Harmattan 2015, Paris, 550p.

l'approfondissement et la consolidation de la démocratie, de l'Etat de droit, de la paix, de la sécurité et du développement dans nos pays ; (...) Soucieux d'enraciner dans le continent, une culture d'alternance politique fondée sur la tenue régulière d'élections transparentes, libres et justes, conduites par des organes électoraux nationaux, indépendants, compétents et impartiaux ; Préoccupés par les changements anticonstitutionnels de gouvernement qui constituent l'une des causes essentielles d'insécurité, d'instabilité, de crise et même de violents affrontements en Afrique... »

En outre, les Etats africains ont adopté en 1969, la convention régissant les aspects propres aux problèmes des réfugiés en Afrique. Cette convention permet aux Etats parties de jouer un rôle essentiel dans la protection des gens qui fuient la violation massive de leurs droits en tant que personnes humaines.

De plus, des protocoles additionnels aux textes juridiques originels de l'Union seront adoptés par les Etats membres pour donner plus de visibilité à l'institution dans la prévention, la gestion, le maintien de la paix et de la sécurité, conformément à l'esprit du chapitre VIII de la Charte des Nations Unies. La plupart de ces Protocoles additionnels seront abordés dans le cadre institutionnel de l'Union dans la prévention, la gestion, le maintien de la paix et de la sécurité en Afrique.

B- Le cadre juridique de prévention, de gestion et de règlement des conflits de la Communauté Economique des Etats de l'Afrique de l'Ouest

La Communauté Economique des Etats de l'Afrique de l'Ouest dans son combat pour l'intégration économique de ses Etats membres s'est donnée pour ambition la réalisation des objectifs suivants à travers l'article 3 du traité révisé :

C- « 1. *La communauté vise à promouvoir la coopération et l'intégration dans la perspective d'une Union économique de l'Afrique de l'Ouest en vue d'élever le niveau de vie de ses peuples, de maintenir et d'accroître la stabilité économique, de renforcer les relations entre les Etats Membres et de contribuer au progrès et au développement du continent africain (...)* ».

Ce noble objectif ne peut être atteint par l'institution que sur la base des principes fondamentaux suivants : « Les Hautes parties contractantes, dans la poursuite des objectifs énoncés à l'article 3 du présent traité affirment et déclarent solennellement leur adhésion aux principes fondamentaux suivants :

D- (…) d) non-agression entre les Etats membres ;
E- e) maintien de la paix, de la sécurité et de la stabilité régionales par la promotion et le renforcement des relations de bon voisinage ;
F- f) règlement pacifique des différends entre les Etats Membres, coopération active entre pays voisins et promotion d'un environnement pacifique comme préalable au développement économique ;
G- g) respect, promotion et protection des droits de l'Homme et des Peuples conformément aux dispositions de la Charte africaine des droits de l'Homme et des Peuples.

La mise en œuvre de tous ces objectifs et principes fondamentaux exige une sécurité régionale qui ne peut être obtenue que grâce aux impératifs suivants déclinés par l'article 58 du traité révisé :

H- la préservation et le renforcement des relations propices au maintien de la paix, de la stabilité et de la sécurité dans la région ;
I- la coopération entre les Etats Membresen vue de créer et de renforcer les mécanismes appropriés pour assurer la prévention et la résolution à temps des conflits inter et intra-Etats en mettant particulièrement l'accent sur la nécessité :
J- de recourir, en cas de besoin, à des procédures de conciliation, de médiation et autres modes de règlement pacifique de différends ;
K- de mettre en place un Observatoire régional de paix et de sécurité et le cas échéant des Forces de Maintien de la paix ;
L- de fournir, si nécessaire et à leur demande, une assistance aux Etats Membres en vue d'observer le processus des élections démocratiques…

Par ailleurs, le Protocole audit traité vient en appui à l'article 58 du présent traité révisé dans l'optique de renforcer tout ce dispositif de prévention, de gestion, de règlement de conflit et du maintien de la paix et de la sécurité au sein de la Communauté.

En effet, l'article 58 paragraphe 3 a permis d'adopter le 10 décembre 1999, un protocole additionnel au traité qui a positionné définitivement la CEDEAO dans les opérations de maintien de la paix. C'est le Protocole relatif au mécanisme de prévention, de gestion, de règlement des conflits, de maintien de la paix et de la sécurité : « *Convaincu que la criminalité transfrontalière, la prolifération des armes légères et toutes formes de trafics illicites contribuent au développement de l'insécurité et de l'instabilité et compromettent le développement social et économique de la sous-région.*[222] » Ce protocole fixe à la CEDEAO comme d'ailleurs ses ancêtres qu'il complète, les objectifs suivants : « *La prévention, la gestion des conflits internes dans les conditions prévues au paragraphe 46 du cadre du Mécanisme entériné par la Décision A/DEC.11/10/98 du 31 octobre 1998, ainsi que des conflits inter-Etats ; le renforcement de la coopération dans les domaines de la prévention des conflits, de l'alerte précoce, des opérations de maintien de la paix, de la lutte contre la criminalité transfrontalière, le terrorisme international, la prolifération des armes légères, et les mines anti-personnelles ; le maintien et la consolidation de la paix, de la sécurité et de la stabilité au sein de la communauté ; la promotion d'une coopération étroite entre les Etats membres dans les domaines de la diplomatie préventive et du maintien de la paix ; la mise en œuvre des dispositions pertinentes de l'article 58 du traité révisé de la CEDEAO.*[223] »

Deplus, les conflits ayant généralement pour source, la mauvaise gestion du pouvoir et une dévolution mal encadrée du pouvoir à la tête de l'Etat, sans oublier la violation de la constitution, des droits de l'Homme et des libertés publiques, la Communauté Economique des Etats de l'Afrique de l'Ouest, en vue de promouvoir la paix, la sécurité et la stabilité, a fait adopter le 21 décembre 2001 par ses Etats membres, le Protocole sur la démocratie et la bonne gouvernance, additionnel au Protocole relatif au Mécanisme de prévention, de

---

[222] Disposition préambulaire du Protocole additionnel au Traité.

[223] Voir l'article 3 du protocole de la CEDEAO relatif au Mécanisme de prévention, de gestion, de règlement des conflits, de maintien de la paix et de la sécurité.
Voir également sur la question, Saidou Nourou Tall, Droit des Organisations Internationales Africaines : Théorie générale. Droit communautaire comparé. Droits de l'Homme, paix et sécurité; Harmattan 2015, Paris, 550p.

gestion, de règlement des conflits, de maintien de la paix et de la sécurité. Il est un complément ou un renforcement d'un autre Protocole du 10 décembre 1999 dans le domaine de la « *prévention des crises intérieures, de la démocratie, de la bonne gouvernance, de l'Etat de droit, des droits de la personne* ». Le Protocole a pour objectif de favoriser l'édification du constitutionnalisme au sein de la Communauté.

Paragraphe II : Le cadre institutionnel de prévention, de gestion, de règlement de conflit et du maintien de la paix et de la sécurité

Le cadre institutionnel de prévention, de gestion et de règlement des conflits, se décline en deux volets : premièrement, le cadre institutionnel de prévention, de gestion et de règlement des conflits de l'Union africaine (A) et deuxièmement, le cadre institutionnel de prévention, de gestion et de règlement des conflits de la Communauté Economique des Etats de l'Afrique de l'Ouest (CEDEAO) (B).

A- le cadre institutionnel de prévention, de gestion de règlement des conflits et du maintien de la paix et de la sécurité par l'Union Africaine

L'Union Africaine, pour réussir sa mission dans la prévention, la gestion et le règlement des conflits, s'est dotée d'un organe important par le canal du protocole relatif à la création du Conseil de paix et de sécurité. Dans ses dispositions préambulaires, le protocole a rappelé les raisons profondes de la création du Conseil de paix et de sécurité au nombre desquelles l'on peut retenir les arguments suivants :

« *(...) Rappelant la Déclaration sur la création au sein de l'Organisation de l'Unité Africaine (OUA), d'un mécanisme pour la prévention, la gestion et le règlement des conflits, adoptée par la 29e session ordinaire de la Conférence des chefs d'Etat et de gouvernement, tenue au Caire (Egypte), du 28 au 30 juin 1993 ;(...) Ayant à l'esprit les dispositions de la Charte des Nations Unies conférant au Conseil de sécurité, la responsabilité principale du maintien de la paix et de la sécurité internationales, ainsi que celles relatives au rôle des accords et organismes régionaux dans le maintien de la paix et de la sécurité internationales et la nécessité de mettre en place un partenariat plus étroit entre les Nations Unies, les autres organisations internationales et l'Union africaine, dans la promotion et le maintien de la paix, de la sécurité et de la stabilité en Afrique ; (...)*

Rappelant les décisions AHG/Dec.141 (XXXV) et AHG/Dec.142 (XXXV) de la réunion sur les changements anticonstitutionnels de gouvernement, tenue à Alger (Algérie), du 12 au 14 juillet 1999, et la Déclaration AHG/Dec 1.5 (XXXVI) sur le cadre pour une réaction de l'OUA aux changements anticonstitutionnels de gouvernement, adoptée par la 36e session ordinaire de la Conférence des chefs d'Etat et de gouvernement, tenue à Lomé (Togo), du 10 au 12 juillet 2000 ; (...)

Préoccupés par les conflits armés qui continuent de sévir en Afrique et par le fait qu'aucun facteur interne n'a autant contribué au déclin socio-économique du continent et aux souffrances des populations civiles que le fléau des conflits au sein de nos Etats et entre nos Etats ;

Préoccupés également par le fait que les conflits ont contraint des millions de personnes, y compris des femmes et des enfants, à prendre le chemin de l'exil et à devenir des réfugiés et des personnes déplacées, privées de tout moyen de subsistance, de dignité humaine et d'espoir ;

Préoccupés en outre par le fléau des mines terrestres sur le continent et rappelant à cet égard, le Plan d'Action sur la transformation de l'Afrique en une zone exempte de mines, adoptée par la première conférence continentale des experts africains sur les mines anti-personnelles, tenue à Kempton Park (Afrique du Sud), du 17 au 19 mai 1997, et entérinée par la 66e session ordinaire du Conseil des ministres, tenue à Hararé (Zimbabwé), du 26 au 30 mai 1997, ainsi que les décisions subséquentes adoptées par l'OUA sur cette question ;

Egalement préoccupés par l'impact de la prolifération, de la circulation et du trafic illicites des armes légères et de petit calibre sur la paix et la sécurité en Afrique, ainsi que sur les efforts visant à améliorer les conditions de vie des peuples africains (...) ». C'est sur la base de ces arguments que le Conseil de paix et de sécurité a été établi par ce protocole, conformément à l'article 5 (2) de l'Acte constitutif, institution considérée comme un organe de décision permanent pour la prévention, la gestion et le règlement des conflits.

Le Conseil de paix et de sécurité constitue un système de sécurité collective et d'alerte rapide visant à permettre une réaction rapide et efficace aux situations de conflit et de crise en Afrique.

D'autres organismes appuient le Conseil, notamment la Commission, le groupe de sages, ainsi que le système continental d'alerte rapide, une force africaine prépositionnée et un Fonds spécial.

Ce conseil de sécurité et de paix, véritable dispositif institutionnel en Afrique pour la prévention, la gestion et le règlement des conflits, poursuit beaucoup d'objectifs qui sont les suivants :

M- la promotion de la paix, la sécurité et la stabilité en Afrique, en vue d'assurer la protection et la préservation de la vie et des biens, le bien-être des populations africaines et leur environnement, ainsi que la création des conditions propices à un développement durable ;
N- l'anticipation et la prévention des conflits ;
O- le rétablissement et la consolidation de la paix en cas d'éclatement des conflits en vue de la facilitation du règlement de ces conflits ;
P- la promotion et la mise en œuvre des activités de consolidation de la paix et de reconstruction après les conflits pour la consolidation de la paix et la prévention de la résurgence de la violence ;
Q- la coordination et l'harmonisation des efforts du continent dans la prévention et la lutte contre le terrorisme international sous tous ses aspects ;
R- l'élaboration d'une politique de défense commune de l'Union, conformément à l'article 4(d) de l'Acte constitutif ;
S- la promotion et l'encouragement des pratiques démocratiques, la bonne gouvernance et l'état de droit, la protection des droits de l'Homme et des libertés fondamentales, le respect du caractère sacré de la vie humaine, ainsi que du droit international humanitaire, dans le cadre des efforts de prévention des conflits. Il faut préciser que les principes qui gouvernent le Conseil de sécurité et de paix sont ceux contenus et énoncés dans l'Acte constitutif de l'Union, la Charte des Nations Unies et la Déclaration universelle des droits de l'Homme du 10 décembre 1948.

Composé de quinze membres, le Conseil de paix et de sécurité de l'Union africaine a plusieurs fonctions, notamment en matière de la promotion de la paix, de la sécurité et de la stabilité en Afrique, en matière d'alerte rapide et de diplomatie préventive. Il assure aussi les fonctions de rétablissement de la paix, y compris les bons offices, la médiation et l'enquête[224]...

Par ailleurs, conjointement avec le Président de la Commission, il intervient en matière de prévention, de gestion et de règlement des conflits[225].

L'autre institution s'impliquant dans la prévention, la gestion et le règlement des conflits, reste le Président de l'Union africaine qui a pour charge d'attirer l'attention du Conseil de paix et de sécurité sur toute affaire qui, à son avis, pourrait mettre en danger la paix, la sécurité et la stabilité sur le continent. Il a pour tâche aussi d'attirer l'attention du Groupe des sages sur toute affaire qui, selon lui, mérite leur attention.

De sa propre initiative, le Président de l'Union africaine ou à la demande du Conseil de paix et de sécurité doit par le canal de ses propres bons offices ou par celui d'envoyés spéciaux, de représentants spéciaux, du Groupe des sages ou des Mécanismes régionaux, assurer la prévention, la gestion et le règlement des conflits. En outre, le Président est assisté par le commissaire chargé des questions de paix et de sécurité.

Un autre maillon de la chaîne de prévention, de gestion et de règlement des conflits de l'Union africaine, est le système continental d'alerte rapide[226]. L'outil de mise en œuvre de tous ces objectifs est la Force africaine prépositionnée qui permet de déployer des missions d'appui à la paix en vue d'intervenir conformément à l'article 4(h) et (j) de l'acte constitutif. Le fonds de la paix est le bras financier de ce dispositif institutionnel. Aux termes de l'article 21 du Protocole, le Fonds de la paix est créé « *en vue de fournir au Conseil de paix et de sécurité les ressources financières nécessaires, pour les missions de soutien à la paix et d'autres activités opérationnelles liées à la paix et à la sécurité* ».

---

[224] Article 6 du Protocole.

[225] Article 7 du Protocole. Voir aussi, Saidou Nourou Tall, Droit des Organisations Internationales Africaines : Théorie générale. Droit communautaire comparé. Droits de l'Homme, paix et sécurité; Harmattan 2015, Paris, 550p.

[226] Article 12 du Protocole.

Les Mécanismes régionaux, autres outils de l'Union africaine s'impliquent dans le processus de la prévention, la gestion et le règlement des conflits. Aux termes de l'article 16 du protocole, « *les Mécanismes régionaux font partie intégrante de l'architecture de sécurité de l'Union, qui assume la responsabilité principale pour la promotion de la paix, de la sécurité et de la stabilité en Afrique* ».

B- le cadre institutionnel de prévention, de gestion de règlement des conflits et du maintien de la paix et de la sécurité par la Communauté Economique des Etats de l'Afrique de l'Ouest (CEDEAO)

La Communauté Economique des Etats de l'Afrique de l'Ouest dans le cadre du chapitre VIII de la Charte des Nations Unies fait partie du dispositif institutionnel de prévention, de gestion et de règlement des conflits armés. C'est la raison pour laquelle pour une paix durable sur le territoire qui est sous sa juridiction, elle s'est dotée d'un dispositif institutionnel impressionnant en vue d'assurer le bien-être des populations et l'intégration économique des Etats de la sous-région. Dans ce cadre, elle s'est dotée en décembre 1999 d'un protocole relatif au Mécanisme de prévention, de gestion et de règlement des conflits. Ce protocole a défini le rôle d'une institution, pilier du dispositif de la prévention, de gestion et de règlement des conflits dans la Communauté, la Conférence des chefs d'Etat et de gouvernement : « *La Conférence des chefs d'Etat et de gouvernement est la plus haute instance de décision dans le cadre des questions se rapportant à la prévention, à la gestion et au règlement des conflits, au maintien de la paix et de la sécurité, à l'assistance humanitaire, à la consolidation de la paix, à la lutte contre la criminalité transfrontalière et la prolifération des armes légères, ainsi que toutes les autres questions couvertes par les dispositions du Mécanisme.* »

D'autres institutions viennent en appui à la Conférence des chefs d'Etat et de gouvernement, notamment le Conseil de Médiation et de Sécurité (CMS) auquel la Conférence délègue le pouvoir de prendre en son nom des décisions en vue d'assurer la mise en œuvre appropriée des dispositions du mécanisme de prévention, de gestion, de règlement des conflits de maintien de la paix et de la sécurité (Articles 6 et 7).

Aux termes de l'article 10, chapitre II du Protocole, le Conseil de Médiation et de Sécurité doit décider et mettre en œuvre les politiques de prévention, de gestion, de règlement des conflits, de maintien de la paix et de la sécurité ; autorise toutes les formes d'intervention et décide, notamment du déploiement des missions politiques et militaires ; approuve les mandats et les termes de références de ces missions ; révise périodiquement ces mandats et termes de référence en fonction de l'évolution de la situation ; et sur recommandation du secrétaire exécutif de la CEDEAO, nomme le représentant spécial du Secrétaire exécutif et le Commandant de la Force (en cas de déploiement d'une mission militaire dans un Etat membre[227].

Aux termes de l'article 15, chapitre II du Protocole, le Secrétaire exécutif de la CEDEAO peut prendre des mesures « *qui peuvent prendre la forme de missions d'enquête, de médiation, de facilitation, de négociation et de réconciliation des parties en conflit* ». Ce Secrétaire exécutif est assisté dans l'exercice de ses fonctions du secrétaire exécutif adjoint chargé des Affaires politiques, de défense et de sécurité, dénommé depuis janvier 2007, le Commissaire chargé des Affaires politiques, de la paix et de la sécurité.

Le chapitre III du Protocole a institué d'autres organes de soutien au Conseil de Médiation et de Sécurité (CMS) et au Secrétariat exécutif au nombre desquels on peut citer la Commission de Défense et de Sécurité, le Conseil des sages et le Groupe de contrôle du cessez-le-feu de la Communauté.

La Commission a pour rôle principal d'étudier les aspects techniques et administratifs, d'évaluer et de déterminer les besoins en logistique dans le cadre des opérations de maintien de la paix.

Le Conseil des sages composé d'éminentes personnalités a pour rôle de régler les conflits par des moyens pacifiques et diplomatiques, notamment les bons offices, la médiation, la conciliation et même par l'arbitrage.

L'autre institution emblématique du système de prévention, de gestion, de règlement de conflit, de maintien de la paix et de sécurité est l'ECOMOG. Institution multidimensionnelle, l'ECOMOG assure

---

[227] Gilles Olakounlé Yabi, Rôle de la CEDEAO dans la gestion des crises politiques et des conflits, cas de la Guinée et de la Guinée Bissau, Ibiden.

plusieurs missions au nombre desquelles on peut citer les missions d'observation et de suivi de la paix, des opérations de maintien et rétablissement de la paix, des missions d'appui aux actions humanitaires, des missions de vérification de l'application de sanctions y compris les embargos, des déploiements préventifs, des opérations de consolidation de la paix, de désarmement et de démobilisation, des activités de police relevant notamment de la lutte contre la fraude et le crime organisé, et toutes autres opérations qui peuvent être ordonnées par le Conseil de Médiation et de Sécurité[228].

Par ailleurs, un système d'observation de la paix et de la sécurité sous-régionale appelé « pré alerte » ou « le système » complète l'arsenal institutionnel de la CEDEAO dans la prévention, la gestion, le règlement des conflits, et le maintien de la paix et de la sécurité.

Paragraphe III : Des observations relatives au cadre juridique et institutionnel de prévention, de gestion, de règlement de conflit et du maintien de la paix et de la sécurité en Afrique et dans la Communauté

Les actions de la CEDEAO avaient été contestées au départ puisque considérées par l'opinion comme étant illégales. Elle était intervenue au Libéria et en Sierra-Léone sur la base des textes juridiques originels qui régissaient ses activités. Ces textes juridiques ne traitaient que de l'intégration économique de ses Etats membres, et non des actions de maintien de la paix. Elle s'est rattrapée en donnant un caractère légal à ses interventions par le canal du traité de 1993 et le protocole de 1999.

Mieux, les actions de la CEDEAO en matière de maintien de la paix sont compatibles avec la Charte des Nations Unies, au point qu'elle peut être considérée comme un organisme entrant dans le moule des « accords et organismes régionaux » prévus par le chapitre VIII de la Charte de l'Organisation des Nations Unies, parce qu'elle a des compétences en matière de paix et de sécurité, laquelle matière se trouve être l'une des attributions majeures de l'Organisation universelle. C'est dire qu'une organisation régionale voulant accomplir de façon décentralisée les mêmes activités que les

[228] Docteur Gilles Olakounlé Yabi, *Rôle de la CEDEAO dans la gestion des crises politiques et des conflits, cas de la Guinée et de la Guinée Bissau*, Ibiden.

Nations Unies, doit réunir des critères de compatibilité avec la Charte des Nations Unies, à travers son chapitre VIII. C'est d'ailleurs la raison pour laquelle Ugo Villani estime qu'« *il faut donc que ces organisations soient compatibles avec les buts et les principes de la Charte, non seulement dans leurs statuts, mais dans leur comportement concret : si une organisation, en trahissant par son comportement son statut, se trouvait en opposition avec les buts et les principes de la Charte, elle ne serait plus admissible au sens de l'article 52, paragraphe 1* »[229].

L'Union Africaine dès sa création à la différence de la CEDEAO répond aussi à la catégorie d'organismes régionaux entrant dans les critères établis par la Charte des Nations Unies, à travers son chapitre VIII. En effet, l'institution africaine a prévu dans son statut dès sa création les objectifs et les principes prévus par la Charte. Ce qui lui permet de s'investir sans hésiter sous l'autorisation du Conseil de sécurité, dans les opérations de maintien de la paix et de la sécurité sur son sol. C'est la raison pour laquelle les interventions de cette institution en matière de maintien de la paix n'ont souffert d'aucune critique puisque considérées comme se trouvant sur un terrain qui lui est naturel. En cela les principes et les buts des deux institutions sont d'une parenté remarquable.

En termes d'observation relativement à l'Acte constitutif de l'Union Africaine, il faut signaler qu'il reconnaît dans ses dispositions à l'image de la Charte des Nations Unies et de celle de l'Organisation de l'Unité Africaine (OUA), l'égalité souveraine des Etats et leur interdépendance qui nécessite subséquemment la coopération entre les Etats membres de ces différents organismes.

L'Acte constitutif de l'Union reconnaît comme ses ancêtres que sont la Charte des Nations Unies et celle de l'Organisation de l'Unité Africaine, la non-ingérence d'un Etat membre dans les affaires intérieures d'un autre Etat membre.

Il se rapproche également de la Charte des Nations Unies qui dans le cadre des chapitres VI, VII et même VIII, autorise la violation du principe de non-ingérence au profit du devoir d'ingérence ou du droit

[229] U. Villani, Les rapports entre l'ONU et les organisations régionales dans le domaine du maintien de la paix, RCADI, 2001, p.225 et sv.

d'ingérence, en bref au profit de la responsabilité de protéger qui doit être assurée en cas de violations massives des droits de l'Homme, généralement perpétrées en cas de conflit armé.

En revanche, l'Acte constitutif de l'Union Africaine marche à rebours, c'est-à-dire à contresens de la Charte de l'Organisation de l'Unité Africaine, en admettant le principe du droit d'intervention en cas de difficultés sérieuses, notamment les circonstances graves et le changement anticonstitutionnel de gouvernement ; ce qui signifie que la non-ingérence dans le droit de l'Union est un principe relatif.

Section III : Les actions de l'Union Africaine et de la Communauté Economique des Etats de l'Afrique de l'Ouest

Les actions de ces deux institutions en matière de prévention ou de gestion de crise ou même de maintien de la paix sont variées. Un rappel de certaines d'entre elles pourrait édifier l'opinion. Les actions de l'Union Africaine (Paragraphe I) et celles de la Communauté Economique des Etats de l'Afrique de l'Ouest (Paragraphe II) sont l'essentiel de la présente section.

Paragraphe I : Quelques actions de l'Union Africaine (U.A.)

Comme il a été précisé plus haut, par sa décision AHG/dec. 160 (XXXVII), le sommet de Lusaka tenu en juillet 2001 était le lieu et le cadre juridique de la création au sein de l'Union africaine du Conseil de paix et de sécurité. Au sens de l'article 52 de la Charte des Nations Unies, celles-ci peuvent compter sur l'Union africaine dans la prévention, la gestion, la résolution des conflits, le maintien de la paix et de la sécurité. Cette relation de confiance des Nations Unies, vis-à-vis de l'Organisation de l'Unité Africaine (OUA) se fait implicitement sentir à travers la Résolution 199 (1964) du Conseil de sécurité. Cette Résolution est d'ailleurs une reconnaissance de l'Organisation de l'Unité Africaine (OUA), par les Nations Unies et une légitimation des actions de celle-ci sur le terrain de la prévention, de la gestion, de la résolution des conflits, du maintien de la paix et de la sécurité. C'est pourquoi, dès 1964, suite à la crise en République démocratique du Congo, le statut de l'Organisation de l'Unité Africaine a été défini par cette Résolution : « *Convaincu que l'Organisation de l'unité africaine doit pouvoir aider, dans le cadre de l'article 52 de la Charte des Nations Unies, à trouver une solution pacifique à tous les problèmes et différends qui affectent la paix et la sécurité sur le continent africain* »[230]. Ce statut a été réaffirmé par les Nations Unies en 2008 par le truchement de la Résolution 1809 (2008) du Conseil de sécurité, Résolution aux termes de laquelle, « *le Conseil de sécurité se félicite des efforts que fait l'Union africaine pour renforcer ses capacités de maintien de la paix, entreprendre des opérations de maintien de la paix sur le continent, conformément au chapitre VIII de la Charte des Nations Unies, et pour agir en coordination avec l'ONU, par l'intermédiaire du Conseil de paix et de sécurité de l'Union africaine, ainsi que des efforts tendant à mettre en place un système d'alerte rapide à l'échelle du continent, une capacité d'intervention comme la force africaine en attente et une capacité de médiation renforcée, notamment par l'institution du Groupe des Sages* »[231].

Mieux, ce renforcement de la capacité de maintien de la paix salué par les Nations Unies à travers la résolution sus-citée se concrétise davantage par l'Union africaine qui n'a pas manqué de créer aux termes de l'article 16 du Protocole relatif à la création du Conseil de paix et de sécurité, des Mécanismes régionaux de gestion et de résolution des conflits : « *Les Mécanismes régionaux font partie intégrante de l'architecture de sécurité de l'Union, qui assume la responsabilité principale pour la promotion de la paix, de la sécurité et de la stabilité en Afrique.*[232] » Et comme le soutient et l'écrit Moussa Ouoba, « *dans la mesure où c'est l'Union africaine qui assume la responsabilité principale pour la promotion de la paix, de la sécurité et de la stabilité en Afrique, les organismes sous-régionaux, dont la CEDEAO, sont pour l'Union africaine, ce que les organismes et les Etats sont pour le Conseil de sécurité de l'ONU* »[233]. C'est pourquoi le Protocole prescrit une coopération étroite entre ses mécanismes et ceux des organismes sous-régionaux. D'ailleurs, les signataires du Protocole relatif au mécanisme de prévention, de gestion, de règlement de conflit, de maintien de la paix et de la sécurité, en prévoyant que dans le « *cadre de la poursuite de*

---

[230] Voir préambule de la Résolution 199 (1964) du Conseil de sécurité.

[231] S/RES 1809 (2008), Paragraphe 4.

[232] Article 16 du Protocole relatif à la création du Conseil de paix et de sécurité de l'Union africaine.

[233] Moussa Ouoba, *La CEDEAO et le chapitre VIII de la Charte des Nations Unies ; Aspects récents du maintien de la paix et de la sécurité en Afrique de l'Ouest*, op.cit., p52.

ses objectifs, la CEDEAO coopérera avec l'OUA »[234], subordonnent celle-ci à l'Union. C'est la raison pour laquelle la plupart des actions de maintien de paix ou de résolution des conflits de la CEDEAO sont faites sous l'empire de l'Union africaine ; ou bien les deux institutions mènent très fréquemment des activités conjointes de prévention, de gestion, de résolution de conflit, de maintien de la paix et de la sécurité.

La preuve, le Président en exercice de l'Union Africaine a dépêché un envoyé spécial, au lendemain de la contestation de la victoire de Nino Vieyra en Guinée Bissau, après le second tour des élections organisées le 24 juillet 2005. Il s'agit du Président cap-verdien, Pedro Rodriguez Pires qui a œuvré pour que les contestations relatives au scrutin se fassent sur la base du droit. Cette action de l'Union africaine est conjointe avec celle de la CEDEAO sur la même question, c'est-à-dire le second tour des élections présidentielles de 2005 en Guinée Bissau. Ces deux institutions se sont investies directement dans une action de diplomatie préventive à travers l'organisation d'une mission conjointe qu'elles ont assurée : le 21 mai 2005, le Président Olusegun Obasanjo du Nigéria (Président en exercice de l'Union africaine à l'époque), le Président Mamadou Tandja du Niger (Président en exercice de la CEDEAO dans la période), le Président Abdoulaye Wade du Sénégal, le Premier ministre guinéen Cellou Diallo, le Secrétaire exécutif de la CEDEAO, Mohamed Ibn Chambas, se sont rendus à Bissau, pour encourager tous les candidats au respect des règles du jeu électoral et des résultats des élections[235]. Il faut préciser que les actions conjointes en faveur de la paix par ces deux organismes africains sont des plus fréquentes.

Paragraphe II : Quelques actions de la Communauté Economique des Etats de l'Afrique de l'Ouest

La Communauté Economique des Etats de l'Afrique de l'Ouest (CEDEAO) s'est beaucoup investie dans la prévention, la gestion, le règlement, le maintien de la paix et de la sécurité depuis sa création. Elle est intervenue dans nombre de crises en aidant à la signature des

---

[234] Article 52 du Protocole de la CEDEAO relatif au Mécanisme de prévention, de gestion, de règlement des conflits, de maintien de la paix et de la sécurité.
[235] Docteur Gilles Olakounlé Yabi, *Rôle de la CEDEAO dans la gestion des crises politiques et des conflits, cas de la Guinée et de la Guinée Bissau*, op.cit., p.22.

accords de paix, après l'obtention de la signature d'un accord de cessez-le-feu. Intervenant dans le cadre juridique tracé par les Nations Unies au chapitre VIII, et s'appuyant sur ce cadre pour se doter de textes juridiques et d'institutions complémentaires propres à elle-même, la Communauté Economique des Etats de l'Afrique de l'Ouest parvient et surtout réussit de temps en temps à prévenir, gérer, régler les conflits et à maintenir la paix et la sécurité. Ce qui lui vaut très souvent les encouragements du Conseil de sécurité, conformément à l'article 52 de la Charte. Quelques exemples pourraient être ici édifiants : six mois, après le début de la guerre civile au Libéria, en janvier 1991, par voie de déclaration, le Conseil de sécurité s'est félicité des « *efforts entrepris par les chefs d'Etat et de gouvernement de la CEDEAO afin de promouvoir la paix et la normalité au Libéria* »[236] ;

Une résolution du 1er août 2003 a permis au Conseil de sécurité d'exprimer officiellement sa satisfaction relative aux actions de la CEDEAO en matière de processus de paix au Libéria : le conseil est satisfait « *du rôle de premier plan joué par la Communauté Economique des Etats de l'Afrique de l'Ouest (CEDEAO), notamment par son président, le Président Kufuor du Ghana (...) et conscient du rôle crucial que la Communauté a joué et continuera nécessairement de jouer dans le processus de paix au Libéria, conformément au chapitre VIII de la Charte des Nations Unies* »[237].

Le Conseil de sécurité a accompagné l'action pacificatrice de la CEDEAO dans la résolution du conflit libérien en nommant un représentant spécial du Secrétaire général en novembre 1992, en déployant une mission du Conseil dans la sous-région en octobre 2000, dans le cadre de la crise en Sierra-Léone[238].

---

[236] S/22133 du 22 janvier 1991.

[237] S/RES/1497 (2003), cité par Moussa Ouoba, *La CEDEAO et le chapitre VIII de la Charte des Nations Unies ; Aspects récents du maintien de la paix et de la sécurité en Afrique de l'Ouest* (Mémoire de Master2, Recherche droit international public), sous la direction de Stéphane Doumbé-Billé, Professeur à l'Université Jean Moulin Lyon 3, directeur du Centre de Droit International, p.45.

[238] Moussa Ouoba, *La CEDEAO et le chapitre VIII de la Charte des Nations Unies ; Aspects récents du maintien de la paix et de la sécurité en Afrique de l'Ouest*, op.cit., p45.

Dans le cadre de la crise malienne, le Conseil de sécurité était satisfait de « *la désignation par le secrétaire général, d'un envoyé spécial pour le Sahel, chargé de mobiliser la communauté internationale en faveur du Sahel, de coordonner la mise en œuvre de la stratégie intégrée des Nations Unies pour le Sahel et de définir concrètement les paramètres d'une solution globale à la crise malienne* »[239].

Relativement au conflit ivoirien, les Nations Unies ont adhéré à l'accord de paix signé par les acteurs et les forces politiques ivoiriens, à Linas-Marcoussis le 24 janvier 2003 (S/2003/99) (« L'accord de Linas-Marcoussis »), approuvé par la conférence des chefs d'Etats et de gouvernement de la CEDEAO[240].

De plus, en Guinée Bissau, elle a joué un rôle clé dans la longue crise qui a plongé le pays dans un chaos indescriptible. Cette guerre civile qui avait connu la participation des armées du Sénégal et de la Guinée aux côtés de l'armée régulière contre les rebelles a fait rage entre 1997 et 1998. Mais la CEDEAO, grâce à une médiation qu'elle a menée sous la présidence du Président togolais Gnassingbé Eyadema, parvient à obtenir la signature de l'accord d'Abuja qui avait permis la cessation des hostilités et le déploiement des premiers contingents de l'ECOMOG dans une période de marasme économique qui frappait toute la sous-région ouest-africaine, y compris l'institution de la CEDEAO.

A partir de 2004, la CEDEAO après s'être retirée au profit des Nations Unies en 1999 revient en Guinée Bissau où elle octroie une aide de 500.000 dollars US destinée au paiement d'une partie des arriérés de soldes dus aux militaires. Ce retour devrait s'accompagner d'une présence permanente de la CEDEAO dans ce pays, à travers la nomination d'un Représentant spécial du Secrétaire exécutif en vue d'aider les autorités nationales dans la construction de la paix sur toute l'étendue du territoire Bissau guinéen. La CEDEAO a aux côtés des

---

[239] S/RES/2071 (2012) du 12 octobre 2012, cité par Moussa Ouoba in, *La CEDEAO et le chapitre VIII de la Charte des Nations Unies ; Aspects récents du maintien de la paix et de la sécurité en Afrique de l'Ouest*, op.cit., p45.

[240] S/RES/1464 (2003) du 4 février 2003, cité par Moussa Ouoba in, *La CEDEAO et le chapitre VIII de la Charte des Nations Unies ; Aspects récents du maintien de la paix et de la sécurité en Afrique de l'Ouest*, op.cit., p45.

Nations Unies contribué à « *apaiser les tensions autour de l'élection présidentielle de juin-juillet 2005 en Guinée Bissau* »[241].

En outre, la CEDEAO, après le retour de l'ordre constitutionnel en Guinée Bissau, décide de soutenir ce pays dans nombre de domaines de la vie socio-économique du pays. C'est pourquoi le Secrétaire exécutif de l'institution communautaire a dépêché dans ce pays, une mission d'information pour que celle-ci puisse s'informer des progrès à faire et de l'aide à apporter à ce pays dans les domaines sécuritaire, social, humanitaire et même politique, conformément au Protocole sur le Mécanisme de prévention, de gestion et de résolution des conflits, qui prévoit de telles contributions de la part de la CEDEAO[242]. C'est dans cet esprit que par exemple, la CEDEAO et le Nigéria sont venus en aide au gouvernement de Guinée Bissau dans le paiement de salaire des agents de la fonction publique Bissau guinéenne. Le Nigéria a débloqué une aide financière d'urgence de 2,5 millions de dollars, tandis que la CEDEAO débloque quant à elle 1,5 million de dollars[243].

De plus la drogue, l'un des fléaux qui affaiblissent la Guinée Bissau a été contrée par la CEDEAO qui a organisé dans la période une conférence internationale sur le trafic de drogue à Praia au Cap-Vert. La réforme du secteur de la sécurité n'est pas occultée. Mieux, en mai 2007, la CEDEAO a approuvé une enveloppe financière de 2 millions de dollars pour un projet de réinsertion d'une trentaine d'officiers supérieurs de l'armée Bissau guinéenne dans l'agriculture[244].

Par ailleurs, certaines actions de la CEDEAO ont été conduites conjointement par la CEDEAO elle-même et les Nations Unies ou d'autres organismes régionaux. C'est une forme de coopération qui a vu le jour par le truchement de la crise libérienne et qui s'est étendue aux nouvelles crises qui ont secoué la sous-région ouest-africaine, notamment les crises ivoirienne, sierra-léonaise et même guinéenne Bissau. Dans ces exemples de crises cités, où la CEDEAO intervient

[241] Docteur Gilles Olakounlé Yabi, *Rôle de la CEDEAO dans la gestion des crises politiques et des conflits, cas de la Guinée et de la Guinée Bissau*, op.cit., p.22.
[242] Docteur Gilles Olakounlé Yabi, *Rôle de la CEDEAO dans la gestion des crises politiques et des conflits, cas de la Guinée et de la Guinée Bissau*, op.cit., p.26.
[243] Docteur Gilles Olakounlé Yabi, *Rôle de la CEDEAO dans la gestion des crises politiques et des conflits, cas de la Guinée et de la Guinée Bissau*, op.cit., p.26.
[244] Docteur Gilles Olakounlé Yabi, *Rôle de la CEDEAO dans la gestion des crises politiques et des conflits, cas de la Guinée et de la Guinée Bissau*, op.cit., p.26.

principalement souvent par l'intermédiaire de l'ECOMOG, avant d'être rejointe par les Nations Unies, les missions de celles-ci reçoivent un mandat subsidiaire et/ou complémentaire à celui de l'ECOMOG.

Pour le Libéria, la Résolution du Conseil de sécurité portant création de la mission d'observation des Nations Unies au Libéria permet au Conseil de sécurité de tirer les conclusions suivantes au sujet de la Mission des Nations Unies pour le Libéria. En effet, le Conseil de sécurité estime que la « *MONUL serait la première mission de maintien de la paix que l'Organisation des Nations Unies entreprendrait en coopération avec une mission de maintien de la paix déjà mise sur pied par une autre organisation en l'espèce, la CEDEAO* »[245].

La mission d'observation des Nations Unies en Sierra-Léone (MONUSIL), créée en juillet 1998, s'inscrit dans la même logique que la MONUL. Cette coopération entre les Nations Unies et la CEDEAO à travers des missions conjointes a amené le Secrétaire général des Nations Unies, monsieur Boutros Boutros Ghali, à affirmer que si cette forme de coopération aboutit, elle pourrait « *ouvrir la voie à une nouvelle division du travail entre l'ONU et les organisations régionales, dans le cadre de laquelle, celles-ci accompliraient l'essentiel de la tâche en bénéficiant de l'appui d'une opération de petite envergure des Nations Unies qui permettrait de vérifier que la mission se déroule d'une manière conforme aux positions adoptées par le Conseil* »[246].

[245] S/RES/886 (1993) du 22 septembre 1993), cité par Moussa Ouoba in, *La CEDEAO et le chapitre VIII de la Charte des Nations Unies ; Aspects récents du maintien de la paix et de la sécurité en Afrique de l'Ouest*, op.cit., p45.
[246] Boutros Ghali, Agenda pour la paix. Diplomatie préventive de la paix, maintien de la paix, 31 janvier 1992 ; cité par Moussa Ouoba in, *La CEDEAO et le chapitre VIII de la Charte des Nations Unies ; Aspects récents du maintien de la paix et de la sécurité en Afrique de l'Ouest*, op.cit., p45.

Paragraphe III : La coopération militaire et les autres organismes humanitaires présents

Les forces africaines ou celles de la Communauté Economique des Etats de l'Afrique de l'Ouest ont des rapports étroits de coopération avec d'autres forces engagées dans le maintien de la paix et de la sécurité internationales, notamment dans la région ouest-africaine. Il s'agit par exemple de l'opération Licorne, une force d'interposition française qui est bâtie sur les accords de défense du 24 août 1961, signés entre la France et la Côte-d'Ivoire. Cette force française Licorne a étroitement travaillé avec les Forces de la CEDEAO appelée ECOFORCE (Mission de la CEDEAO en Côte-d'Ivoire), au point que la coopération militaire entre ces deux forces a été saluée par le Conseil de sécurité, qui dans une résolution, notamment la résolution 1479 de 2003 implora « *les forces de la CEDEAO et les forces françaises dans l'exécution de leur mandat conformément à la résolution 1464 (2003), de continuer de travailler en étroite consultation avec le Représentant spécial et le comité de suivi et de continuer à lui faire périodiquement rapport sur tous les aspects de l'exécution de leurs mandats respectifs* »[247].

Une autre coopération militaire existe entre la France et l'Afrique, visant à renforcer les capacités africaines de maintien de la paix. La France est à l'initiative de cette coopération militaire dont le but est de renforcer les capacités militaires africaines, en matière de maintien de la paix et de la sécurité internationales. Elle vise aussi à renforcer et à développer le rôle des organisations sous-régionales africaines en matière de sécurité. Le Sommet franco-africain de Louvre de 1998 en France a été celui de la prise de cette décision de coopération militaire, entre la France et les Forces africaines de maintien de la paix et de la sécurité internationales. D'autres coopérations militaires de même nature existent en Afrique, c'est-à-dire sur le terrain du renforcement des capacités militaires des forces de maintien de la paix et de la sécurité internationales. Il s'agit de la coopération entre l'opération Servalet la MISMA (Forces françaises) et les forces africaines.

Par ailleurs, d'autres puissances militaires que la France se sont engagées dans ce genre de coopération militaire. Il s'agit des Etats-

[247] S/RES/1472 (2003) du 13 mai 2003.

Unis d'Amérique qui apportent également leur pierre à l'édifice de la paix en renforçant les forces africaines de la CEDEAO, en matière de maintien de la paix et de la sécurité internationales. Il s'agit du Programme African Crisis Response Initiative (A.C.R.I.) et le Programme Africa Contingency Operations Training Assistance (ACOTA).

De plus, les Organisations internationales et nationales de droits de l'Homme étaient présentes sur le théâtre de ces conflits armés en Afrique de l'Ouest. Leur rôle a consisté à informer le monde des horreurs commises par les combattants sur les champs de bataille. La détresse des populations civiles était relayée par ces Organisations Non Gouvernementales à l'endroit de la Communauté internationale. Ce sont ces ONG qui ont informé le monde de l'utilisation des enfants dans les conflits libériens et surtout sierra-léonais. Au nombre de ces ONG, l'on peut citer Human rights watch, Amnesty international, Médecins sans frontière…

Paragraphe IV : La phase juridictionnelle de la responsabilité de protéger en Afrique de l'Ouest

Trois Etats ont été secoués par des guerres civiles en Afrique de l'Ouest depuis la fin des années mille neuf cent quatre-vingt jusqu'aux environs des années deux mille dix. Il s'agit de la Guinée-Bissau, de la Sierra-Léone et du Libéria. La phase de reconstruction des Etats sortant de la guerre, relativement à la refondation de l'administration, de la police, de l'armée et surtout relativement à la sanction judiciaire des coupables de guerre a été également assurée dans la région, mais à quelques différences près. Mais, les guerres civiles en Afrique de l'Ouest avec le flot des auteurs de crimes de guerre, crimes contre l'humanité et crimes de génocide, n'ont pas connu leur phase juridictionnelle, à l'initiative des Africains. Cette initiative est venue, non pas de l'Union africaine et de la Communauté Economique Des Etats de l'Afrique de l'Ouest (quand bien même elles l'ont souhaitée sans en avoir les moyens), mais plutôt des Nations Unies, par l'intermédiaire de la Cour Pénale Internationale (CPI) et du Tribunal spécial de la Sierra-Léone.

Celui-ci c'est-à-dire le Tribunal spécial de la Sierra-Léone devait juger les criminels de guerre de la région, notamment ceux de la guerre sierra-léonaise à Freetown. Mais pour des raisons de sécurité, ce tribunal a été dépaysé à La Haye en Hollande pour pouvoir juger l'ancien président libérien Charles Taylor pour son rôle présumé dans la guerre sierra-léonaise. Celui-ci a été condamné à cinquante ans de prison, et purge sa peine dans une prison britannique.

Au cours de la guerre civile provoquée par quelques Libériens, dont Charles Taylor, on a noté des milliers de morts, en majorité des civils, des milliers de femmes violées et de mutilés, des milliers de réfugiés…

Entre 1991 et 2001, la Sierra-Léone a été dévastée par une guerre civile qui a fait plusieurs milliers de morts, de mutilés et de déplacés. Mais cette guerre civile s'est démarquée des crises de l'époque qui ont secoué le monde, par l'utilisation des enfants soldats. C'est la raison pour laquelle les Nations Unies ont décidé de créer un tribunal spécial, déjà mentionné plus haut, encore appelé tribunal mixte, pour juger les auteurs des violations du droit international humanitaire en Sierra-Léone. Ce tribunal s'est caractérisé par sa compétence rétroactive, puisqu'il a été créé longtemps après le déclenchement de la guerre civile sierra-léonaise. Il doit collaborer comme tout Tribunal ad hoc avec le pays qui l'abrite. Celui-ci a l'obligation de mettre en place les mécanismes juridiques, précisément les procédures de remise de personnes ou de documents, ou encore d'enquête in situ pour l'administration de la preuve. Les décisions du Tribunal spécial de Sierra-Léone ont primauté sur les juridictions nationales sierra-léonaises. Toutefois, le Tribunal mixte de Sierra-Léone, à la différence des autres tribunaux ad hoc qui sont congénitalement internationaux, est un tribunal national internationalisé. A la différence des premiers, c'est-à-dire les tribunaux pénaux ad hoc dont le personnel est fourni par les Nations Unies (Procureur, juges, greffiers...), le personnel du tribunal spécial ou mixte est hybride dans sa composition, car composé à la fois de juges internationaux désignés par l'Organisation des Nations Unies, et de juges locaux. Les tribunaux mixtes ont leurs chambres d'instance ou d'appel majoritairement composées de juges internationaux. Un jugement rendu par un tribunal mixte comme celui de la Sierra-Léone doit avoir l'aval ou la caution d'au moins un juge international. Les décisions de ces tribunaux mixtes ont une portée inférieure à celles des autres tribunaux ad hoc puisque leurs décisions s'imposent à tous les Etats, tandis que celles des tribunaux mixtes s'imposent seulement aux tribunaux nationaux des pays qui les abritent.

La compétence *ratione personae* des tribunaux pénaux ad hoc est plus étendue que celle des tribunaux spéciaux ou mixtes. Par exemple, la compétence *ratione personae* des tribunaux spéciaux se réduit exclusivement, à la poursuite des délinquants internationaux qui portent, la plus grande responsabilité des violations graves des normes du droit international humanitaire[248]. Le Tribunal sierra-léonais est créé difficilement parce que les Nations Unies avaient aussi des difficultés financières. C'est la raison pour laquelle ce tribunal est moins puissant que les tribunaux pénaux internationaux ad hoc créés pour juger les présumés criminels rwandais et ceux de l'Europe centrale.

Paragraphe V : La responsabilité de protéger en Afrique

Les valeurs traditionnelles, culturelles et sociologiques africaines révèlent et enseignent à travers un adage baatonu (ou bariba)[249] que « *l'Homme et l'humanité sont un don de dieu qu'il appartient aux hommes, leurs bénéficiaires et débiteurs de préserver à tout prix* ». Pour ce Peuple du Nord-Bénin, le corps humain et tout ce qui est attaché à celui-ci ne lui appartiennent pas. Le corps humain est une propriété divine que l'homme reçoit en héritage et qu'il doit entretenir, et non violer. Pour ce peuple du Nord-Bénin, le monde humain et l'humanité doivent être à tout prix protégés. Mieux, la solidarité humaine est la valeur sociologique et culturelle la mieux partagée en Afrique. Venir au secours de l'autre qui est en difficulté est un impératif, non seulement catégorique en Afrique, mais surtout sacré. Ces valeurs humaines sont donc partagées par tous les peuples d'Afrique, et c'est pourquoi les Etats africains ont été réceptifs aux idéaux de la responsabilité de protéger qui est une valeur humaine et humanitaire, une valeur de solidarité humaine, un droit de l'Homme qui a trouvé son répondant dans les valeurs sociologiques africaines. Le cadre juridique et institutionnel de la responsabilité de protéger défini par l'Union africaine et la Communauté Economique des Etats de l'Afrique de l'Ouest en témoigne, puisqu'il n'y a pas de droit asocial. Le droit est le reflet de la société. Ce cadre juridique et institutionnel dense est l'expression de la volonté des Etats membres de l'Union africaine en général et de la Communauté Economique des

---

[248] Jean-Nazaire Tama, Droit international et africain des droits de l'Homme, op.cit., p.294.

[249] Peuple majoritaire du Nord-Bénin en Afrique de l'Ouest.

Etats de l'Afrique de l'Ouest en particulier, à s'arrimer sur les mêmes valeurs humaines que la communauté internationale symbolisées par la Charte des Nations Unies. Toutefois, il faut craindre au sein de la Communauté Economique des Etats de l'Afrique de l'Ouest, et même de l'Union africaine, des problèmes de leadership entre Etats. Il faut craindre aussi non seulement la fragilité économique de certains pays qui ne leur permet pas de s'acquitter de leurs obligations financières vis-à-vis des organismes auxquels ils appartiennent, mais aussi la fragilité constitutionnelle de la plupart d'entre eux qui est une source d'instabilité politique.

Il appartient aux Etats africains d'asseoir une politique de bonne gouvernance, afin de pouvoir bâtir un état de paix les dispensant de la constitution des forces d'interposition sur leur sol. En d'autres termes, les Etats africains ont besoin d'un constitutionnalisme franc, mobilisant la mise en place d'un système de démocratie et d'Etat de droit, sur fond de séparation de pouvoirs. Ainsi, un constitutionnalisme accordant une place de choix aux valeurs suivantes :

- La dignité humaine : Fondement de toute société humaine, la dignité humaine est à la fois une valeur et surtout un principe selon lequel tout être humain est une personne, c'est-à-dire une nature douée d'intelligence et de volonté libre. Par là même, il est sujet de droits et de devoirs, découlant les uns des autres et de sa nature : aussi, sont-ils universels, inviolables et inaliénables ;

- L'Etat de droit : l'Etat de droit et la démocratie constituent à la fois le cadre juridique et la boussole pour la protection et la défense des droits de l'Homme et des libertés individuelles.

- Il y a une interdépendance, une liaison entre l'état de droit, la démocratie et les droits de l'Homme. Ils sont étroitement liés et associés.

Par conséquent, il n'y a pas de démocratie sans le respect des droits de l'Homme et des libertés fondamentales.

Il n'y a pas non plus un état de droit qui ne se soumette pas lui – même et n'ordonne pas sa propre législation au corpus du droit international des droits de l'Homme ;

- L'autre principe qui fonde l'universalité des droits de l'Homme et par conséquent la paix, c'est l'égalité : tous les hommes sont égaux par nature et les citoyens sont égaux devant la loi. C'est pour corroborer ce principe universel que Puffendorf, écrivait qu'« *il était impossible de ne pas voir que malgré des différences toutes de surface, la nature est la même chez tous les hommes ; ils ont tous une même raison, les mêmes facultés, un seul et même but ; le droit naturel devait donc forcément commander à chacun d'estimer et traiter les autres comme lui étant naturellement égaux, comme étant aussi bien hommes que lui* »[250], c'est pourquoi les instruments internationaux relatifs aux droits de l'Homme notamment, l'article 1er de la Déclaration universelle des droits de l'Homme de 1948 affirment que tous les êtres humains naissent libres et égaux, en dignité et en droits malgré leur diversité physique, mentale, spirituelle, politique, culturelle…

En d'autres termes, c'est du principe de non-discrimination qu'il est question, un principe qui interdit toute distinction, restriction, exclusion, limitation ou préférence, qui a pour effet ou pour ambition d'empêcher ou de compromettre l'exercice ou la jouissance des libertés fondamentales. Le principe de l'égalité est donc un idéal à atteindre.

Cette égalité entre les êtres humains interdit toute discrimination qui serait liée à la race, à la nationalité, au sexe, à la religion, à l'âge, à la langue maternelle ;

- La justice : obtenir justice est une aspiration inscrite au cœur de tout homme « civilisé ».

Rendre la justice devient une fonction primordiale de toute société organisée, un service inscrit au programme de toute démocratie.

La justice est non seulement une valeur, mais aussi un principe qui consiste pour tout homme et toute institution humaine quelle quelle soit, à assurer et à garantir dans son comportement et dans toute

---

250 Puffendorf," Droit de la nature",livre III, CH II, Parag1, in Les origines de la Déclaration des droits de l'Homme de 1789, thèse pour le doctorat par Vincent Margaggi, Paris, Librairie nouvelle de Droit et de jurisprudence. Arthur Rousseau, Editeur 14, rue Soufflot et rue Toullier,13, 1904, p.56.

entreprise envers autrui, l'équité et l'impartialité. La justice, c'est ce qui doit être.

Par ailleurs, la justice sociale consistant à répartir les richesses dans un souci d'égalité et de reconnaissance égale des mérites de chacun doit être prônée et concrétisée. C'est cette justice sociale, l'une des valeurs cardinales des droits de l'Homme, qu'il faut à tout prix assouvir si la communauté internationale, africaine et celle sous-régionale veut établir une société de paix et de développement. Elle doit être une préoccupation nationale, sous-régionale, régionale et internationale.

Conclusion

Il est dit du principe de la responsabilité qu'il est une notion vague, insuffisamment définie ; qu'il n'existe pas de consensus sur son contenu ; qu'il ne s'agit pas d'une norme internationale ; qu'il est un principe qui masque l'interventionnisme des grandes puissances. Il est dit également à son sujet que la volonté politique ne se manifeste pas très souvent lorsqu'il s'agit de l'activer pour mettre un terme à une violation massive et systématique des droits de l'Homme de par le monde. Qu'un consensus n'est pas obtenu quant à la compétence de l'organe des Nations-Unies qui devait le déclencher entre le Conseil de sécurité et l'Assemblée générale. Il a été regretté pendant longtemps pour ce concept une absence de fondement juridique qui l'oppose à la souveraineté des Etats. En effet dans les faits, une mission d'ingérence est parfois contraire aux objectifs fondamentaux de l'ONU (maintien de la paix), en tout cas toujours en contradiction avec l'article2 §7 de la charte des Nations-Unies qui dispose qu'*« aucune disposition de la présente charte n'autorise les Nations-Unies à intervenir dans les affaires qui relèvent essentiellement de la compétence nationale d'un Etat »*.

En dépit de ces remarques très pertinentes, le principe de la responsabilité de protéger est un principe qui est en train de sortir de son stade de balbutiement. La protection des droits de l'Homme étant la vocation non seulement de l'Etat, mais aussi des Nations-Unies, ce principe pour des raisons d'ordre juridique, moral et éthique devient de plus en plus une réalité. C'est d'ailleurs la raison pour laquelle il fait désormais partie de la pratique des Etats sur le plan international et dans les relations internationales sous l'autorisation des Nations Unies. Les droits de l'Homme étant un héritage que chaque individu et chaque Etat reçoivent en héritage, leur préservation devient un devoir absolu pour ceux-ci. La charte des Nations-Unies pourrait ainsi trouver à travers ce principe un nouveau souffle dans la lutte pour la paix, la démocratie et le développement.[2]

De ce qui précède, il faut retenir que la responsabilité de protéger a été de tout temps une préoccupation des hommes épris de paix et de justice. Mieux elle est une préoccupation de la communauté internationale depuis son modèle français de Bernard Kouchner et de Mario Bettati, jusqu'à sa version actuelle, « *made in United Nations* » de Kofi Anan. La version française a été sans nul doute le fondement de la responsabilité de protéger codifiée que le monde connaît aujourd'hui.

Ce concept s'est caractérisé par son évolution dans le temps. Peut-on protéger les droits de l'Homme dans un Etat indépendant au nom de la responsabilité de protéger sans violer la souveraineté dudit Etat ?

Concept fluctuant, la responsabilité de protéger s'est concrétisée au cours des années quatre-vingt à travers le devoir d'ingérence qui est un principe d'humanité conçu par Bernard Kouchner et Mario Bettati. Ledevoir d'ingérence est perçu comme étant contraignant. Il se définit ainsi comme étant « *l'obligation faite à un Etat de fournir son assistance en cas d'urgence humanitaire* »[251]. Ici, il est question non pas d'un droit d'ingérence, une prérogative que l'on a de violer la souveraineté d'un Etat, mais d'une charge, d'une obligation de violer la souveraineté d'un Etat au nom des droits de l'Homme. Il s'agit donc d'une obligation morale faite à un Etat de fournir son assistance en cas d'urgence humanitaire[252]. Par la suite, le concept s'est mué en un droit pour les Etats de secourir les populations en détresse, mais avec le consentement de l'Etat qui pourrait être le cadre de l'opération humanitaire.

Ainsi, le droit d'ingérence peut-il être considéré « *comme la reconnaissance du droit des Etats de violer la souveraineté nationale d'un autre Etat en cas de violation massive des droits de la personne* ». L'utilisation du principe par les Etats l'a dévoyé de son esprit humanitaire ; et c'est pourquoi le Rapport Evans-Sahnoun a vu le jour. Ce Rapport tient lieu véritablement de point de départ en matière de responsabilité de protéger ; puisque c'est dans ce document

---

[251] PERROT (S.), « *Devoir et droit d'ingérence* », C.E.R.I.U.M., 25 avril 2006.

[252] Le juriste hollandais Hugo Grotius en avait déjà parlé dans son célèbre ouvrage « *De jure belli ac pacis* » en y faisant état d'un « droit accordé à la société humaine pour intervenir dans le cas où un tyran ferait subir à ses sujets un traitement que nul n'est autorisé à faire ». Vattel corrobore en affirmant que « toute puissance étrangère est en droit de soutenir un peuple opprimé qui lui demande son assistance » in *Le droit des gens ou principes de loi naturelle, appliqués à la conduite et aux affaires des Nations et des souverains*, Washington, Carnégie, 1916, vol.I, livre II, chap.IV, §56, p.298.

que la notion a été conçue avec plus de précision et c'est grâce à lui qu'elle a été médiatisée[253]. Ce rapport a été présenté au Secrétaire général des Nations Unies Kofi Annan le 18 décembre 2001 par un groupe de personnalités de haut niveau, réunies en la forme d'une « *Commission Internationale de l'Intervention et de la Souveraineté des Etats* », Commission mise en place à l'initiative du Canada et dont les travaux ont été soutenus par des fondations de droit privé. La Commission a eu pour tâche de répondre à la question suivante posée par Kofi Annan dans son rapport du Millénaire : « *Si l'intervention humanitaire constitue effectivement une atteinte inadmissible à la souveraineté, comment devons-nous réagir face à des situations comme celles dont nous avons été témoins au Rwanda ou à Srebrenica, durant des violations flagrantes, massives et systématiques des droits de l'Homme, qui vont à l'encontre de tous les principes sur lesquels est fondée notre condition d'êtres humains ?* »

Mieux, des Etats ont-ils jamais le droit de prendre des mesures coercitives- et particulièrement militaires - contre un autre Etat pour protéger des populations menacées dans ce dernier ? et si oui, dans quelles circonstances[254] ?

La Commission Evans-Sahnoun avait ainsi pour mandat de « *trouver de nouvelles manières de concilier les principes de l'intervention et de la souveraineté des Etats, souvent considérés comme opposés* »[255].

---

[253] Rapport de la Commission internationale de l'intervention et de la souveraineté des Etats (CIISE), « La responsabilité de protéger », centre de recherche pour le développement international, Ottawa, décembre 2001. Disponible sur :http://www.iciss.ca/pdf/Rapport-de-la-Commission.pdf. Mais voir aussi les rapports du groupe de personnalités de haut niveau, in *Un monde plus sûr, notre affaire à tous* 2 décembre 2004, Document de l'Assemblée générale, 59ème session, A/59/565, par.36, ainsi que le rapport du Secrétaire général des Nations Unies, *Dans une liberté plus grande,* 24 mars 2005, Document de l'Assemblée générale des Nations Unies, 59ème session, A/59/2005 par.132.
Les personnalités de la Commission Internationale de l'Intervention et de la Souveraineté (CIISE) : Gareth Evans, Mohammed Sahnou, (coprésidents), Gisle Coté-Harper, Lee Hamilton, Michael Ignatieff, Vladmir Lukin, Klaus Naumann, Cyril Ramaphosa, Fidel Ramos, Cornelio Sommaruga, Eduardo Stein, Ramesh Thakur.

[254] Jean-Marc Thouvenin, « Genèse de la responsabilité de protéger », in *La responsabilité de protéger,* Société française pour le droit international, colloque de Nanterre, éd. pedone, p.21.

[255] Rapport de la Commission Internationale de l'Intervention et de la Souveraineté des Etats (CIISE).

C'est ce à quoi s'est attelé le présent ouvrage pour analyser les éléments de réponses apportés par les personnalités, membres de la commission. Ainsi, la responsabilité de protéger peut-elle être définie comme étant un principe à la fois moral et juridique selon lequel la souveraineté d'un Etat qui manque à ses obligations internationales en matière des droits de l'Homme, vis-à-vis des populations se trouvant sous sa juridiction, peut être portée atteinte au nom des droits de l'Homme par un Etat ou un groupe d'Etats, sous les auspices du Conseil de sécurité des Nations Unies en vue de la restauration des droits de l'Homme dans ledit Etat. Il faut signaler que ce principe d'humanité a existé depuis au moins un siècle.

L'une des conditions à remplir en la matière est, pour qu'il y ait responsabilité de protéger il faut que l'Etat devant faire l'objet d'intervention humanitaire manque de remplir ses obligations internationales en matière des droits de l'Homme. Ces obligations sont celles de protection des droits de l'Homme, de respect des droits de l'Homme et de réalisation des droits de l'Homme.

Les obligations de protection des droits de l'Homme consistent pour l'Etat de protéger la personne humaine contre lui-même c'est-à-dire l'Etat (protection verticale des droits de l'Homme), mais aussi dans les relations interpersonnelles, c'est-à-dire des violations ne provenant pas de l'Etat, mais plutôt des individus et des pouvoirs privés (protection horizontale des droits de l'Homme). Les obligations de respect consistent pour l'Etat dans certaines circonstances de s'abstenir d'intervenir lorsque l'individu exerce les droits civils et politiques. L'Etat doit mettre en veilleuse son pouvoir ou « purement et simplement » regarder ou laisser l'individu agir.

Il a aussi pour obligation de réaliser les droits de l'Homme en mettant en place les infrastructures requises pouvant permettre à l'individu de jouir des droits sociaux, économiques et culturels. En d'autres termes, l'Etat doit assurer, dans son ordre juridique interne, l'effectivité des conventions universelles et régionales des droits de l'Homme. Ces obligations internationales de l'Etat en matière des droits de l'Homme sont des obligations de résultat vérifiables sur le terrain. S'il y a violation massive des droits de l'Homme, crime contre l'humanité, crime de guerre sous la juridiction de l'Etat, celui-ci a manqué à ses obligations vis-à-vis de la communauté internationale en matière des droits de l'Homme. Cette situation peut favoriser la mise en œuvre sous l'autorisation et l'autorité des Nations Unies du principe de la responsabilité de protéger. Ici, on pourrait parler du partage codifié du fardeau, parce que la responsabilité de protéger ne se met pas en œuvre de façon solitaire ou cavalière par un Etat ou un groupe d'Etats. La responsabilité de protéger peut être mise en œuvre en matière de catastrophes naturelles ou en matière de pandémies, puisqu'au cours de ces événements, se trouvent en question les droits de l'Homme ou la condition humaine.

De plus, la responsabilité de protéger est un principe qui érige l'action en devoir. La violation massive des droits de l'Homme aussi bien en période de paix que de conflit armé se commet à cause de la passivité de la Communauté internationale en général, et des hommes et femmes épris de paix et de justice en particulier. C'est ce qu'ont d'ailleurs compris les experts du Rapport de la CIISE lorsqu'ils font commencer leur rapport par les termes suivants : « *Les événements de 1994 au Rwanda ont exposé au grand jour toutes les horreurs auxquelles peut conduire l'inaction. Le secrétariat de l'ONU et certains membres permanents du Conseil de sécurité savaient que des responsables liés au gouvernement de l'époque étaient en train de préparer un génocide ; des forces des Nations Unies étaient présentes, certes en nombre insuffisant au départ ; et il ne manquait pas de stratégies crédibles propres à empêcher, ou du moins à limiter grandement, le massacre qui a suivi. Mais le Conseil de sécurité a refusé de prendre les mesures voulues. La volonté internationale- le courage civique- a fait défaut au plus haut niveau* ».

C'est un principe qui devient de plus en plus un patrimoine moral que la communauté internationale, chaque région du monde, chaque Etat et toute personne éprise de paix et de justice reçoivent en héritage et se doivent d'assumer convenablement selon le statut et les moyens de chaque composante de la société internationale. Sandra Szurek parle d'une obligation d'agir partagée et que chacun est censé en prendre la part qui lui revient ou être susceptible de remplir les devoirs qui, à ce titre, lui incomberaient le moment venu[256].

---

[256] Sandra Szurek, « Responsabilité de protéger, Nature de l'obligation et responsabilité internationale », in *la responsabilité de protéger*, Actes du colloque de Nanterre, du 7 au 9 juin 2007, Société Française Pour le Droit international, éd. Pedone, Paris, op.cit., p. 91.

La responsabilité de protéger est un principe général de la communauté internationale tirant son fondement dans le principe d'intervention d'humanité. Ce principe prend appui sur le droit onusien à travers la Charte de l'Organisation et les résolutions du Conseil de sécurité pour mettre un terme à la violation massive des droits de l'Homme au cours des conflits ou des catastrophes humanitaires de toutes sortes. Le Conseil de sécurité, à chaque fois que la sécurité internationale est mise à mal quelque part, prend des dispositions idoines pour protéger les civils. Il crée à cet effet des forces dites « de protection » ; leurs mandats consistant en une protection de certaines zones spécifiques et démilitarisées comme ce fut le cas de la FORPRONU en ex-Yougoslavie, ou le plus souvent en une sécurisation des convois d'aide humanitaire et une protection des personnels chargés de celles-ci, comme ce fut le cas de l'ONUSOM 1, de l'UNITAF et de l'ONUSOM II en Somalie, ou de la force multinationale de protection mandatée en Albanie à la demande de l'Italie…

Enfin, la responsabilité de protéger a d'autres acteurs, les organismes régionaux à l'image de l'Union africaine et de la Communauté Economique des Etats de l'Afrique de l'Ouest (CEDEAO) qui ont joué un rôle majeur en matière de maintien de la paix et de la sécurité internationales sur leurs sols respectifs, conformément au chapitre VIII de la Charte des Nations Unies. Ces institutions africaines ont prouvé qu'elles peuvent être considérées comme des interlocutrices fiables en matière de maintien de la paix et de la sécurité internationales. Elles ont montré au monde la version décentralisée de la responsabilité de protéger. En conclusion, le rôle des organisations non gouvernementales est de taille d'autant plus qu'elles constituent l'œil des institutions internationales en plus de leurs rôles et actions humanitaires.

La responsabilité de protéger est aussi une institution permettant aux Etats acteurs de pouvoir honorer leurs responsabilités en matière de protection des droits de l'Homme, en faisant fi de leurs intérêts égoïstes. Le drame du Rwanda et de l'ex-Yougoslavie ont permis de révéler la dimension de leur rôle en la matière. Ils doivent faire preuve de volonté politique et de solidarité internationale.

Il est important que les organisations internationales et régionales, la société civile nationale et internationale et les Etats puissent jouer leur rôle de promotion et de diffusion des droits de l'Homme, afin que l'humanité entière soit éduquée aux droits humains. C'est à ce prix que le monde se donnerait la chance d'éviter les conflits armés et des violations massives des droits de l'Homme.

LES ANNEXES

LA CHARTE DES NATIONS UNIES

Charte des Nations Unies (San Francisco, le 26 juin 1945)

Date d'entrée en vigueur : 24 octobre 1945 (I)

Préambule

Nous, Peuples des Nations Unies,

Résolus

A préserver les générations futures du fléau de la guerre qui deux fois en l'espace d'une vie humaine a infligé à l'humanité d'indicibles souffrances,

A proclamer à nouveau notre foi dans les droits fondamentaux de l'homme, dans la dignité et la valeur de la personne humaine, dans l'égalité des droits des hommes et des femmes, ainsi que des nations, grandes et petites,

A créer les conditions nécessaires au maintien de la justice et du respect des obligations nées des traités et autres sources du droit international,

A favoriser le progrès social et instaurer de meilleures conditions de vie dans une liberté plus grande,

Et à ces fins,

A pratiquer la tolérance, à vivre en paix l'un avec l'autre dans un esprit de bon voisinage,

A unir nos forces pour maintenir la paix et la sécurité internationales,

A accepter des principes et instituer des méthodes garantissant qu'il ne sera pas fait usage de la force des armes, sauf dans l'intérêt commun,

A recourir aux institutions internationales pour favoriser le progrès économique et social de tous les peuples, *avons décidé d'associer nos efforts pour réaliser ces desseins.*

En conséquence, nos Gouvernements respectifs, par l'intermédiaire de leurs représentants, réunis en la ville de San Francisco, et munis de pleins pouvoirs reconnus en bonne et due forme, ont adopté la présente Charte des Nations Unies et établissent par les présentes une organisation internationale qui prendra le nom de Nations Unies.

CHAPITRE I : BUTS ET PRINCIPES

Article 1er : Les buts des Nations Unies sont les suivants :

1. Maintenir la paix et la sécurité internationales et à cette fin : prendre des mesures collectives efficaces en vue de prévenir et d'écarter les menaces à la paix et de réprimer tout acte d'agression ou autre rupture de la paix, et réaliser, par des moyens pacifiques, conformément aux principes de la justice et du droit international, l'ajustement ou le règlement de différends ou de situations, de caractère international, susceptibles de mener à une rupture de la paix ;
2. Développer entre les nations des relations amicales fondées sur le respect du principe de l'égalité de droits des peuples et de leur droit à disposer d'eux-mêmes, et prendre toutes autres mesures propres à consolider la paix du monde ;
3. Réaliser la coopération internationale en résolvant les problèmes internationaux d'ordre économique, social, intellectuel ou humanitaire, en développant et en encourageant le respect des droits de l'homme et des libertés fondamentales pour tous sans distinction de race, de sexe, de langue ou de religion ;
4. Etre un centre où s'harmonisent les efforts
5. des nations vers ces fins communes.

Article 2 : L'Organisation des Nations Unies et ses Membres, dans la poursuite des buts énoncés à l'article 1er, doivent agir conformément aux Principes suivants :

1. L'Organisation est fondée sur le principe de l'égalité souveraine de tous ses membres.
2. Les Membres de l'Organisation, afin d'assurer à tous la jouissance des droits et avantages résultant de leur qualité de Membre,

doivent remplir de bonne foi les obligations qu'ils ont assumées aux termes de la présente Charte.
3. Les Membres de l'Organisation règlent leurs différends internationaux par des moyens pacifiques, de telle manière que la paix et la sécurité internationales ainsi que la justice ne soient pas mises en danger.
4. Les Membres de l'Organisation s'abstiennent, dans leurs relations internationales, de recourir à la menace ou à l'emploi de la force, soit contre l'intégrité territoriale ou l'indépendance politique de tout Etat, soit de toute autre manière incompatible avec les Buts des Nations Unies.
5. Les Membres de l'Organisation donnent à celle-ci pleine assistance dans toute action entreprise par elle conformément aux dispositions de la présente Charte et s'abstiennent de prêter assistance à un Etat contre lequel l'Organisation entreprend une action préventive ou coercitive.
6. L'Organisation fait en sorte que les Etats qui ne sont pas Membres des Nations Unies agissent conformément à ces Principes dans la mesure nécessaire au maintien de la paix et de la sécurité internationales.
7. Aucune disposition de la présente Charte n'autorise les Nations Unies à intervenir dans des affaires qui relèvent essentiellement de la compétence nationale d'un Etat ni n'oblige les Membres à soumettre des affaires de ce genre à une procédure de règlement aux termes de la présente Charte, toutefois, ce principe ne porte en rien atteinte à l'application des mesures de coercition prévues au chapitre VII.

CHAPITRE II : MEMBRES

Article 3 : Sont Membres originaires des Nations Unies les Etats qui, ayant participé à la Conférence des Nations Unies pour l'Organisation internationale à San Francisco ou ayant antérieurement signé la Déclaration des Nations Unies, en date du 1er janvier 1942, signent la présente Charte et la ratifient conformément à l'article 110.

Article 4 : 1. Peuvent devenir Membre des Nations Unies tous autres Etats pacifiques qui acceptent les obligations de la présente Charte et, au jugement de l'Organisation sont capables de les remplir et disposés à le faire.

2. L'admission comme Membres des Nations Unies de tout Etat remplissant ces conditions se fait par décision de l'Assemblée générale sur recommandation du Conseil de sécurité.

Article 5 : Un Membre de l'Organisation contre lequel une action préventive ou coercitive a été entreprise par le Conseil de sécurité, peut être suspendu par l'Assemblée générale, sur recommandation du Conseil de sécurité, de l'exercice des droits et privilèges inhérents à la qualité de Membre. L'exercice de ces droits et privilèges peut être rétabli par le Conseil de sécurité.

Article 6 : Si un Membre de l'organisation enfreint de manière persistante les Principes énoncés dans la présente Charte, il peut être exclu de l'Organisation par l'Assemblée générale sur recommandation du Conseil de sécurité.

CHAPITRE III : ORGANES

Article 7 : 1. Il est créé comme organes principaux de l'Organisation des Nations Unies : une Assemblée générale, un Conseil de sécurité, un Conseil économique et social, un Conseil de Tutelle, une Cour internationale de justice et un Secrétariat.

2.Les organes subsidiaires qui se révéleraient nécessaires pourront être créés conformément à la présente Charte.

Article 8 : Aucune restriction ne sera imposée par l'Organisation à l'accès des hommes et des femmes, dans les conditions égales, à toutes les fonctions, dans ses organes principaux et subsidiaires.

CHAPITRE IV : ASSEMBLEE GENERALE

Composition

ARTICLE 9 : 1. L'Assemblée générale se compose de tous les Membres des Nations Unies.

2. Chaque Membre a cinq représentants au plus à l'Assemblée générale.

Fonctions et pouvoirs

ARTICLE 10 : L'Assemblée générale peut discuter toutes questions ou affaires rentrant dans le cadre de la présente Charte ou se rapportant aux pouvoirs et fonctions de l'un quelconques des organes prévus dans la présente Charte, et, sous réserve des dispositions de l'article 12, formuler sur ces questions ou affaires des recommandations aux Membres de l'Organisation des Nations Unies, au Conseil de sécurité, ou aux Membres de l'Organisation et au Conseil de sécurité.

ARTICLE 11 : 1. L'Assemblée générale peut étudier les principes généraux de coopération pour le maintien de la paix et de la sécurité internationales, y compris les principes régissant le désarmement et la réglementation des armements, et faire, sur ces principes, des recommandations soit aux Membres de l'Organisation, soit au Conseil de sécurité, soit aux Membres de l'Organisation et aux Conseils de sécurité.

2. L'Assemblée générale peut discuter toutes questions se rattachant au maintien de la paix et de la sécurité internationales, dont elle aura été saisie par l'une quelconque des Nations Unies ou par le Conseil de sécurité, ou par un Etat qui n'est pas Membre de l'Organisation, conformément aux dispositions du paragraphe 2 de l'article 35, et, sous réserve de l'article 12, faire sur toutes questions de ce genre des recommandations soit à l'Etat ou aux Etats intéressés, soit au Conseil de sécurité, soit aux Etats et au Conseil de sécurité. Toute question de ce genre qui appelle une action est renvoyée au Conseil de sécurité par l'Assemblée générale, avant ou après discussion.

3. L'Assemblée générale peut attirer l'attention du Conseil de sécurité sur les situations qui semblent devoir mettre en danger la paix et la sécurité internationales.

4. Les pouvoirs de l'Assemblée générale énumérés dans le présent article ne limitent pas la portée générale de l'article 10.

Article 12 : 1. Tant que le Conseil de sécurité remplit, à l'égard d'un différend ou d'une situation quelconque, les fonctions qui lui sont attribuées par la présente Charte, l'Assemblée générale ne doit faire aucune recommandation sur ce différend ou cette situation, à moins que le Conseil de sécurité ne le lui demande.

2. Le Secrétaire général, avec l'assentiment du Conseil de sécurité, porte à la connaissance de l'Assemblée générale, lors de chaque session, les affaires relatives au maintien de la paix et de la sécurité internationales dont s'occupe le Conseil de sécurité, il avise de même l'Assemblée générale ou, si l'Assemblée générale ne siège pas, les Membres de l'Organisation dès que le Conseil de sécurité cesse de s'occuper desdites affaires.

Article 13 : 1. L'Assemblée générale provoque des études et fait des recommandations en vue de :

a) Développer la coopération internationale dans le domaine politique et encourage le développement progressif du droit international et sa codification.
b) Développer la coopération internationale dans les domaines économique, social, de la culture intellectuelle et de l'éducation, de la santé publique, et faciliter pour tous, sans discrimination de race, de sexe, de langue ou de religion, la jouissance des droits de l'Homme et des libertés fondamentales.
2. Les autres responsabilités, fonctions et pouvoirs de l'Assemblée générale, relativement aux questions mentionnées au paragraphe 1, b) ci-dessus, sont énoncés aux chapitres IX et X.

Article 14 : Sous réserve des dispositions de l'article 12, l'Assemblée générale peut recommander les mesures propres à l'ajustement pacifique de toute situation, quelle qu'en soit l'origine, qui lui semble de nature à nuire au bien général ou à compromettre les relations amicales entre nations, y compris les situations résultant d'une infraction aux dispositions de la présente Charte où sont énoncés les Buts et les Principes des Nations Unies.

Article 15 : 1. L'Assemblée générale reçoit et étudie les rapports annuels et les rapports spéciaux du Conseil de sécurité, ces rapports comprennent un compte rendu des mesures que le Conseil de sécurité a décidées ou prises pour maintenir la paix et la sécurité internationales.

2. L'Assemblée générale reçoit et étudie les rapports des autres organes de l'Organisation.

Article 16 : L'Assemblée générale remplit, en ce qui concerne le régime international de tutelle, les fonctions qui lui sont dévolues en vertu des chapitres XII et XIII ; entre autres, elle approuve les accords de tutelle relatifs aux zones non désignées comme zones stratégiques.

Article 17 : 1. L'Assemblée générale examine et approuve le budget de l'Organisation.

2. Les dépenses de l'Organisation sont supportées par les Membres selon la répartition fixée par l'Assemblée générale.

3. L'Assemblée générale examine et approuve tous arrangements financiers et budgétaires passés avec les institutions spécialisées visées à l'article 57 et examine les budgets administratifs desdites institutions en vue de leur adresser des recommandations.

Vote

Article 18 : 1. Chaque membre de l'Assemblée générale dispose d'une voix.

2. Les décisions de l'Assemblée générale sur les questions importantes sont prises à la majorité des deux tiers des membres présents et votants. Sont considérées comme questions importantes : les recommandations relatives au maintien de la paix et de la sécurité internationales, l'élection des membres non permanents du Conseil de sécurité, l'élection des membres du Conseil économique et social, l'élection des membres du Conseil de tutelle conformément au paragraphe 1, sub c) de l'article 86, l'admission de nouveaux Membres dans l'Organisation, la suspension des droits et privilèges de Membres, l'exclusion de Membres, les questions relatives au fonctionnement du régime de tutelle et les questions budgétaires.

3. Les décisions sur d'autres questions, y compris la détermination de nouvelles catégories de questions à trancher à la majorité des deux tiers, sont prises à la majorité des membres présents et votants.

Article 19 : Un Membre des Nations Unies en retard dans le paiement de sa contribution aux dépenses de l'Organisation ne peut participer au vote à l'Assemblée générale si le montant de ses arriérés est égal ou supérieur à la contribution due par lui pour les deux années complètes écoulées. L'Assemblée générale peut néanmoins autoriser ce Membre à participer au vote si elle constate que le manquement est dû à des circonstances indépendantes de sa volonté.

Procédure

Article 20 : L'Assemblée générale tient une session annuelle régulière et, lorsque les circonstances l'exigent, des sessions extraordinaires. Celles-ci sont convoquées par le Secrétaire général sur la demande du Conseil de sécurité ou de la majorité des Membres des Nations Unies.

Article 21 : L'Assemblée générale établit son règlement intérieur. Elle désigne son Président pour chaque session.

Article 22 : L'Assemblée générale peut créer les organes subsidiaires qu'elle juge nécessaires à l'exercice de ses fonctions.

CHAPITRE V : CONSEIL DE TUTELLE

Composition

Article 23 : 1. Le Conseil de sécurité se compose de quinze Membres de l'Organisation. La République de Chine, la France, l'Union des républiques socialistes soviétiques, le Royaume-Uni de Grande-Bretagne et d'Irlande du Nord, et les Etats-Unis d'Amérique sont membres permanents du Conseil de sécurité. Dix autres Membres de l'Organisation sont élus, à titre de membres non permanents du Conseil de sécurité, par l'Assemblée générale qui tient spécialement contre, en premier lieu, de la contribution des Membres de l'Organisation au maintien de la paix et de la sécurité internationales et aux autres fins de l'Organisation, et aussi d'une répartition géographique équitable.

2. Les membres non permanents du Conseil de sécurité sont élus pour une période de deux ans. Lors de la première élection des membres non permanents après que le nombre des Membres du Conseil de sécurité aura été porté de onze à quinze, deux des quatre membres supplémentaires seront élus pour une période d'un an. Les membres sortants ne sont pas immédiatement rééligibles.

3. Chaque membre du Conseil de sécurité a un représentant au Conseil.

Fonctions et pouvoirs

Article 24 : 1. Afin d'assurer l'action rapide et efficace de l'Organisation, ses Membres confèrent au Conseil de sécurité la responsabilité principale du maintien de la paix et de la sécurité internationales et reconnaissent qu'en s'acquittant de devoirs que lui imposent cette responsabilité, le Conseil de sécurité agit en leur nom.

2. Dans l'accomplissement de ces devoirs, le Conseil de sécurité agit conformément aux Buts et Principes des Nations Unies. Les pouvoirs spécifiques accordés au Conseil de sécurité pour lui permettre d'accomplir lesdits devoirs sont définis aux chapitres VI, VII, VIII et XII.

3. Le Conseil de sécurité soumet pour examen des rapports annuels et, le cas échéant, des rapports spéciaux à l'Assemblée générale.

Article 25 : Les Membres de l'Organisation conviennent d'accepter et d'accepter les décisions du Conseil de sécurité conformément à la présente Charte.

Article 26 : Afin de favoriser l'établissement et le maintien de la paix et de la sécurité internationales en ne détournant vers les armements que le minimum des ressources humaines et économiques du monde, le Conseil de sécurité est chargé, avec l'assistance du Comité d'état-major prévu à l'article 47, d'élaborer des plans qui seront soumis aux Membres de l'Organisation en vue d'établir un système de réglementation des armements.

Vote

Article 27 : 1. Chaque membre du Conseil de sécurité dispose d'une voix.

2. Les décisions du Conseil de sécurité sur des questions de procédure sont prises par un vote affirmatif de neuf membres.

3. Les décisions du Conseil de sécurité sur toutes questions sont prises par un vote affirmatif de neuf de ses membres dans lequel sont comprises les voix de tous les membres permanents, étant entendu que,

dans les décisions prises aux termes du chapitre VI et du paragraphe 3 de l'article 52, une partie à un différend s'abstient de voter.

Procédure

Article 28 : 1. Le Conseil de sécurité est organisé de manière à pouvoir exercer ses fonctions en permanence. A cet effet, chaque membre du Conseil de sécurité doit avoir en tout temps un représentant au siège de l'Organisation.

2. Le Conseil de sécurité tient des réunions périodiques auxquelles chacun de ses membres peut, s'il le désire, se faire représenter par un membre de son gouvernement ou par quelque autre représentant spécial désigné.

3. Le Conseil de sécurité peut tenir des réunions à tous endroits autres que le siège de l'Organisation qu'il juge les plus propres à faciliter sa tâche.

Article 29 : Le Conseil de sécurité peut créer les organes subsidiaires qu'il juge nécessaires à l'exercice de ses fonctions.

Article 30 : Le Conseil de sécurité établit son règlement intérieur, dans lequel il fixe le mode de désignation de son Président.

Article 31 : Tout Membre de l'Organisation qui n'est pas membre du Conseil de sécurité peut participer, sans droit de vote, à la discussion de toute question soumise au Conseil de sécurité, chaque fois que celui-ci estime que les intérêts de ce Membre sont particulièrement affectés.

Article 32 : Tout Membre des Nations Unies qui n'est pas membre du Conseil de sécurité ou tout Etat qui n'est pas Membre des Nations Unies, s'il est parti à un différend examiné par le Conseil de sécurité, est convié à participer, sans droit de vote, aux discussions relatives à ce différend. Le Conseil de sécurité détermine les conditions qu'il estime juste de mettre à la participation d'un Etat qui n'est pas Membre de l'Organisation.

CHAPITRE VI : REGLEMENT PACIFIQUE DES DIFFERENDS

Article 33 : 1. Les parties

à tout différend dont la prolongation est susceptible de menacer le maintien de la paix et de la sécurité internationales, doivent en rechercher la solution, avant tout, par voie de négociation, d'enquête, de médiation, de conciliation, d'arbitrage, de règlement judiciaire, de recours aux organismes ou accords régionaux, ou par d'autres moyens pacifiques de leur choix.

2. Le Conseil de sécurité, s'il le juge nécessaire, invite les parties à régler leur différend par de tels moyens.

Article 34 : Le Conseil de sécurité peut enquêter sur tout différend ou toute situation qui pourrait entraîner un désaccord entre nations ou engendrer un différend, afin de déterminer si la prolongation de ce différend ou de cette situation semble devoir menacer le maintien de la paix et de la sécurité internationales.

Article 35 : 1. Tout Membre de l'Organisation peut attirer l'attention du Conseil de sécurité ou de l'Assemblée générale sur un différend ou une situation de la nature visée dans l'article 34.

2. Un Etat qui n'est pas Membre de l'Organisation peut attirer l'attention du Conseil de sécurité ou de l'Assemblée générale sur tout différend auquel il est parti, pourvu qu'il accepte préalablement, aux fins de ce différend, les obligations, les obligations de règlement pacifique prévues dans la présente Charte.

3. Les actes de l'Assemblée générale relativement aux affaires portées à son attention en vertu du présent article sont soumis aux dispositions des articles 11 et 12.

Article 36 : 1. Le Conseil de sécurité peut, à tout moment de l'évolution d'un différend de la nature mentionnée à l'article 33 ou d'une situation analogue, recommander les procédures ou méthodes d'ajustement appropriées.

2. Le Conseil de sécurité devra prendre en considération toutes procédures déjà adoptées par les parties pour le règlement de ce différend.

3. En faisant les Recommandations prévues au présent article, le Conseil de sécurité doit aussi tenir compte du fait que, d'une manière générale, les différends d'ordre juridique devraient être soumis par les parties à la Cour internationale de justice conformément aux dispositions du statut de la Cour.

Article 37 : 1. Si les parties à un différend de la nature mentionnée à l'article 33 ne réussissent pas à le régler par les moyens indiqués audit article, elles le soumettent au Conseil de sécurité.

2. Si le Conseil de sécurité estime que la prolongation du différend semble, en fait, menacer le maintien de la paix et de la sécurité internationales, il décide s'il doit agir en application de l'article 36 ou recommander tels termes de règlement qu'il juge appropriés.

Article 38 : Sans préjudice des dispositions des articles 33 à 37, le Conseil de sécurité peut,

si toutes les parties à un différend le demandent, faire des recommandations à celles-ci en vue d'un règlement pacifique de ce différend.

CHAPITRE VII : ACTION EN CAS DE MENACE CONTRE LA PAIX, DE RUPTURE DE LA PAIX ET D'ACTE D'AGRESSION

Article 39 : Le Conseil de sécurité constate l'existence d'une menace contre la paix, d'une rupture de la paix ou d'un acte d'agression et fait des recommandations ou décide quelles mesures seront prises conformément aux articles 41 et 42 pour maintenir ou rétablir la paix et la sécurité internationales.

Article 40 : Afin d'empêcher la situation de s'aggraver, le Conseil de sécurité, avant de faire les recommandations ou de décider des mesures à prendre conformément à l'article 39, peut inviter les parties intéressées à se conformer aux mesures provisoires qu'il juge nécessaires ou souhaitables. Ces mesures provisoires ne préjugent en rien les droits, les prétentions ou la position de parties intéressées. En cas de non-exécution de ces mesures provisoires, le Conseil de sécurité tient dûment compte de cette défaillance.

Article 41 : Le Conseil de sécurité peut décider quelles mesures n'impliquant pas l'emploi de la force armée doivent être prises pour donner effet à ses décisions, et peut inviter les Membres des Nations Unies à appliquer ces mesures. Celles-ci peuvent comprendre l'interruption complète ou partielle des relations économiques et des communications ferroviaires, maritimes, aériennes, postales, télégraphiques, radio-électriques et des autres moyens de communication, ainsi que la rupture des relations diplomatiques.

Article 42 : Si le Conseil de sécurité estime que les mesures prévues à l'article 41 seraient inadéquates ou qu'elles se sont révélées telles, il peut entreprendre, au moyen de forces aériennes, navales ou terrestres, toute action qu'il juge nécessaire au maintien ou au rétablissement de la paix et de la sécurité internationales. Cette action peut comprendre des démonstrations, des mesures de blocus et d'autres opérations exécutées par des forces aériennes, navales ou terrestres de Membres des Nations Unies.

Article 43 : 1. Tous les Membres des Nations Unies, afin de contribuer au maintien de la paix et de la sécurité internationales, s'engagent à mettre à la disposition du Conseil de sécurité, sur son invitation et conformément à un accord spécial ou à des accords spéciaux, les forces armées, l'assistance et les facilités, y compris le droit de passage, nécessaires au maintien de la paix et de la sécurité internationales.

2. L'accord ou les accords susvisés fixeront les effectifs et la nature de ces forces, leur degré de préparation et leur emplacement général, ainsi que la nature des facilités et de l'assistance à fournir.

3. L'accord ou les accords seront négociés aussitôt que possible, sur l'initiative du Conseil de sécurité. Ils seront conclus entre le Conseil de sécurité et des Membres de l'Organisation, ou entre le Conseil de sécurité et des groupes de Membres de l'Organisation, et devront être ratifiés par les Etats signataires selon leurs règles constitutionnelles respectives.

Article 44 : Lorsque le Conseil de sécurité a décidé de recourir à la force, il doit, avant d'inviter un Membre non représenté au Conseil à fournir des forces armées en exécution des obligations contractées en vertu de l'article 43, convier ledit Membre, si celui-ci le désire, à participer aux décisions du Conseil de sécurité touchant l'emploi de contingents des forces armées de ce Membre.

Article 45 : Afin de permettre à l'Organisation de prendre d'urgence des mesures d'ordre militaire, des Membres des Nations Unies maintiendront des contingents nationaux de forces aériennes immédiatement utilisables en vue de l'exécution combinée d'une action coercitive internationale. Dans les limites prévues par l'accord spécial ou les accords spéciaux mentionnés à l'article 43, le Conseil de sécurité, avec l'aide du Comité d'état-Major, fixe l'importance et le degré de préparation de ces contingents et établit des plans prévoyant leur action combinée.

Article 46 : Les plans pour l'emploi de la force armée sont établis par le Conseil de sécurité avec l'aide du Comité d'état-major.

Article 47 : 1. Il est établi un Comité d'état-major chargé de conseiller et d'assister le Conseil de sécurité pour tout ce qui concerne les moyens d'ordre militaire nécessaires au Conseil pour maintenir la paix et la sécurité internationales, l'emploi et le commandement des forces mises à sa disposition, la réglementation des armements et le désarmement éventuel.

2. Le Comité d'état-major se compose des chefs d'état-major des membres permanents du Conseil de sécurité ou de leurs représentants. Il convie tout Membre des Nations Unies qui n'est pas représenté au Comité d'une façon permanente à s'associer à lui, lorsque la participation de ce Membre à ses travaux lui est nécessaire pour la bonne exécution de sa tâche.

3. Le Comité d'état-major est responsable, sous l'autorité du Conseil de sécurité, de la direction stratégique de toutes forces armées mises à la disposition du Conseil. Les questions relatives au commandement de ces forces seront réglées ultérieurement.

4. Des sous-comités régionaux du Comité d'état-major peuvent être établis par lui avec l'autorisation du Conseil de sécurité et après consultation des organismes régionaux appropriés.

Article 48 : 1. Les mesures nécessaires à l'exécution des décisions du Conseil de sécurité pour le maintien de la paix et de la sécurité internationales sont prises par tous les membres des Nations Unies ou certains d'entre eux, selon l'appréciation du Conseil.

2. Ces décisions sont exécutées par les Membres des Nations Unies directement et grâce à leur action dans les organismes internationaux appropriés dont ils font partie.

Article 49 : Les Membres des Nations Unies s'associent pour se prêter mutuellement assistance dans l'exécution des mesures arrêtées par le Conseil de sécurité.

Article 50 : Si un Etat est l'objet de mesures préventives ou coercitives prises par le Conseil de sécurité, tout autre Etat, qu'il soit ou non Membre des Nations Unies, s'il se trouve en présence de difficultés économiques particulières dues à l'exécution desdites mesures, a le droit de consulter le Conseil de sécurité au sujet de la solution de ces difficultés.

Article 51 : Aucune disposition de la présente Charte ne porte atteinte au droit naturel de légitime défense, individuelle ou collective, dans le cas où un Membre des Nations Unies est l'objet d'une agression armée, jusqu'à ce que le Conseil de sécurité ait pris les mesures nécessaires pour maintenir la paix et la sécurité internationales. Les mesures prises par des Membres dans l'exercice de ce droit de légitime défense sont immédiatement portées à la connaissance du Conseil de sécurité et n'affectent en rien le pouvoir et le devoir qu'a le Conseil, en vertu de la présente Charte, d'agir à tout moment de la manière qu'il juge nécessaire pour maintenir ou rétablir la paix et la sécurité internationales.

CHAPITRE VIII : ACCORDS REGIONAUX

Article 52 : 1. Aucune disposition de la présente Charte ne s'oppose à l'existence d'accords ou d'organismes régionaux destinés à régler les affaires qui, touchant au maintien de la paix et de la sécurité internationales, se prêtent à une action de caractère régional, pourvu que ces accords ou ces organismes régionaux et leur activité soient compatibles avec les Buts et les Principes des Nations Unies.

2. Les Membres des Nations Unies qui concluent ces accords ou constituent ces organismes doivent faire tous leurs efforts pour régler d'une manière pacifique, par le moyen desdits accords ou organismes, les différends d'ordre local, avant de les soumettre au Conseil de sécurité.

3. Le Conseil de sécurité encourage le développement du règlement pacifique des différends d'ordre local par le moyen de ces accords ou de ces organismes régionaux, soit sur l'initiative des Etats intéressés, soit sur renvoi du Conseil de sécurité.

4. Le présent article n'affecte en rien l'application des articles 34 et 35.

Article 53 : 1. Le Conseil de sécurité utilise, s'il y a lieu, les accords ou organismes régionaux pour l'application des mesures coercitives prises sous son autorité. Toutefois, aucune action coercitive ne sera entreprise en vertu d'accords régionaux ou par des organismes régionaux sans l'autorisation du Conseil de sécurité ; sont exceptées les mesures contre tout Etat ennemi au sens de la définition donnée au paragraphe 2 du présent article, prévues en application de l'article 107 ou dans les accords régionaux dirigés contre la reprise, par un tel Etat, d'une politique d'agression, jusqu'au moment où l'Organisation pourra, à la demande des gouvernements intéressés, être chargée de la tâche de prévenir toute nouvelle agression de la part d'un tel Etat.

2. Le terme « Etat ennemi », employé au paragraphe 1 du présent article, s'applique à tout Etat qui, au cours de la Seconde Guerre mondiale, a été l'ennemi de l'un quelconque des signataires de la présente Charte.

Article 54 : Le Conseil de sécurité doit, en tout temps, être tenu pleinement au courant de toute action entreprise ou envisagée en vertu d'accords régionaux ou par des organismes régionaux, pour le maintien de la paix et de la sécurité internationales.

Article 55 : En vue de créer les conditions de stabilité et de bien-être nécessaires pour assurer entre les nations des relations pacifiques et amicales fondées sur le respect du principe de l'égalité des droits des peuples et de leur droit à disposer d'eux-mêmes, les Nations Unies favoriseront :

a) le relèvement des niveaux de vie, le plein emploi et les conditions de progrès et de développement dans l'ordre économique et social ;
b) la solution des problèmes internationaux dans les domaines économique, social, de la santé publique et autres problèmes connexes, et la coopération internationale dans le domaine de la culture intellectuelle et de l'éducation ;
c) le respect universel et effectif des droits de l'Homme et des libertés fondamentales pour tous, sans distinction de race, de sexe, de langue ou de religion.

Article 56 : Les Membres s'engagent, en vue d'atteindre les buts énoncés à l'article 55, à agir, tant conjointement que séparément, en coopération avec l'Organisation.

Article 57 : 1. Les diverses institutions spécialisées créées par accords intergouvernementaux en vue de coordonner et pourvues, aux termes de leurs statuts, d'attributions internationales étendues dans les domaines économique, social, de la culture intellectuelle et de l'éducation, de la santé publique et autres domaines connexes, sont reliées à l'Organisation conformément aux dispositions de l'article 63.

2. Les institutions ainsi reliées à l'Organisation sont désignées ci-après par l'expression « institutions spécialisées ».

Article 58 : L'Organisation fait des recommandations en vue de coordonner les programmes et activités des institutions spécialisées.

Article 59 : L'Organisation provoque, lorsqu'il y a lieu, des négociations entre les Etats intéressés en vue de la création de toutes nouvelles institutions spécialisées nécessaires pour atteindre les buts énoncés à l'article 55.

Article 60 : L'Assemblée générale, et sous son autorité, le Conseil économique et social qui dispose à cet effet des pouvoirs qui lui sont attribués aux termes du chapitre X, sont chargés de remplir les fonctions de l'Organisation énoncées au présent chapitre.

CHAPITRE X : CONSEIL ECONOMIQUE ET SOCIAL

Composition

Article 61 : 1. Le Conseil économique et social se compose de cinquante-quatre Membres de l'Organisation des Nations Unies élus par l'Assemblée générale.

2. Sous réserve des dispositions du paragraphe 3, dix-huit Membres du Conseil économique et social sont élus chaque année pour une période de trois ans. Les membres sortants sont immédiatement rééligibles.

3. Lors de la première élection qui aura lieu après que le nombre des membres du Conseil économique et social aura été porté de vingt-sept à cinquante-quatre. Vingt-sept membres seront élus en plus de ceux qui auront été élus en remplacement des neuf membres dont le mandat viendra à expiration à la fin de l'année. Le mandat de neuf de ces vingt-sept membres supplémentaires expirera au bout d'un an et celui de neuf autres au bout de deux ans, selon les dispositions prises par l'Assemblée générale.

4. Chaque membre du Conseil économique et social a un représentant au Conseil.

Fonctions et pouvoirs

Article 62 : 1. Le Conseil économique et social peut faire ou provoquer des études ou des rapports sur des questions internationales dans les domaines économique, social de la culture intellectuelle et de l'éducation, de la santé publique et autres domaines connexes et peut adresser des recommandations sur toutes ces questions à l'Assemblée générale, aux Membres de l'Organisation et aux institutions spécialisées intéressées.

2. Il peut faire des recommandations en vue d'assurer le respect effectif des droits de l'Homme et des libertés fondamentales pour tous.

3. Il peut, sur des questions de sa compétence, préparer des projets de convention pour les soumettre à l'Assemblée générale.

4. Il peut convoquer, conformément aux règles fixées par l'Organisation, des conférences internationales sur des questions de sa compétence.

Article 63 : 1. Le Conseil économique et social peut conclure avec toute institution visée à l'article 57, des accords fixant les conditions dans lesquelles cette institution sera reliée à l'Organisation. Ces accords sont soumis à l'approbation de l'Assemblée générale.

2. Il peut coordonner l'activité des institutions spécialisées en se concertant avec elles, en leur adressant des recommandations, ainsi qu'en adressant des recommandations à l'Assemblée générale et aux Membres des Nations Unies.

Article 64 : 1. Le Conseil économique et social peut prendre toutes mesures utiles pour recevoir des rapports réguliers des institutions spécialisées. Il peut s'entendre avec les Membres de l'Organisation et avec les institutions spécialisées afin de recevoir des rapports sur les mesures prises en exécution de ses propres recommandations et des recommandations de l'Assemblée générale sur des objets relevant de la compétence du Conseil.

2. Il peut communiquer à l'Assemblée générale ses observations sur ces rapports.

Article 65 : Le Conseil économique et social peut fournir des informations au Conseil de sécurité et l'assister si celui-ci le demande.

Article 66 : 1. Le Conseil économique et social, dans l'exécution des recommandations de l'Assemblée générale, s'acquitte de toutes les fonctions qui entrent dans sa compétence.

2. Il peut, avec l'approbation de l'Assemblée générale, rendre les services qui lui seraient demandés par des Membres de l'Organisation ou par des institutions spécialisées.

3. Il s'acquitte des autres fonctions qui lui sont dévolues dans d'autres parties de la présente Charte ou qui peuvent lui être attribuées par l'Assemblée générale.

Vote

Article 67 : 1. Chaque membre du Conseil économique et social dispose d'une voie.

2. Les décisions du Conseil économique et social sont prises à la majorité des membres présents et votants.

Procédure

Article 68 : Le Conseil économique et social institue des commissions pour les questions économiques et sociales et le progrès des droits de l'Homme ainsi que toutes autres commissions nécessaires à l'exercice de ses fonctions.

Article 69 : Le Conseil économique et social, lorsqu'il examine une question qui intéresse particulièrement un Membre de l'Organisation, convie celui-ci à participer, sans droit de vote, à ses délibérations.

Article 70 : Le Conseil économique et social peut prendre toutes dispositions

pour que des représentants des institutions spécialisées participent, sans droit de vote, à ses délibérations et à celles des commissions instituées par lui,

et pour que ses propres représentants participent aux délibérations des institutions spécialisées.

Article 71 : Le Conseil économique et social peut prendre toutes dispositions utiles pour consulter les organisations non gouvernementales qui s'occupent des questions relevant de sa compétence. Ces dispositions peuvent s'appliquer à des organisations internationales et, s'il y a lieu, à des organisations nationales après consultation du Membre intéressé de l'Organisation.

Article 72 : 1. Le Conseil économique et social adopte son règlement intérieur dans lequel il fixe le mode de désignation de son Président.

2. Il se réunit selon les besoins conformément à son règlement ; celui-ci comportera des dispositions prévoyant la convocation du Conseil sur la demande de la majorité de ses membres.

CHAPITRE XI : DECLARATION RELATIVE AUX TERRITOIRES NON AUTONOMES

Article 73 : Les Membres des Nations Unies qui ont ou qui assument la responsabilité d'administrer des territoires dont les populations ne s'administrent pas encore complètement elles-mêmes, reconnaissent le principe de la primauté des intérêts des habitants de ces territoires. Ils acceptent comme une mission sacrée l'obligation de favoriser dans toute la mesure du possible leur prospérité, dans le cadre du système de paix et de sécurité internationales établi par la présente Charte et, à cette fin :

a) d'assurer, en respectant la culture des populations en question, leur propre politique économique et social, ainsi que le développement de leur instruction, de les traiter avec équité et de les protéger contre les abus ;
b) de développer leur capacité de s'administrer elles-mêmes, de tenir compte des aspirations politiques des populations et de les aider dans le développement progressif de leurs libres institutions politiques, dans la mesure appropriée aux conditions particulières de chaque territoire et de ses populations et à leurs degrés variables de développement ;
c) d'affermir la paix et la sécurité internationales ;
d) de favoriser des mesures constructives de développement, d'encourager les travaux de recherche, de coopérer entre eux et quand les circonstances s'y prêtent, avec les organismes internationaux spécialisés, en vue d'atteindre effectivement les buts sociaux, économiques et scientifiques énoncés au présent article ;
e) de communiquer régulièrement au Secrétaire général, à titre d'information, sous réserve des exigences de la sécurité et de considération d'ordre constitutionnel, des renseignements statistiques et autres de nature technique relatifs aux conditions économiques, sociales et de l'instruction dans les territoires dont ils sont respectivement responsables, autres que ceux auxquels s'appliquent les chapitres XII et XIII.

Article 74 : Les Membres de l'Organisation reconnaissent aussi que leur politique doit être fondée, autant dans les territoires auxquels s'applique le présent chapitre que dans leurs territoires métropolitains, sur le principe général du bon voisinage dans le domaine social, économique et commercial, compte tenu des intérêts et de la prospérité du reste du monde.

CHAPITRE XII : REGIME INTERNATIONAL DE TUTELLE

Article 75 : L'Organisation des Nations Unies établira, sous son autorité, un régime international de tutelle pour l'administration et la surveillance des territoires qui pourront être placés sous ce régime en vertu d'accords particuliers ultérieurs. Ces territoires sont désignés ci-après par l'expression « territoires sous tutelle ».

Article 76 : Conformément aux Buts des Nations Unies, énoncés à l'article 1er de la présente Charte, les fins essentielles du régime de tutelle sont les suivantes :

a) affermir la paix et la sécurité internationales ;
b) favoriser le progrès politique, économique et social des populations des territoires sous tutelle ainsi que le développement de leur instruction, favoriser également leur évolution progressive vers la capacité à s'administrer eux-mêmes ou l'indépendance, compte tenu des conditions particulières à chaque territoire et à ses populations, des aspirations librement exprimées des populations intéressées et des dispositions qui pourront être prévues dans chaque accord de tutelle ;
c) encourager le respect des droits de l'Homme et des libertés fondamentales pour tous, sans distinction de race, de sexe, de langue ou de religion, et développer le sentiment de l'interdépendance des peuples du monde ;
d) assurer l'égalité de traitement dans le domaine social, économique et commercial à tous les Membres de l'Organisation et à leurs ressortissants, assurer de même à ces derniers l'égalité de traitement dans l'administration de la justice, sans porter préjudice à la réalisation des fins annoncées ci-dessus, et sous réserve des dispositions de l'article 80.

Article 77 : 1. Le régime de tutelle s'appliquera aux territoires entrant dans les catégories ci-dessous et qui viendraient à être placés sous ce régime en vertu d'accords de tutelle :

a) territoires actuellement sous mandat ;
b) territoires qui peuvent être détachés d'Etats ennemis par suite de la Seconde Guerre mondiale ;

c) territoires volontairement placés sous ce régime par les Etats responsables de leur administration.

2. Un accord ultérieur déterminera quels territoires, entrant dans les catégories susmentionnées, seront placés sous le régime de tutelle, et dans quelles conditions.

Article 78 : Le régime de tutelle ne s'appliquera pas aux pays devenus Membres des Nations Unies, les relations entre celles-ci devant être fondées sur le respect du principe de l'égalité souveraine.

Article 79 : Les termes du régime de tutelle, pour chacun des territoires à placer sous ce régime, de même que les modifications et amendements qui peuvent y être apportés, feront l'objet d'un accord entre les Etats directement intéressés, y compris la puissance mandataire dans le cas de territoires sous mandat d'un Membre des Nations Unies, et seront approuvés conformément aux articles 83 et 85.

Article 80 : 1. A l'exception de ce qui peut être convenu dans les accords particuliers de tutelle conclus conformément aux articles 77, 79 et 81 et plaçant chaque territoire sous le régime de tutelle, et jusqu'à ce que ces accords aient été conclus, aucune disposition du présent chapitre ne sera interprétée comme modifiant directement ou indirectement en aucune manière, les droits quelconques d'aucun Etat ou d'aucun peuple ou les dispositions d'actes internationaux en vigueur auxquels des Membres de l'Organisation peuvent être parties.

2. Le paragraphe 1 du présent article ne doit pas être interprété comme motivant un retard ou un ajournement de la négociation et de la conclusion d'accords destinés à placer sous le régime de tutelle des territoires sous mandat ou d'autres territoires ainsi qu'il est prévu à l'article 77.

Article 81 : L'accord de tutelle comprend, dans chaque cas, les conditions dans lesquelles le territoire sous tutelle sera administré et désigne l'autorité qui en assurera l'administration. Cette autorité, désignée ci-après par l'expression « autorité chargée de l'administration », peut être constituée par un ou plusieurs Etats ou par l'Organisation elle-même.

Article 82 : Un accord de tutelle peut désigner une ou plusieurs zones stratégiques pouvant comprendre tout ou partie du territoire sous tutelle auquel l'accord s'applique, sans préjudice de tout accord spécial ou de tous accords spéciaux conclus en application de l'article 43.

Article 83 : 1. En ce qui concerne les zones stratégiques, toutes les fonctions dévolues à l'Organisation, y compris l'approbation des termes des accords de tutelle ainsi que de la modification ou de l'amendement éventuel de ceux-ci, sont exercés par le Conseil de sécurité.

2. Les fins essentielles énoncées à l'article 76 valent pour la population de chacune des zones stratégiques.

3. Le Conseil de sécurité, eu égard aux dispositions des accords de tutelle et sous réserve des exigences de la sécurité, aura recours à l'assistance du Conseil de tutelle dans l'exercice des fonctions assumées par l'Organisation au titre du régime de tutelle, en matière politique, économique et sociale, et en matière d'instruction, dans les zones stratégiques.

Article 84 : L'autorité chargée de l'administration a le devoir de veiller à ce que le territoire sous tutelle apporte sa contribution au maintien de la paix et de la sécurité internationales. A cette fin, elle peut utiliser des contingents de volontaires, les facilités et l'aide du territoire sous tutelle pour remplir les obligations qu'elle a contractées à cet égard envers le Conseil de sécurité ainsi que pour assurer la défense locale et le maintien de l'ordre à l'intérieur du territoire sous tutelle.

Article 85 : 1. En ce qui concerne les accords de tutelle relatifs à toutes les zones qui ne sont pas désignées comme zone stratégiques, les fonctions de l'organisation, y compris l'approbation des termes des accords de tutelle et de leur modification ou amendement, sont exercés par l'Assemblée générale.

2. Le conseil de tutelle, agissant sous l'autorité de l'Assemblée générale, assiste celle-ci dans l'accomplissement de ces tâches.

CHAPITRE XIII : CONSEIL DE TUTELLE

Composition

Article 86 :

1. Le Conseil de tutelle se compose des Membres suivants des Nations Unies :

a) les Membres chargés d'administrer des territoires sous tutelle ;
b) ceux des Membres désignés nommément à l'article 23 qui n'administrent pas de territoires sous tutelle ;
c) autant d'autres Membres élus pour trois ans, par l'Assemblée générale, qu'il sera nécessaire pour que le nombre total des Membres du Conseil de tutelle se partage également entre les Membres des Nations Unies qui administrent des territoires sous tutelle et ceux qui n'en administrent pas.

2. Chaque membre du Conseil de tutelle désigne une personne particulièrement qualifiée pour le représenter au Conseil.

Article 87 : L'Assemblée générale, et sous son autorité, le Conseil de tutelle, dans l'exercice de leurs fonctions, peuvent :

a) examiner les rapports soumis par l'autorité chargée de l'administration ;
b) recevoir des pétitions et les examiner en consultation avec ladite autorité ;
c) faire procéder à des visites périodiques dans les territoires administrés par ladite autorité, à des dates connues avec elle ;
d) prendre ces dispositions et toutes autres conformément aux termes des accords de tutelle.

Article 88 : Le Conseil de tutelle établit un questionnaire portant sur les progrès des habitants de chaque territoire sous tutelle dans les domaines politique, économique, social et dans celui de l'instruction, l'autorité chargée de l'administration de chaque territoire sous tutelle relevant de la compétence de l'Assemblée générale adresse à celle-ci un rapport annuel fondé sur le questionnaire précité.

Vote

Article 89 : 1. Chaque membre du Conseil de tutelle dispose d'une voix.

2. Les décisions du Conseil de tutelle sont prises à la majorité des membres présents et votants.

Procédure

Article 90 : 1. Le Conseil de tutelle adopte son règlement dans lequel il fixe le mode de désignation de son Président.

2. Il se réunit selon les besoins conformément à son règlement ; celui-ci comprend des dispositions prévoyant la convocation du Conseil à la demande de la majorité de ses membres.

Article 91 : Le Conseil de tutelle recourt, quand il y a lieu, à l'assistance du Conseil économique et social et à celle des institutions spécialisées, pour les qui relèvent de leurs compétences respectives.

CHAPITRE XIV : COUR INTERNATIONALE DE JUSTICE

Article 92 : La Cour internationale de justice constitue l'organe judiciaire principal des Nations Unies. Elle fonctionne conformément à un statut établi sur la base du statut de la Cour permanente de justice internationale et annexé à la présente Charte dont il fait partie intégrante.

Article 93 : 1.

Tous les Membres des Nations Unies sont ipso facto parties au statut de la Cour internationale de justice.

2. Les conditions dans lesquelles les Etats qui ne sont pas Membres de l'Organisation peuvent devenir parties au statut de la Cour internationale de justice sont déterminées, dans chaque cas, par l'Assemblée générale sur recommandation du Conseil de sécurité.

Article 94 : 1. Chaque Membre des Nations Unies s'engage à se conformer à la décision de la Cour international de justice dans tout litige auquel il est partie.

2. Si une partie à un litige ne satisfait pas aux obligations qui lui incombent en vertu d'un arrêt rendu par la Cour, l'autre partie peut recourir au Conseil de sécurité et celui-ci, s'il le juge nécessaire, peut faire des recommandations ou décider des mesures à prendre pour faire exécuter l'arrêt.

Article 95 : Aucune disposition de la présente Charte n'empêche les Membres de l'Organisation de confier la solution de leurs différends à d'autres tribunaux en vertu d'accords déjà existants ou qui pourront être conclus à l'avenir.

Article 96 : 1. L'Assemblée générale ou le Conseil de sécurité peut demander à la Cour internationale de justice un avis consultatif sur toute question juridique.

2. Tous autres organes de l'Organisation et institutions spécialisées qui peuvent, à un moment quelconque, recevoir de l'Assemblée générale une autorisation à cet effet, ont également le droit de demander à la Cour des avis consultatifs sur des questions juridiques qui se poseraient dans le cadre de leur activité.

CHAPITRE XV : SECRETARIAT

Article 97 : Le secrétariat comprend un secrétaire général et le personnel que peut exiger l'Organisation. Le secrétaire général est nommé par l'Assemblée générale sur recommandation du Conseil de sécurité. Il est le plus haut fonctionnaire de l'Organisation.

Article 98 : Le Secrétaire général agit en cette qualité à toutes les réunions de l'Assemblée générale, du Conseil de sécurité, du Conseil économique et social et du Conseil de tutelle. Il remplit toutes autres fonctions dont il est chargé par ces organes. Il présente à l'Assemblée générale un rapport annuel sur l'activité de l'Organisation.

Article 99 : Le Secrétaire général peut attirer l'attention du Conseil de sécurité sur toute affaire qui, à son avis, pourrait mettre en danger le maintien de la paix et de la sécurité internationales.

Article 100 : 1. Dans l'accomplissement de leurs devoirs, le Secrétaire général et le personnel ne solliciteront ni n'accepteront d'instructions d'aucun gouvernement ni d'aucune autorité extérieure à l'Organisation. Ils s'abstiendront de tout acte incompatible avec leur situation de fonctionnaires internationaux et ne sont responsables qu'envers l'Organisation.

2. Chaque Membre de l'Organisation s'engage à respecter le caractère exclusivement international des fonctions du Secrétaire général et du personnel et à ne pas chercher à les influencer dans l'exécution de leur tâche.

Article 101 : 1. Le personnel est nommé par le Secrétaire général conformément aux règles fixées par l'Assemblée générale.

2. Un personnel spécial est affecté d'une manière permanente au Conseil économique et social, au Conseil de tutelle et, s'il y a lieu à d'autres organes de l'Organisation. Ce personnel fait partie du Secrétariat.

3. La considération dominante dans le recrutement et la fixation des conditions d'emploi du personnel doit être la nécessité d'assurer à l'Organisation les services de personnes possédant les plus hautes qualités de travail, de compétence et d'intégrité. Sera dûment prise en considération l'importance d'un recrutement effectué sur une base géographique aussi large que possible.

CHAPITRE XVI : DISPOSITIONS DIVERSES

Article 102 : 1. Tout traité ou accord international conclu par un Membre des Nations Unies après l'entrée en vigueur de la présente Charte sera, le plus tôt possible, enregistré au Secrétariat et publié par lui.

2. Aucune partie à un traité ou accord international qui n'aura pas été enregistré conformément aux dispositions du paragraphe 1 du présent article ne pourra invoquer ledit traité ou accord devant un organe de l'Organisation.

Article 103 : En cas de conflit entre les obligations des Membres des Nations Unies en vertu de la présente Charte et leurs obligations en vertu de tout autre accord international, les premières prévaudront.

Article 104 : L'Organisation jouit, sur le territoire de chacun de ses Membres, de la capacité juridique qui lui est nécessaire pour exercer ses fonctions et atteindre ses buts.

Article 105 : L'Organisation jouit, sur le territoire de chacun de ses Membres, des privilèges et immunités qui lui sont nécessaires pour atteindre ses buts.

CHAPITRE XVII : DISPOSITIONS TRANSITOIRES DE SECURITE

Article 106 : En attendant l'entrée en vigueur des accords spéciaux mentionnés à l'article 43 qui, de l'avis du Conseil de sécurité, lui permettront de commencer à assumer les responsabilités lui incombant en application de l'article 42, les parties à la Déclaration des Quatre Nations signée à Moscou le 30 octobre 1943 et la France se concerteront entre elles et, s'il y a lieu, avec d'autres Membres de l'Organisation, conformément aux dispositions du paragraphe 5 de cette Déclaration, en vue d'entreprendre en commun, au nom des Nations Unies, toute action qui pourrait être nécessaire pour maintenir la paix et la sécurité internationale.

Article 107 : Aucune disposition de la présente Charte, n'affecte ou n'interdit vis-à-vis d'un Etat qui, au cours de la Seconde Guerre mondiale, a été l'ennemi de l'un quelconque des signataires de la présente Charte, une action entreprise ou autorisée, comme suite de cette guerre, par les gouvernements qui ont la responsabilité de cette action.

CHAPITRE XVIII : AMENDEMENTS

Article 108 : Les amendements à la présente Charte entreront en vigueur pour tous les Membres des Nations Unies quand ils auront été adoptés à la majorité des deux tiers des membres de l'Assemblée générale et ratifiés, conformément à leurs règles constitutionnelles respectives, par les deux tiers des Membres de l'Organisation, y compris tous les membres permanents du Conseil de sécurité.

Article 109 : 1. Une conférence générale des Membres des Nations Unies, aux fins d'une révision de la présente Charte, pourra être réunie aux lieu et date qui seront fixés par un vote de l'Assemblée générale à la majorité des deux tiers et par

un vote de neuf quelconques des membres du Conseil de sécurité. Chaque Membre de l'Organisation disposera d'une voix à la conférence.

2. Toute modification à la présente Charte recommandée par la Conférence à la majorité des deux tiers prendra effet lorsqu'elle aura été ratifiée, conformément à leurs règles constitutionnelles respectives, par les deux tiers des Membres des Nations Unies, y compris tous les membres permanents du Conseil de sécurité.

3. Si une conférence n'a pas été réunie avant la dixième session annuelle de l'Assemblée générale qui suivra l'entrée en vigueur de la présente Charte, une proposition en vue de la convoquer sera inscrite à l'ordre du jour de cette session, et la conférence sera réunie, s'il en est ainsi décidé par un vote de la majorité de l'Assemblée générale et par un vote de sept quelconques des membres du Conseil de sécurité.

CHAPITRE XIX : RATIFICATION ET SIGNATURE

Article 110 : 1. La présente Charte sera ratifiée par les Etats signataires conformément à leurs règles constitutionnelles respectives.

2. Les ratifications seront déposées auprès du gouvernement des Etats-Unis d'Amérique, qui notifiera chaque dépôt à tous les Etats signataires ainsi qu'au Secrétariat général de l'Organisation, lorsque celui-ci aura été nommé.

3. La présente Charte entrera en vigueur après le dépôt des ratifications par la République de Chine, la France, l'Union des Républiques socialistes, soviétiques, le Royaume-Uni de Grande-Bretagne et d'Irlande du Nord, les Etats-Unis d'Amérique et par la majorité des autres Etats signataires. Un procès-verbal de dépôt des ratifications sera ensuite dressé par le Gouvernement des Etats-Unis d'Amérique qui en communiquera copie à tous les Etats signataires.

4. Les Etats signataires de la présente Charte qui la ratifieront après son entrée en vigueur deviendront

Membres originaires des Nations Unies à la date du dépôt de leurs ratifications respectives.

Article 111 : La présente Charte, dont les textes chinois, français, russe, anglais et espagnol feront également foi, sera déposée dans les archives du Gouvernement des Etats-Unis d'Amérique. Des copies dûment certifiées conformes en seront remises par lui aux Gouvernements des autres Etats signataires.

En foi de quoi, les représentants des Gouvernements des Nations Unies ont signé la présente Charte.

Fait à San Francisco, le vingt-six juin mil neuf cent quarante-cinq.

ACTE CONSTITUTIF DE L'UNION AFRICAINE

Nous, Chefs d'Etat et de Gouvernement des Etats membres de l'Organisation de l'Unité

Africaine (OUA) ;

1. Le Président de la République d'Afrique du Sud

2. Le Président de la République Algérienne Démocratique et Populaire

3. Le Président de la République d'Angola

4. Le Président de la République du Bénin

5. Le Président de la République du Botswana

6. Le Président du Burkina Faso

7. Le Président de la République du Burundi

8. Le Président de la République du Cameroun

9. Le Président de la République du Cap-Vert

10. Le Président de la République Centrafricaine

11. Le Président de la République Fédérale Islamique des Comores

12. Le Président de la République du Congo

13. Le Président de la République de Côte d'Ivoire

14. Le Président de la République de Djibouti

15. Le Président de la République Arabe d'Egypte

16. Le Premier Ministre de la République Fédérale et Démocratique d'Ethiopie

17. Le Président de l'Etat d'Erythrée

18. Le Président de la République Gabonaise

19. Le Président de la République de Gambie

20. Le Président de la République du Ghana

21. Le Président de la République de Guinée

22. Le Président de la République de Guinée Bissau

23. Le Président de la République de Guinée Equatoriale

24. Le Président de la République du Kenya

25. Le Premier Ministre du Royaume du Lesotho

26. Le Président de la République du Liberia

27. Le Guide de la Révolution du 1er septembre de la Grande Jamahiriya Arabe Libyenne

Populaire et Socialiste

28. Le Président de la République de Madagascar

29. Le Président de la République du Malawi

30. Le Président de la République du Mali

31. Le Premier Ministre de la République de Maurice

32. Le Président de la République Islamique de Mauritanie

33. Le Président de la République du Mozambique

34. Le Président de la République de Namibie

35. Le Président de la République du Niger

36. Le Président de la République Fédérale du Nigeria

37. Le Président de la République Ougandaise

38. Le Président de la République Rwandaise

39. Le Président de la République Démocratique du Congo

40. Le Président de la République Arabe Sahraoui Démocratique

41. Le Président de la République de Sao Tome & Principe

42. Le Président de la République du Sénégal

43. Le Président de la République des Seychelles

44. Le Président de la République de Sierra Leone

45. Le Président de la République de Somalie

46. Le Président de la République du Soudan

47. Le Roi du Swaziland

48. Le Président de la République Unie de Tanzanie

49. Le Président de la République du Tchad

50. Le Président de la République Togolaise

51. Le Président de la République de Tunisie

52. Le Président de la République de Zambie

53. Le Président de la République du Zimbabwe

Inspiréspar les nobles idéaux qui ont guidé les pères fondateurs de notre Organisation continentale et des générations de panafricanistes dans leur détermination à promouvoir l'unité, la solidarité, la cohésion et la coopération entre les peuples d'Afrique, et entre les

Etats africains ;

Considérant les principes et les objectifs énoncés dans la Charte de l'Organisation de l'Unité Africaine et le Traité instituant la Communauté économique africaine ;

Rappelant les luttes héroïques menées par nos peuples et nos pays pour l'indépendance politique, la dignité humaine et l'émancipation économique ;

Considérant que depuis sa création, l'Organisation de l'Unité Africaine a joué un rôle déterminant et précieux dans la libération du continent, l'affirmation d'une identité commune et la réalisation de l'unité de notre continent, et a constitué un cadre unique pour notre action collective en Afrique et dans nos relations avec le reste du monde ;

Résolus à relever les défis multiformes auxquels sont confrontés notre continent et nos peuples, à la lumière des changements sociaux, économiques et politiques qui se produisent dans le monde ;

Convaincus de la nécessité d'accélérer le processus de mise en œuvre du Traité instituant la Communauté économique africaine afin de promouvoir le développement socio-économique de l'Afrique et de faire face de manière plus efficace aux défis de la mondialisation ;

Guidés par notre vision commune d'une Afrique unie et forte, ainsi que par la nécessité d'instaurer un partenariat entre les gouvernements et toutes les composantes de la société civile, en particulier les femmes, les jeunes et le secteur privé, afin de renforcer la solidarité et la cohésion entre nos peuples ;

Conscients du fait que le fléau des conflits en Afrique constitue un obstacle majeur au développement socio-économique du continent, et de la nécessité de promouvoir la paix, la sécurité et la stabilité, comme condition préalable a la mise en œuvre de notre agenda dans le domaine du développement et de l'intégration ;

Résolusà promouvoir et à protéger les droits de l'homme et des peuples, à consolider les institutions et la culture démocratiques, à promouvoir la bonne gouvernance et l'Etat de droit ;

Résoluségalement à prendre toutes les mesures nécessaires pour renforcer nos institutions communes et à les doter des pouvoirs et des ressources nécessaires afin de leur permettre de remplir efficacement leurs missions ;

Rappelantla Déclaration que nous avons adoptée lors de la quatrième session

extraordinaire de notre Conférence à Syrte, en Grande Jamahiriya arabe libyenne populaire socialiste, le 9.9.99, et par laquelle nous avons décidé de créer l'Union africaine, conformément aux objectifs fondamentaux de la Charte de l'Organisation de l'Unité Africaine (OUA) et du Traité instituant la Communauté économique africaine ;

SOMMES CONVENUS DE CE QUI SUIT :

Article Premier

Définitions

Dans le présent Acte constitutif, on entend par :

« Acte », le présent Acte constitutif ;

« AEC », la Communauté économique africaine ;

« Charte », la Charte de l'OUA ;

« Comité » un comité technique spécialisé ;

« Commission », le Secrétariat de l'Union ;

« Conférence », la Conférence des Chefs d'Etat et de Gouvernement de l'Union ;

« Conseil », le Conseil économique, social et culturel de l'Union ;

« Conseil exécutif » le Conseil exécutif des Ministres de l'Union ;

« Cour », la Cour de justice de l'Union ;

« Etat membre », un Etat membre de l'Union ;

« OUA », l'Organisation de l'Unité Africaine ;

« Parlement », le Parlement panafricain de l'Union ;

« Union », l'Union africaine créée par le présent Acte constitutif.

Article 2

Institution de l'Union africaine

Il est institué par les présentes une Union africaine conformément aux dispositions du présent Acte.

Article 3

Les objectifs de l'Union sont les suivants :

a. réaliser une plus grande unité et solidarité entre les pays africains et entre les peuples d'Afrique ;

b. défendre la souveraineté, l'intégrité territoriale et l'indépendance de ses Etats membres ;

c. accélérer l'intégration politique et socio-économique du continent ;

d. promouvoir et défendre les positions africaines communes sur les questions d'intérêt pour le continent et ses peuples ;

e. favoriser la coopération internationale, en tenant dûment compte de la Charte des Nations Unies et de la Déclaration universelle des droits de l'homme ;

f. promouvoir la paix, la sécurité et la stabilité sur le continent ;

g. promouvoir les principes et les institutions démocratiques, la participation populaire et la bonne gouvernance ;

h. promouvoir et protéger les droits de l'homme et des peuples conformément a la Charte africaine des droits de l'homme et des peuples et aux autres instruments pertinents relatifs aux droits de l'homme ;

i. créer les conditions appropriées permettant au continent de jouer le rôle qui est le sien dans l'économie mondiale et dans les négociations internationales ;

j. promouvoir le développement durable aux plans économique, social et culturel, ainsi que l'intégration des économies africaines ;

k. promouvoir la coopération et le développement dans tous les domaines de l'activité humaine en vue de relever le niveau de vie des peuples africains ;

I. coordonner et harmoniser les politiques entre les Communautés économiques régionales existantes et futures en vue de la réalisation graduelle des objectifs de l'Union ;

m. accélérer le développement du continent par la promotion de la recherche dans tous les domaines, en particulier en science et en technologie ;

n. œuvrer de concert avec les partenaires internationaux pertinents en vue de l'éradication des maladies évitables et de la promotion de la santé sur le continent.

Article 4

Principes

L 'Union africaine fonctionne conformément aux principes suivants :

a. Egalité souveraine et interdépendance de tous les Etats membres de l'Union ;

b. Respect des frontières existant au moment de l'accession à l'indépendance ;

c. Participation des peuples africains aux activités de l'Union ;

d. Mise en place d'une politique de défense commune pour le continent africain ;

e. Règlement pacifique des conflits entre les Etats membres de l'Union par les moyens appropriés qui peuvent être décidés par la Conférence de l'Union ;

f. Interdiction de recourir ou de menacer de recourir à l'usage de la force entre les Etats membres de l'Union ;

g. Non-ingérence d'un Etat membre dans les affaires intérieures d'un autre Etat membre ;

h. Le droit de l'Union d'intervenir dans un Etat membre sur décision de la Conférence, dans certaines circonstances graves, à savoir : les crimes de guerre, le génocide et les crimes contre l'humanité ;

i. Co-existence pacifique entre les Etats membres de l'Union et leur droit de vivre dans la paix et la sécurité ;

j. Droit des Etats membres de solliciter l'intervention de l'Union pour restaurer la paix et la sécurité ;

k. Promotion de l'autodépendance collective, dans le cadre de l'Union ;

l. Promotion de l'égalité entre les hommes et les femmes ;

m. Respect des principes démocratiques, des droits de l'homme, de l'état de droit et de la bonne gouvernance ;

n. Promotion de la justice sociale pour assurer le développement économique équilibré ;

0. Respect du caractère sacro-saint de la vie humaine et condamnation et rejet de l'impunité des assassinats politiques, des actes de terrorisme et des activités subversives ;

p. Condamnation et rejet des changements anti-constitutionnels de gouvernement.

Article 5

Organes de l'Union

1. Les organes de l'Union sont les suivants :

a. La Conférence de l'Union

b. Le Conseil exécutif ;

c. Le Parlement panafricain ;

d. d. La Cour de justice ;

e. La Commission ;

f. Le Comité des représentants permanents ;

g. Les Comités techniques spécialisés ;

h. Le Conseil économique, social et culturel ;

i. Les institutions financières.

2. La Conférence peut décider de créer d'autres organes.

Article 6

La Conférence

1. La Conférence est composée des Chefs d'Etat et de Gouvernement ou de leurs représentants dûment accrédités.

2. La Conférence est l'organe suprême de l'Union.

3. La Conférence se réunit au moins une fois par an en session ordinaire. A la demande d'un Etat membre et sur approbation des deux tiers des Etats membres, elle se réunit en session extraordinaire.

4. La présidence de la Conférence est assurée pendant un an par un chef d'Etat et de

Gouvernement élu, après consultations entre les Etats membres.

Article 7

Decisions de la Conference

1. La Conférence prend ses décisions par consensus ou, à défaut, à la majorité des deux tiers des Etats membres de l'Union. Toutefois, les décisions de procédure, y compris pour déterminer si une question est de procédure ou non, sont prises a la majorité simple.

2. Le quorum est constitué des deux tiers des Etats membres de l'Union pour toute session de la Conférence.

Article 8

Règlement intérieur de la Conférence

La Conférence adopte son propre Règlement intérieur.

Article 9

Pouvoirs et attributions de la Conférence

1. Les pouvoirs et attributions de la Conférence sont les suivants :

a. Définir les politiques communes de l'Union ;

b. Recevoir, examiner et prendre des décisions sur les rapports et les recommandations des autres organes de l'Union et prendre des décisions a ce sujet ;

c. Examiner les demandes d'adhésion à l'Union ;

d. Créer tout organe de l'Union ;

e. Assurer le contrôle de la mise en œuvre des politiques et décisions de l'Union, et veiller à leur application par tous les Etats membres ;

f. Adopter le budget de l'Union ;

g. Donner des directives au Conseil exécutif sur la gestion des conflits, des situations de guerre et autres situations d'urgence ainsi que sur la restauration de la paix ;

h. Nommer et mettre fin aux fonctions des juges de la Cour de justice ;

i. Nommer le Président, le ou les vice-présidents et les Commissaires de la

Commission, et déterminer leurs fonctions et leurs mandats.

2. La Conférence peut déléguer certains de ses pouvoirs et attributions à l'un ou l'autre des organes de l'Union.

Article 10

Le Conseil exécutif

1. Le Conseil exécutif est composé des ministres des Affaires étrangères ou de tous autres ministres ou autorités désignés par les gouvernements des Etats membres.

2. Le Conseil exécutif se réunit en session ordinaire au moins deux fois par an. II se réunit aussi en session extraordinaire a la demande d'un Etat membre et sous réserve de l'approbation des deux tiers de tous les Etats membres.

Article 11

Décisions du Conseil exécutif

1. Le Conseil exécutif prend ses décisions par consensus ou, à défaut, à la majorité des deux tiers des Etats membres de I 'Union. Toutefois, les décisions de procédure, y compris pour déterminer si une question est de procédure ou non, sont prises à la majorité simple.

2. Le quorum est constitué des deux tiers de tous les Etats membres pour toute session du

Conseil exécutif.

Article 12

Règlement intérieur du Conseil exécutif

Le Conseil exécutif adopte son propre Règlement intérieur.

Article 13

Attributions du Conseil exécutif

1. Le Conseil exécutif assure la coordination et décide des politiques dans les domaines d'intérêt communs pour les Etats membres, notamment les domaines suivants :

a. Commerce extérieur ;

b. Energie, industrie et ressources minérales ;

c. Alimentation, agriculture, ressources animales, élevage et forets ;

d. Ressources en eau et irrigation

e. Protection de l'environnement, action humanitaire et réaction et secours en cas de catastrophe ;

f. Transport et communication ;

g. Assurances

h. Education, culture et santé et mise en valeur des ressources humaines ;

i. Science et technologie ;

j. Nationalité, résidence des ressortissants étrangers et questions d'immigration ;

k. Sécurité sociale et élaboration de politiques de protection de la mère et de l'enfant, ainsi que de politiques en faveur des personnes handicapées ;

I. Institution d'un système de médailles et de prix africains.

2. Le Conseil exécutif est responsable devant la Conférence. II se réunit pour examiner les questions dont il est saisi et contrôler la mise en œuvre des politiques arrêtées par la

Conférence.

3. Le Conseil exécutif peut déléguer tout ou partie de ses pouvoirs et attributions mentionnes au paragraphe 1 du présent article aux Comités techniques spécialisés crées aux termes de I'article 14 du présent

Article 14

Les Comités techniques spécialisés création et composition

1. Sont crées les Comites techniques spécialisés suivants qui sont responsables devant le

Conseil exécutif :

a. le Comité chargé des questions d'économie rurale et agricole ;

b. le Comité chargé des affaires monétaires et financières ;

c. le Comité chargé des questions commerciales, douanières et d'immigration ;

d. le Comité chargé de l'industrie, de la science et de la technologie, de l'énergie, des ressources naturelles et de l'environnement.

e. Le Comité chargé des transports, des communications et du tourisme ;

f. Le Comité chargé de la santé, du travail et des affaires sociales ;

g. Le Comité chargé de l'éducation, de la culture et des ressources humaines.

2. La Conférence peut, si elle le juge nécessaire, restructurer les Comités existants ou en créer de nouveaux.

3. Les Comités techniques spécialisés sont composes des ministres oui des hauts fonctionnaires charges des secteurs relevant de leurs domaines respectifs de compétence.

Article 15

Attributions des Comités techniques spécialisés

Chacun des comités, dans le cadre de sa compétence, a pour mandat de :

a. préparer des projets et programmes de l'Union et les soumettre au Conseil exécutif ;

b. assurer le suivi et I'évaluation de la mise en œuvre des décisions prises par les organes de l'Union ;

c. assurer la coordination et l'harmonisation des projets et programmes de l'Union ;

d. présenter des rapports et des recommandations, au Conseil exécutif, soit de sa propre initiative, soit à la demande du Conseil exécutif, sur l'exécution des dispositions du présent Acte ; et

e. s'acquitter de toute tâche qui pourrait lui être confiée, en application des dispositions du présent Acte.

Article 16

Réunions

Sous réserve des directives qui peuvent être données par le Conseil exécutif, chaque Comité se réunit aussi souvent que nécessaire et établit son Règlement intérieur qu'il soumet au Conseil exécutif, pour approbation.

Article 17

Le Parlement panafricain

1. En vue d'assurer la pleine participation des peuples africains au développement et à l'intégration économique du continent, il est créé un Parlement panafricain.

2. La composition, les pouvoirs, les attributions, l'organisation du Parlement panafricain sont définis dans un protocole y afférent.

Article 18

Cour de justice

1. Il est créé une Cour de justice de I 'Union.

2. Les statuts, la composition et les pouvoirs de la Cour de justice sont définis dans un protocole y afférent.

Article 19

Les institutions financières

L'Union africaine est dotée des institutions financières suivantes, dont les statuts sont définis dans des protocoles y afférents :

a. La Banque Centrale Africaine ;

b. Le Fonds monétaire africain ;

c. La Banque africaine d'investissement.

Article 20

La Commission

1. Il est créée une Commission qui est le Secrétariat de l'Union.

2. La Commission est composée du Président, du ou des vices-présidents et des commissaires. Ils sont assistés par le personnel nécessaire au bon fonctionnement de la Commission.

3. La structure, les attributions et les règlements de la Commission sont déterminés par la Conférence.

Article 21

Comité des représentants permanents

1. Il est créée, auprès de l'Union, un Comité des représentants permanents. Il est composé de représentants permanents et autres plénipotentiaires des Etats membres.

2. Le Comité des représentants permanents est responsable de la préparation des travaux du Conseil exécutif et agit sur instruction du

Conseil. Il peut instituer tout sous-comité ou groupe de travail qu'il juge nécessaire.

Article 22

Le Conseil économique, social et culturel

1. Le Conseil économique, social et culturel est un organe consultatif composé des représentants des différentes couches socio-professionnelles des Etats membres de l'Union.

2. Les attributions, les pouvoirs, la composition et l'organisation du Conseil économique, social et culturel sont déterminés par la Conférence.

Article 23

Imposition de sanctions

1. La Conférence détermine comme suit les sanctions appropriées à imposer à l'encontre de tout Etat membre qui serait en défaut de paiement de ses contributions au budget de l'Union : privation du droit de prendre la parole aux réunions, du droit de vote, du droit pour les ressortissants de l'Etat membre concerne d'occuper un poste ou une fonction au sein des organes de l'Union, de bénéficier de toute activité ou de l'exécution de tout engagement dans le cadre de l'Union.

2. En outre, tout Etat membre qui ne se conformerait pas aux décisions et politiques de l'Union peut être frappé de sanctions notamment en matière de liens avec les autres Etats membres dans le domaine des transports et communications, et de toute autre mesure déterminée par la Conférence dans les domaines politique et économique.

Article 24

Siège de l'Union

1. Le siège de l'Union est à Addis Abeba (République Fédérale Démocratique d'Ethiopie)

2. La Conférence peut, sur recommandation du Conseil exécutif, créer des bureaux ou des représentations de l'Union.

Article 25

Langues de travail

Les langues de travail de l'Union et de toutes ses institutions sont, si possible, les langues africaines ainsi que l'arabe, l'anglais, le français et le portugais.

Article 26

Interprétation

La Cour est saisie de toute question née de l'interprétation ou de l'application du présent

Acte. Jusqu'à la mise en place de celle-ci, la question est soumise à la Conférence qui tranche à la majorité des deux tiers.

Article 27

Signature, ratification et adhésion

1. Le présent Acte est ouvert à la signature et a la ratification des Etats membres de l'OUA, conformément à leurs procédures constitutionnelles respectives.

2. Les instruments de ratification sont déposés auprès du Secrétaire général de l'OUA.

3. Tout Etat membre de l'OUA peut adhérer au présent Acte, après son entrée en vigueur, en déposant ses instruments d'adhésion auprès du Président de la Commission.

Article 28

Entrée en vigueur

Le présent Acte entre en vigueur trente (30) jours après le dépôt des instruments de ratification par les deux tiers des Etats membres de l'OUA.

Article 29

Admission comme membre de l'Union

1. Tout Etat Africain peut, à tout moment après l'entrée en vigueur du présent Acte, notifier au Président de la Commission son intention d'adhérer au présent Acte et d'être admis comme membre de l'Union.

2. Le Président de la Commission, des réceptions d'une telle notification, en communique copies à tous les Etats membres. L'admission est décidée à la majorité simple des Etats membres. La décision de chaque Etat membre est transmise au Président de la Commission qui communique la décision d'admission à l'Etat intéressé, après réception du nombre de voix requis.

Article 30

Suspension

Les Gouvernements qui accèdent au pouvoir par des moyens anti-constitutionnels ne sont pas admis à participer aux activités de l'Union.

Article 31

Cessation de la qualité de membre

1. Tout Etat qui désire se retirer de l'Union en notifie par écrit le Président de la Commission qui en informe les Etats membres. Une année après ladite notification, si celle-ci n'est pas retirée, le présent Acte

cesse de s'appliquer à l'Etat concerné qui, de ce fait, cesse d'être membre de l'Union.

2. Pendant la période d'un an visée au paragraphe du présent article, tout Etat membre désireux de se retirer de l'Union doit se conformer aux dispositions du présent Acte et reste tenu de s'acquitter de ses obligations aux termes du présent Acte jusqu'au jour de son retrait.

Article 32

Amendement et révision

1. Tout Etat membre peut soumettre des propositions d'amendement ou de révision du présent Acte.

2. Les propositions d'amendement ou de révision sont soumises au Président de la Commission qui en communique copies aux Etats membres dans les trente (30) jours suivant la date de réception.

3. La Conférence de l'Union, sur avis du Conseil exécutif, examine ces propositions dans un délai d'un an suivant la notification des Etats membres, conformément aux dispositions du paragraphe (2) du présent article.

4. Les amendements ou révisions sont adoptés par la Conférence de l'Union par consensus ou, à défaut, à la majorité des deux tiers, et soumis à la ratification de tous les Etats membres, conformément a leurs procédures constitutionnelles respectives. Les amendements ou révisions entrent en vigueur trente (30) jours après le dépôt, auprès du

Président de la Commission exécutive, des instruments de ratification par les deux tiers des Etats membres.

Article 33

Arrangements transitoires et dispositions finales

1. Le présent Acte remplace la Charte de l'Organisation de l'Unité Africaine. Toutefois, ladite

Charte reste en vigueur pendant une période transitoire n'excédant pas un an ou tout autre délai déterminé par la Conférence, après l'entrée en vigueur du présent Acte, pour permettre à l'OUA/AEC de prendre les mesures appropriées pour le transfert de ses prérogatives, de ses biens, et de ses droits et obligations a l'Union et de régler toutes les questions y afférentes.

2. Les dispositions du présent Acte ont également préséance et remplacent les dispositions du Traite d'Abuja instituant la Communauté économique africaine, qui pourraient être contraires au présent Acte.

3. Dès l'entrée en vigueur du présent Acte, toutes les mesures appropriées sont prises pour mettre en œuvre ses dispositions et pour mettre en place les organes prévus par le présent

Acte, conformément aux directives ou décisions qui pourraient être adoptées a cet égard par les Etats Parties au présent Acte au cours de la période de transition stipulée ci-dessus.

4. En attendant la mise en place de la Commission, le Secrétariat général de l'OUA est le

Secrétariat intérimaire de l'Union.

5. Le présent Acte, établi en quatre (4) exemplaires originaux en arabe, anglais, français et portugais, les quatre (4) textes faisant également foi, est déposé auprès du Secrétaire général et, après son entrée en vigueur, auprès du Président de la Commission, qui en transmet une copie certifiée conforme au Gouvernement de chaque Etat signataire. Le Secrétaire général de l'OUA et le Président de la Commission notifient a tous les Etats signataires, les dates de dépôt des instruments de ratification et d'adhésion, et l'enregistrent, des son entrée en vigueur, auprès du Secrétariat général des Nations Unies.

EN FOI DE QUOI, NOUSavons adopté le présent Acte. Fait à Lomé (Togo), le 11 juillet 2000.

PROTOCOLE RELATIF A LA CREATION DU CONSEIL DE PAIX ET DE SECURITE DEL'UNION AFRICAINE

NOUS, chefs d'Etat et de gouvernement des Etats membres de l'Union africaine ;

CONSIDERANT l'Acte constitutif de l'Union africaine et le Traité instituant la Communauté économique africaine, ainsi que la Charte des Nations unies ;

RAPPELANT la Déclaration sur la création, au sein de l'Organisation de l'unité africaine (OUA), d'un Mécanisme pour la prévention, la gestion et le règlement des conflits, adoptée par la 29e session ordinaire de la Conférence des chefs d'Etat et de gouvernement, tenue au Caire (Egypte), du 28 au 30 juin 1993 ;

RAPPELANT EGALEMENT la décision AHG/Dec.160 (XXXVII) adoptée parla 37e session ordinaire de la Conférence des chefs d'Etat et de gouvernement de l'OUA, tenue à Lusaka (Zambie), du 9 au 11 juillet 2001, décision par laquelle la Conférence a décidé d'incorporer l'Organe central du Mécanisme de l'OUA pour la prévention, la gestion et le règlement des conflits en tant qu'organe del'Union, conformément à l'Article 5(2) de l'Acte constitutif de l'Union africaine, et demandé au Secrétaire général de procéder à la révision des structures, procédures et méthodes de travail de l'Organe central, y compris la possibilité de changer son appellation ;

AYANT A L'ESPRIT les dispositions de la Charte des Nations unies conférant au Conseil de Sécurité la responsabilité principale du maintien de la paix et de la sécurité internationales, ainsi que celles relatives au rôle des accords et organismes régionaux dans le maintien de la paix et de la sécurité internationales et la nécessité de mettre en place un partenariat plus étroit entre les Nations unies, les autres organisations internationales et l'Union africaine, dans la promotion et le maintien de la paix, de la sécurité et de la stabilité en Afrique ;

RECONNAISSANT la contribution des Mécanismes régionaux africains pour la prévention, la gestion et le règlement des conflits dans le maintien et la promotion de la paix, de la sécurité et de la stabilité sur le continent, ainsi que la nécessité de mettre en place et de renforcer les mécanismes formels de coordination et de Coopération entre ces Mécanismes régionaux et l'Union africaine ;

RAPPELANT les décisions AHG/Dec.141 (XXXV) et AHG/Dec.142 (XXXV) sur les changements anticonstitutionnels de gouvernement, adoptées par la 35^{ème}session ordinaire de la Conférence des chefs d'Etat et de gouvernement, tenue à Alger (Algérie), du 12 au 14 juillet 1999, et la Déclaration AHG/Decl.5 (XXXVI) sur le cadre pour une réaction de l'OUA aux changements anticonstitutionnels de gouvernement, adoptée par la 36e session ordinaire de la Conférence des chefs d'Etat et de gouvernement, tenue à Lomé (Togo), du 10 au 12 juillet 2000 ;

RÉAFFIRMANT notre attachement à la Déclaration solennelle AHG/Decl.4 (XXXVI) sur la Conférence de la sécurité, la stabilité, le développement et la coopération en Afrique (CSSDCA), adoptée par la 36e session ordinaire de la Conférence des chefs d'Etat et de gouvernement de l'OUA, tenue à Lomé (Togo), du 10 au 12 juillet 2000, ainsi qu'à la Déclaration AHG/Decl.1 (XXXVII) sur le "Nouveau Partenariat pour le développement de l'Afrique (NOPADA)", qui a été adoptée par la 37e session ordinaire de la Conférence des chefs d'Etat et de gouvernement de l'OUA, tenue à Lusaka (Zambie), du 9 au 11 juillet2001 ;

EXPRIMANT EN OUTRE notre attachement à la Déclaration AHG/Decl.2 (XXX) portant Code de Conduite pour les relations inter-africaines, adoptée par la 30e session ordinaire de la Conférence des chefs d'Etat et de gouvernement de l'OUA, tenue à Tunis (Tunisie), du 13 au 15 juin 1994, ainsi qu'à la Convention de l'OUA sur la prévention et la lutte contre le terrorisme, adoptée par la 35e session ordinaire de la Conférence des chefs d'Etat et de gouvernement de l'OUA, tenue à Alger (Algérie), du 12 au 14 juillet 1999.

PREOCCUPES par les conflits armés qui continuent de sévir en Afrique et par le fait qu'aucun facteur interne n'a autant contribué au déclin socio-économique du continent et aux souffrances des populations civiles que le fléau des conflits au sein de nos Etats et entre nos Etats ;

PREOCCUPES EGALEMENT par le fait que les conflits ont contraint des millions de personnes, y compris des femmes et des enfants, à prendre le chemin de l'exil et à devenir des réfugiés et des personnes déplacées, privées de tout moyen de subsistance, de dignité humaine et d'espoir ;

PREOCCUPES EN OUTRE par le fléau des mines terrestres sur le continent et

RAPPELANT, à cet égard, le Plan d'Action sur la transformation de l'Afrique en une Zone exempte de mines, adoptée par la première Conférence continentale des experts africains sur les mines anti-personnel, tenue à Kempton Park (Afrique du Sud), du 17 au 19 mai 1997, et entérinée par la 66e session ordinaire du Conseil des ministres, tenue à Harare (Zimbabwe), du 26 au 30 mai 1997, ainsi que les décisions subséquentes adoptées par l'OUA sur cette question ;

EGALEMENT PREOCCUPES par l'impact de la prolifération, de la circulation et du trafic illicites des armes légères et de petit calibre sur la paix et la sécurité en Afrique, ainsi que sur les efforts visant à améliorer les conditions de vie des peuples africains, et RAPPELANT, à cet égard, la Déclaration sur la position commune africaine sur la prolifération, la circulation et le trafic illicites des armes légères et de petit calibre, adoptée par la Conférence ministérielle tenue à Bamako (Mali), du 30 novembre au 1er décembre 2000, ainsi que les décisions subséquentes adoptées par l'OUA sur cette question ;

CONSCIENTS de ce que les problèmes causés par les mines terrestres ainsi que par la prolifération, la circulation et le trafic illicites des armes légères et de petit calibre constituent une grave entrave pour le développement socio-économiquede l'Afrique et qu'ils ne peuvent être surmontés que dans le cadre d'une coopération accrue et mieux coordonnée au niveau du continent ;

CONSCIENTS également du fait que le développement d'institutions et d'une culture démocratiques fortes, le respect des droits de l'homme et de l'Etat de droit, ainsi que la mise en œuvre de programmes de redressement post-confits et de politiques de développement durable sont essentielles à la promotion de la sécurité collective, d'une paix et d'une stabilité durables et à la prévention de conflits ;

RESOLUS à renforcer notre capacité à faire face au fléau des conflits sur le continent et à assurer que l'Afrique, à travers l'Union africaine, joue un rôle de premier plan dans la restauration de la paix, de la stabilité et de la sécurité sur le continent ;

DESIREUX de mettre en place une structure opérationnelle pour la mise en œuvre efficace des décisions prises dans les domaines de la prévention des conflits, du rétablissement de la paix, des opérations d'appui à la paix et del'intervention, ainsi que de la consolidation de la paix et de la reconstruction après les conflits, conformément à l'autorité conférée à cet égard par l'Article5 (2) de l'Acte constitutif de l'Union africaine ;

SOMMES CONVENUS DE CE QUI SUIT :

Article premier : Définitions

Au terme du présent Protocole :

a) "Protocole" signifie le présent Protocole ;

b) "Déclaration du Caire" signifie la Déclaration sur la création, au sein del'OUA, du Mécanisme pour la prévention, la gestion et le règlement des conflits ;

c) Déclaration de Lomé" signifie la Déclaration sur le cadre pour une réaction de l'OUA aux changements anticonstitutionnels de gouvernement ;

d) "Acte constitutif" signifie l'Acte constitutif de l'Union africaine ;

e) "Union" signifie l'Union africaine ;

f) "Conférence" signifie la Conférence des chefs d'Etat et de gouvernement de l'Union africaine ;

g) "Commission" signifie la Commission de l'Union africaine ;

h) “Mécanismes régionaux” signifie les Mécanismes régionaux africains pour la prévention, la gestion et le règlement des conflits ;

i) “Etats membres” signifie Etats membres de l’Union africaine.

Article 2 : Création, nature et structure

1. Il est créé, au sein de l’Union, conformément à l’Article 5(2) de l’Acteconstitutif, un Conseil de paix et de sécurité, qui est un organe de décision permanent pour la prévention, la gestion et le règlement des conflits. Le Conseil de paix et de sécurité constitue un système de sécurité collective et d’alerte rapide, visant à permettre une réaction rapide et efficace aux situations de conflit et de crise en Afrique.

2. Le Conseil de paix et de sécurité est appuyé par la Commission, un Groupe des sages, ainsi que par un système continental d’alerte rapide, une force africaine prépositionnée et un Fonds spécial.

Article 3 : Objectifs

Les objectifs du Conseil de paix et de sécurité sont :

a. de promouvoir la paix, la sécurité et la stabilité en Afrique, en vue d’assurer la protection et la préservation de la vie et des biens, le bien-être des populations africaines et de leur environnement, ainsi que la création de conditions propices à un développement durable ;

b. d’anticiper et de prévenir les conflits. Lorsque des conflits éclatent, le Conseil de paix et de sécurité aura la responsabilité de rétablir et de consolider la paix en vue de faciliter le règlement de ces conflits ;

c. de promouvoir et de mettre en œuvre des activités de consolidation de la paix et de reconstruction après les conflits pour consolider la paix et prévenir la résurgence de la violence ;

d. de coordonner et d’harmoniser les efforts du continent dans la prévention et la lutte contre le terrorisme international sous tous ses aspects ;

e. d'élaborer une politique de défense commune de l'Union, conformément à l'Article 4(d) de l'Acte constitutif ;

f. de promouvoir et d'encourager les pratiques démocratiques, la bonne gouvernance et l'état de droit, la protection des droits de l'homme et des libertés fondamentales, le respect du caractère sacré de la vie humaine, ainsi que du droit international humanitaire, dans le cadre des efforts de prévention des conflits.

Article 4 : Principes

Le Conseil de paix et de sécurité est guidé par les principes énoncés dans l'Acte constitutif, la Charte des Nations Unies et la Déclaration universelle des droits de l'homme. Il est, en particulier, guidé par les principes suivants :

a. le règlement pacifique des différends et des conflits ;

b. la réaction rapide pour maîtriser les situations de crise avant qu'elles ne se transforment en conflits ouverts ;

c. le respect de l'état de droit, des droits fondamentaux de l'homme et des libertés, le respect du caractère sacré de la vie humaine, ainsi que du droit international humanitaire ;

d. l'interdépendance entre le développement socio-économique et la sécurité des peuples et des Etats ;

e. le respect de la souveraineté et de l'intégrité territoriale des Etats membres ;

f. la non-ingérence d'un Etat membre dans les affaires intérieures d'un autre Etat membre ;

g. l'égalité souveraine et l'interdépendance des Etats membres ;

h. le droit inaliénable à une existence indépendante ;

i. le respect des frontières existant au moment de l'accession à l'indépendance ;

j. le droit de l'Union d'intervenir dans un Etat membre sur décision de la Conférence dans certaines circonstances graves, à savoir les crimes de guerre, le génocide, les crimes contre l'humanité, conformément à l'Article 4(h) del'Acte constitutif ;

k. le droit des Etats membres de solliciter l'intervention de l'Union pour restaurer la paix et la sécurité, conformément à l'Article 4(j) de l'Acte constitutif.

Article 5 : Composition

1. Le Conseil de paix et de sécurité est composé de quinze membres ayant des droits égaux et élus de la manière suivante :

a. dix membres élus pour un mandat de deux ans ; et

b. cinq membres élus pour un mandat de trois ans en vue d'assurer la continuité

2. En élisant les membres du Conseil de paix et de sécurité, la Conférenceapplique le principe de la représentation régionale équitable et de la rotation, et tient compte des critères ci-après pour chaque Etat membre postulant :

a. l'engagement à défendre les principes de l'Union ;

b. la contribution à la promotion et au maintien de la paix et de la sécurité en Afrique - à cet égard, une expérience dans le domaine des opérations d'appui à la paix constituera un atout supplémentaire ;

c. la capacité et l'engagement à assumer les responsabilités liées à la qualité de membre ;

d. la participation aux efforts de règlement des conflits, de rétablissement et de consolidation de la paix aux niveaux régional et continental ;

e. la disposition et la capacité à assumer des responsabilités en ce qui concerne les initiatives régionales et continentales de règlement des conflits ;

f. la contribution au Fonds de la paix et/ou à un Fonds spécial créé pour un but spécifique ;

g. le respect de la gouvernance constitutionnelle, conformément à la Déclaration de Lomé, ainsi que de l'Etat de droit et des droits de l'homme ;

h. l'exigence pour les Etats membres postulants d'avoir des Missionsn permanentes aux sièges de l'Union et des Nations unies dotées du personnel adéquat et suffisamment équipées pour leur permettre d'assumer les responsabilités liées à la qualité de membre ;

i. l'engagement à honorer les obligations financières vis-à-vis de l'Union.

3. Un membre sortant du Conseil de paix et de sécurité est immédiatement rééligible.

4. La Conférence procède à une évaluation périodique pour déterminer dans quelle mesure les membres du Conseil de paix et de sécurité continuent à remplir les critères énoncés à l'article 5-2 et prendre toute action appropriée à cet égard.

Article 6 : Fonctions

1. Le Conseil de paix et de sécurité assume des fonctions dans les domaines suivants :

a. promotion de la paix, de la sécurité et de la stabilité en Afrique ;

b. alerte rapide et diplomatie préventive ;

c. rétablissement de la paix, y compris les bons offices, la médiation, la conciliation et l'enquête ;

d. opérations d'appui à la paix et intervention, conformément à l'Article 4(h) et (j) de l'Acte constitutif ;

e. consolidation de la paix et reconstruction post-conflit ;

f. action humanitaire et gestion des catastrophes ;

g. toute autre fonction qui pourrait être décidée par la Conférence.

Article 7 : Pouvoirs

1. Conjointement avec le Président de la Commission, le Conseil de paix et de sécurité :

a. anticipe et prévient les différends et les conflits, ainsi que les politiques susceptibles de conduire à un génocide et à des crimes contre l'humanité ;

b. entreprend des activités de rétablissement et de consolidation de la paix lorsque des conflits éclatent, pour faciliter leur règlement ;

c. autorise l'organisation et le déploiement de missions d'appui à la paix ;

d. élabore les directives générales relatives à la conduite de ces missions, y compris le mandat desdites missions, et procède à la révision périodique de ces directives ;

e. recommande à la Conférence, conformément à l'article 4(h) de l'Acte constitutif, l'intervention au nom de l'Union dans un Etat membre dans certaines circonstances graves, à savoir les crimes de guerre, le génocide et les crimes contre l'humanité, tels que définis dans les conventions et instruments internationaux pertinents ;

f. approuve les modalités d'intervention de l'Union dans un Etat membre, suite à une décision de la Conférence conformément à l'article 4(j) del'Acte constitutif ;

g. impose, conformément à la Déclaration de Lomé des sanctions chaque fois qu'un changement anti constitutionnel de gouvernement se produit dans un Etat membre ;

h. met en œuvre la politique de défense commune de l'Union ;

i. assure la mise en œuvre de la Convention de l'OUA sur la prévention et la lutte contre le terrorisme et des autres Conventions et instruments internationaux, continentaux et régionaux pertinents, et harmonise et coordonne les efforts visant à combattre le terrorisme international, au niveau continental et régional ;

j. assure une harmonisation, une coordination et une coopération étroites entre les Mécanismes régionaux et l'Union dans la promotion et le maintien de la paix, de la sécurité et de la stabilité en Afrique ;

k. assure la promotion et le renforcement d'un partenariat solide pour la paix et la sécurité entre l'Union et les Nations unies, et leurs agences ainsi qu'avec les autres organisations internationales compétentes ;

l. élabore les politiques et les actions nécessaires pour que toute initiative extérieure dans le domaine de la paix et de la sécurité sur le continent soit entreprise dans le cadre des objectifs et des priorités de l'Union ;

m. suit, dans le cadre de ses responsabilités en matière de prévention des conflits, les progrès réalisés en ce qui concerne la promotion des pratiques démocratiques, la bonne gouvernance, l'état de droit, la protection des droits de l'homme et des libertés fondamentales, le respect du caractère sacré de la vie humaine, ainsi que du droit international humanitaire, parles Etats membres ;

n. favorise et encourage la mise en œuvre des conventions et traités internationaux pertinents de l'OUA/UA, des Nations unies, ainsi que d'autres conventions et traités internationaux pertinents sur le contrôle des armes et le désarmement ;

o. examine et prend toute action appropriée dans la cadre de son mandat dans les situations où l'indépendance nationale et la souveraineté d'un Etat membre sont menacées par des actes d'agression, y compris par des mercenaires ;

p. appuie et facilite l'action humanitaire dans les situations de conflit armé ou de catastrophe naturelle grave ;

q. soumet, à travers son Président, des rapports réguliers à la Conférence sur ses activités et l'état de la paix et de la sécurité en Afrique ; et

r. se prononce sur toute autre question ayant des incidences sur le maintien de la paix, de la sécurité et de la stabilité sur le continent, et exerce les pouvoirs que lui délègue la Conférence, conformément à l'article 9(2) del'Acte constitutif.

2. Les Etats membres reconnaissent qu'en s'acquittant de ses devoirs au terme du présent Protocole, le Conseil de paix et de sécurité agit en leur nom.

3. Les Etats membres conviennent d'accepter et d'appliquer les décisions du Conseil de paix et de sécurité, conformément à l'Acte constitutif.

4. Les Etats membres conviennent d'apporter leur entière coopération au Conseil de paix et de sécurité et de faciliter toute action qu'il entreprendrait en vue de la prévention, de la gestion et du règlement des crises et des conflits, en vertu des responsabilités qui lui sont confiées au terme du présent Protocole.

Article 8 : Procedure

Organisation et réunions

1. Le Conseil de paix et de sécurité est organisé de manière à pouvoir exercer ses fonctions en permanence. A cet effet, chaque membre du Conseil de paix et de sécurité doit avoir, en tout temps, un représentant au Siège de l'Union.

2. Le Conseil de paix et de sécurité se réunit au niveau des représentants permanents, des ministres ou des chefs d'Etat et de gouvernement. Il est convoqué aussi souvent que nécessaire au niveau des représentants permanents, et au moins deux fois par mois. Les ministres et les chefs d'Etat et de gouvernement se réunissent au moins une fois par an, respectivement.

3. Les réunions du Conseil de paix et de sécurité se tiennent au Siège de l'Union.

4. Lorsqu'un Etat membre propose d'abriter une réunion du Conseil de paix et de sécurité, et sous réserve de l'acceptation de cette invitation par les deux tiers des membres du Conseil de paix et de

sécurité, cet Etat membre prend en charge les incidences financières additionnelles que la tenue de la réunion hors du siège de l'Union aura entraînées pour la Commission.

Structures subsidiaires et sous-Comités

5. Le Conseil de paix et de sécurité peut créer les structures subsidiaires qu'il juge nécessaires à l'exercice de ses fonctions. Ces structures subsidiaires peuvent comprendre des comités ad hoc de médiation, de conciliation oud'enquête, composés d'un Etat ou d'un groupe d'Etats. Le Conseil de paix et de sécurité peut également recourir à toutes autres formes d'expertise militaire, juridique et autre, requises pour l'exercice de ses fonctions.

Présidence

6. La présidence du Conseil de paix et de sécurité échoit, à tour de rôle, aux membres du Conseil de paix et de sécurité, dans l'ordre alphabétique de leurs noms. Chaque Président demeure en fonction pendant un mois.

Ordre du jour

7. L'ordre du jour provisoire du Conseil de paix et de sécurité est établi par le Président du Conseil de paix et de sécurité sur la base des propositions soumises par le Président de la Commission et les Etats membres. Un Etatmembre ne peut s'opposer à l'inscription d'un point à l'ordre du jour provisoire.

Quorum

8. Le quorum est constitué des deux tiers des membres du Conseil de paix et de sécurité.

Conduite des débats

9. Le Conseil de paix et de sécurité tient des réunions à huis clos. Tout membre du Conseil de paix et de sécurité, s'il est partie à un conflit ou à une situation soumis à l'examen du Conseil de paix et de sécurité, ne participe ni aux débats ni au processus de prise de décision relatifs à ce conflit ou à cette situation. Ce membre peut être invité à présenter

sa position au Conseil de paix et de sécurité et se retirera ensuite de la réunion.

10. Le Conseil de paix et de sécurité peut décider de tenir des réunions publiques. A cet effet :

a. tout Etat membre qui n'est pas membre du Conseil de paix et de sécurité, s'il est partie à un conflit ou à une situation soumis à l'examen du Conseil de paix et de sécurité, est invité à présenter sa position et à participer sans droit de vote aux débats ;

b. tout Etat membre qui n'est pas membre du Conseil de paix et de sécurité peut être invité à participer, sans droit de vote, aux débats sur toute question soumise au Conseil de paix et de sécurité, à chaque fois que cet Etat membre estime que ses intérêts sont spécialement affectés ;

c. tout Mécanisme régional, toute organisation internationale ou organisation de la société civile impliqués et/ou intéressés dans/par un conflit ou une situation soumis à l'examen du Conseil de paix et de sécurité, peut être invité à participer, sans droit de vote, aux débats relatifs à ce conflit ou à cette situation.

11. Le Conseil de paix et de sécurité peut avoir des consultations informelles avec les parties concernées ou intéressées par un conflit ou une situation soumis à l'examen du Conseil de paix et de sécurité, ainsi qu'avec les Mécanismes régionaux, les organisations internationales et les organisations de la société civile, à chaque fois que cela est requis pour l'exercice de ses responsabilités.

Vote

12. Chaque membre du Conseil de paix et de sécurité dispose d'une voix.

13. Les décisions du Conseil de paix et de sécurité sont généralement guidées par le principe du consensus. A défaut de consensus, le Conseil de paix et de sécurité adopte ses décisions sur les questions de procédure à la majorité simple, tandis que les décisions sur toutes les autres questions sont prises à la majorité des deux tiers de ses membres votants.

Règlement intérieur

14. Le Conseil de paix et de sécurité établit son propre règlement intérieur, dans lequel il fixe la convocation de ses réunions, la conduite des débats, la publicité et les procès-verbaux des séances, ainsi que tout autre aspect pertinent de son travail, pour examen et approbation par la Conférence.

Article 9 : Modalités de saisine et d'action

1. Le Conseil de paix et de sécurité prend les initiatives et conduit les actions qu'il juge appropriées concernant les situations de conflit potentiel ainsi que celles où des conflits ont déjà éclaté. Le Conseil de paix et de sécurité prend également toutes les mesures requises en vue d'empêcher qu'un conflit pour lequel un règlement a déjà été trouvé ne dégénère à nouveau.

2. A cette fin, le Conseil de paix et de sécurité utilise les moyens à sa discrétion pour se saisir d'un conflit ou d'une situation, soit à travers l'action collective du Conseil lui-même, soit à travers son Président et/ou à travers le Président de la Commission, le Groupe des sages et/ou en collaboration avec les Mécanismes régionaux.

Article 10 : Le rôle du Président de la Commission

1. Le Président de la Commission, sous l'autorité du Conseil de paix et de sécurité et en consultation avec toutes les parties impliquées dans un conflit, déploie tous les efforts et prend toutes les initiatives jugées appropriées en vue de la prévention, de la gestion et du règlement des conflits.

2. A cette fin, le Président de la Commission :

a. peut attirer l'attention du Conseil de paix et de sécurité sur toute affaire qui, à son avis, pourrait mettre en danger la paix, la sécurité et la stabilité sur le continent ;

b. peut attirer l'attention du Groupe des sages sur toute affaire qui, à son avis, mérite leur attention ;

c. peut, de sa propre initiative ou à la demande du Conseil de paix et de sécurité, user de ses bons offices, soit personnellement, soit par l'intermédiaire d'Envoyés spéciaux, de Représentants spéciaux, du Groupe des sages ou des Mécanismes régionaux pour prévenir les conflits potentiels, régler les conflits en cours et promouvoir les initiatives et les efforts de consolidation de la paix et de reconstruction post-conflit.

3. Le Président de la Commission assure :

a. la mise en œuvre et le suivi des décisions du Conseil de paix et de sécurité, y compris l'organisation et le déploiement des missions d'appui à la paix autorisées par le Conseil de paix et de sécurité. A cet égard, le Président de la Commission tient le Conseil de paix et de sécurité informé des développements relatifs au fonctionnement de ces missions. Tous les problèmes susceptibles d'affecter le fonctionnement continu et efficace de ces missions sont soumis au Conseil de paix et de sécurité pour examen et la suite utile à donner, le cas échéant ;

b. la mise en œuvre

et le suivi des décisions prises par la Conférence, conformément à l'Article 4 (h) et (j) de l'Acte constitutif ;

c. la préparation de rapports et de documents exhaustifs et périodiques, tel que requis, afin de permettre au Conseil de paix et de sécurité et aux autres structures subsidiaires d'assumer leurs fonctions avec efficacité.

4. Dans l'exercice de ses fonctions et pouvoirs, le Président de la Commission est assisté du Commissaire chargé des questions de paix et de sécurité, qui est le responsable des questions du Conseil de paix et de sécurité. Le Président de la Commission fait également recours aux autres ressources humaines et matérielles disponibles au sein de la Commission pour prêter au Conseil de paix et de sécurité, les services techniques et le soutien requis. A cet égard, un Secrétariat du Conseil de paix et de sécurité sera mis en place au sein de la Direction traitant des questions liées à la prévention, à la gestion et au règlement des conflits.

Article 11 : Le Groupe des sages

1. Pour venir en appui aux efforts du Conseil de paix et de sécurité et à ceux du Président de la Commission, en particulier dans le domaine de la prévention des conflits, il est créé un Groupe des sages.

2. Le Groupe des sages est composé de cinq personnalités africaines, hautement respectées, venant des diverses couches de la société et qui ont apporté une contribution exceptionnelle à la cause de la paix, de la sécurité et du développement sur le continent. Elles sont sélectionnées par le Président de la Commission, après consultation des Etats membres concernés, sur la base de la représentation régionale et nommées pour une période de trois ans par la Conférence.

3. Le Groupe des sages fournit des services consultatifs au Conseil de paix et de sécurité et au Président de la Commission sur toutes questions relatives au maintien et à la promotion de la paix, de la sécurité et de la stabilité en Afrique.

4. A la demande du Conseil de paix et de sécurité ou du Président de la Commission ou de sa propre initiative, le Groupe des sages entreprend les actions jugées appropriées pour venir en appui aux efforts du Conseil de paix et de sécurité et à ceux du Président de la Commission en vue de la prévention des conflits, et se prononce sur toutes questions liées à la promotion et au maintien de la paix, de la sécurité et de la stabilité en Afrique.

5. Le Groupe des sages fait rapport au Conseil de paix et de sécurité et, par l'intermédiaire de celui-ci, à la Conférence.

6. Le Groupe des sages se réunit en tant de fois que de besoins pour l'exercice de son mandat. Le Groupe des sages tient normalement ses réunions au siège de l'Union. En consultation avec le Président de la Commission, le Groupe des sages peut tenir des réunions en dehors du siège de l'Union.

7. Les modalités de fonctionnement du Groupe des sages seront élaborées par le Président de la Commission et approuvées par le Conseil de paix et de sécurité.

8. Les indemnités des membres du Groupe des sages sont déterminées par le Président de la Commission, conformément au règlement financier de l'Union.

Article 12 : Système continental d'alerte rapide

1. Pour faciliter la prévision et la prévention des conflits, un Système continental d'alerte rapide appelé système d'alerte rapide est créé.

2. Le Système d'alerte rapide est composé :

a. d'un centre d'observation et de contrôle dénommé "Salle de veille", situé à la Direction de la gestion des conflits de l'Union et chargé de la collecte et de l'analyse des données sur la base d'un module approprié d'indicateurs d'alerte rapide ; et

b. des unités d'observation et de contrôle des Mécanismes régionaux directement liées par des moyens de communication appropriés à la Salle de veille et qui collectent et traitent les données recueillies à leur niveau et les transmettent à la Salle de veille.

3. La Commission collabore également avec les Nations unies, leurs agences et d'autres organisations internationales compétentes, les centres de recherche, les institutions universitaires et les ONG, pour faciliter le fonctionnement efficace du Système d'alerte rapide.

4. Le Système d'alerte rapide élabore un module d'alerte rapide sur la base d'indicateurs politiques, économiques, sociaux, militaires et humanitaires clairement définis et acceptés qui sont utilisés pour analyser l'évolution des situations sur le continent et recommander la meilleure action à prendre

5. Le Président de la Commission utilise les informations recueillies par le Système d'alerte rapide pour informer le Conseil de paix et de sécurité des conflits potentiels et des menaces à la paix et à la sécurité en Afrique et pour recommander les mesures à prendre. Le Président de la Commission utilise également ces informations pour s'acquitter des responsabilités et fonctions qui lui sont confiées au terme du présent Protocole.

6. Les Etats membres s'engagent à faciliter l'action rapide entreprise par le Conseil de paix et de sécurité et/ou le Président de la Commission sur la base des informations recueillies dans le cadre du Système d'alerte rapide.

7. Le Président de la Commission élabore les détails pratiques liés à la mise en place du Système d'alerte rapide et prend toutes les mesures nécessaires pour son fonctionnement efficace en consultation avec les Etats membres, les Mécanismes régionaux, les Nations unies et d'autres institutions compétentes.

Article 13 : Force africaine prépositionnée

Composition

1. Pour permettre au Conseil de paix et de sécurité d'assumer ses responsabilités en ce qui concerne le déploiement de missions d'appui à la paix et l'intervention, conformément à l'article 4 (h) et (j) de l'Acte constitutif, il est créé une Force africaine prépositionnée. Cette Force est composée de contingents multidisciplinaires en attente, avec des composantes civiles et militaires, stationnés dans leurs pays d'origine et prêts à être déployées rapidement, aussitôt que requis.

2. A cet effet, les Etats membres prennent les mesures nécessaires pour mettre en place des contingents prépositionnés pour participer aux missions d'appui à la paix décidées par le Conseil de paix et de sécurité ou à une intervention autorisée par la Conférence. Les effectifs et la nature de ces contingents, leur degré de préparation et leur emplacement général sont déterminés, conformément aux règles de procédure opérationnelles des missions d'appui à la paix de l'Union, et seront soumis à des examens périodiques, tenant compte des situations de crise et de conflit.

Mandat

3. La Force africaine prépositionnée assume, entre autres, des fonctions dans les domaines suivants :

a. missions d'observation et de contrôle ;

b. autres types de missions d'appui à la paix ;

c. intervention dans un Etat membre dans certaines circonstances graves ou à la demande d'un Etat membre afin de rétablir la paix et la sécurité, conformément à l'article 4 (h) et (j) de l'Acte constitutif ;

d. déploiement préventif afin d'éviter (i) qu'un différend ou un conflit ne s'aggrave, (ii) qu'un conflit violent en cours ne s'étende à des zones ou Etats voisins, ou (iii) la résurgence de la violence après que des parties à un conflit sont parvenues à un accord ;

e. consolidation de la paix, notamment le désarmement et la démobilisation après les conflits ;

f. assistance humanitaire pour atténuer les souffrances des populations civiles dans les zones de conflit et action visant à faire face aux catastrophes naturelles ; et

g. toutes autres fonctions que pourrait lui confier le Conseil de paix et de sécurité ou la Conférence.

4. Dans l'exercice de ses fonctions, la Force africaine prépositionnée coopère, en tant que de besoin, avec les Nations unies et leurs agences, les autres organisations internationales et régionales compétentes, ainsi qu'avec les autorités et les ONG nationales.

5. Les tâches détaillées de la Force africaine prépositionnée et son concept d'opération pour chaque mission autorisée doivent être examinés et approuvés par le Conseil de paix et de sécurité sur recommandation de la Commission.

Commandement

6. Pour chacune des opérations entreprises par la Force africaine prépositionnée, le Président de la Commission nomme un Représentant spécial et un Commandant de la Force, dont les rôles et fonctions détaillés sont définis dans des directives appropriées, conformément aux règles de procédure opérationnelles des missions d'appui à la paix.

7. Le Représentant spécial fait rapport au Président de la Commission par les voies hiérarchiques appropriées. Le Commandant de la Force fait rapport au Représentant spécial. Les Commandants des

contingents font rapport au Commandant de la Force, alors que les composantes civiles font rapport au Représentant spécial.

Comité d'Etat Major

8. Il est créé un Comité d'état-major chargé de conseiller et d'assister le Conseil de paix et de sécurité pour tout ce qui concerne les questions d'ordre militaire et de sécurité en vue du maintien et de la promotion de la paix et de la sécurité en Afrique.

9. Le Comité d'état-major est composé d'officiers supérieurs des Etats membres du Conseil de paix et de sécurité. Tout Etat membre qui n'est pas représenté au Comité d'état-major peut être invité par le Comité à participer à ses délibérations lorsque la bonne exécution de ses responsabilités le requiert.

10. Le Comité d'état-major se réunit aussi souvent que nécessaire pour examiner les questions qui lui sont soumises par le Conseil de paix et de sécurité.

11. Le Comité d'état major peut aussi se réunir au niveau des chefs d'état-major des Etats membres du Conseil de paix et de sécurité pour discuter des questions d'ordre militaire et de sécurité en vue de la promotion et du maintien de la paix et de la sécurité en Afrique. Les chefs d'état-major soumettent des recommandations au Président de la Commission sur les moyens les meilleurs pour renforcer les capacités de l'Afrique dans les opérations d'appui à la paix.

12. Le Président de la Commission prend les mesures appropriées pour la tenue et le suivi des réunions des chefs d'état-major des pays membres du Conseil de paix et de sécurité.

Formation

13. La Commission élabore des directives pour la formation du personnel civil et militaire des contingents nationaux prépositionnés tant sur le plan opérationnel que tactique. La formation en droit international humanitaire et dans le domaine des droits de l'homme, avec un accent sur le droit des femmes et des enfants, doit être partie intégrante des programmes de formation de ces personnels.

14. A cette fin, la Commission accélère l'élaboration et la diffusion des règles de procédure opérationnelles pour, entre autres :

a. faciliter la normalisation des doctrines de formation, des manuels et des programmes pour les écoles d'excellence nationales et régionales ;

b. coordonner les cours de formation, de commandement et d'exercice du personnel de la Force africaine prépositionnée, ainsi que les exercices de formation sur le terrain.

15. La Commission procède périodiquement, en collaboration avec les Nations unies, à l'évaluation des capacités de l'Afrique dans le domaine des missions d'appui à la paix.

16. La Commission, en consultation avec le Secrétariat des Nations unies, contribue à la coordination des initiatives extérieures visant à renforcer les capacités de la Force africaine prépositionnée dans les domaines de la formation, de la logistique, de l'équipement, des communications et du financement.

Rôle des Etats membres

17. En plus des responsabilités qui sont les leurs, au terme du présent Protocole :

a. les Etats membres contributeurs de troupes s'engagent, à la demande de la Commission, et après autorisation du Conseil de paix et de sécurité ou de la Conférence, à mettre immédiatement à disposition les contingents en attente avec l'équipement nécessaire pour les opérations visées à l'article

13(3) du présent Protocole ;

b. les Etats membres s'engagent à fournir à l'Union toutes formes d'assistance et de soutien nécessaires pour le maintien et la promotion de la paix, de la sécurité et de la stabilité sur le continent, y compris le droit de passage par leurs territoires.

Article 14 : Consolidation de la paix

Développement institutionnel pour la consolidation de la paix

1. Dans les situations post-conflits, le Conseil de paix et de sécurité facilite la restauration de l'état de droit, la création et le développement d'institutions démocratiques, ainsi que la préparation, l'organisation et la supervision des élections dans l'Etat membre concerné.

Consolidation de la paix pendant les hostilités

2. Dans les zones où prévaut une paix relative, priorité doit être donnée à la mise en œuvre de politiques visant à arrêter la dégradation des conditions sociales et économiques découlant des conflits.

Consolidation de la paix à la fin des hostilités

3. En vue d'assister les Etats membres qui ont été affectés par des conflits violents, le Conseil de paix et de sécurité doit entreprendre les activités suivantes :

a. consolidation d'accords de paix qui ont déjà été conclus ;

b. création de conditions pour la reconstruction politique, sociale et économique de la société et des institutions gouvernementales ;

c. mise en œuvre

de programmes de désarmement, de démobilisation et de réinsertion, y compris en faveur des enfants soldats ;

d. réinstallation et réintégration des réfugiés et des personnes déplacées ;

e. assistance aux personnes vulnérables, y compris les enfants, les personnes âgées, les femmes et d'autres groupes traumatisés de la société.

Article 15 : Action humanitaire

1. Le Conseil de paix et de sécurité participe activement à la coordination et à la conduite de l'action humanitaire en vue du retour à une vie normale en cas de conflit ou de catastrophe naturelle.

2. A cet égard, le Conseil de paix et de sécurité développe ses propres capacités pour entreprendre efficacement des actions humanitaires.

3. La Force africaine prépositionnée sera adéquatement équipée en vue d'entreprendre des activités humanitaires dans ses zones de mission sous la supervision du Président de la Commission.

4. La Force africaine prépositionnée facilite les activités des agences humanitaires dans ses zones de mission.

Article 16 : Relations avec les Mécanismes régionaux pour la prévention, la gestion et le règlement des conflits

1. Les Mécanismes régionaux font partie intégrante de l'architecture de sécurité de l'Union, qui assume la responsabilité principale pour la promotion de la paix, de la sécurité et de la stabilité en Afrique. A cet égard, le Conseil de paix et de sécurité et le Président de la Commission :

a. harmonisent et coordonnent les activités des Mécanismes régionaux dans le domaine de la paix, de la sécurité et de la stabilité, afin que ces activités soient conformes aux objectifs et aux principes de l'Union ;

b. travaillent en étroite collaboration avec les Mécanismes régionaux pour assurer un partenariat efficace entre le Conseil de paix et de sécurité et les Mécanismes régionaux dans le domaine de la promotion et du maintien de la paix, de la sécurité et de la stabilité. Les modalités de ce partenariat seront basées sur leurs avantages comparatifs respectifs et les circonstances du moment.

2. Le Conseil de paix et de sécurité, en consultation avec les Mécanismes régionaux, assure la promotion des initiatives visant à anticiper et à prévenir les conflits et, lorsque des conflits éclatent, à entreprendre des activités de rétablissement et de consolidation de la paix.

3. Dans le cadre de ces efforts, les Mécanismes régionaux concernés doivent, à travers le Président de la Commission, tenir le Conseil de paix et de sécurité pleinement et régulièrement informé de leurs activités et s'assurer que ces activités sont étroitement coordonnées et harmonisées avec le Conseil de paix et de sécurité. Le Conseil de paix et de sécurité, à travers le Président de la Commission, doit également tenir les Mécanismes régionaux pleinement et régulièrement informés de ses activités.

4. Pour assurer une harmonisation et une coordination étroites et faciliter un échange continu d'informations, le Président de la Commission convoque des réunions périodiques, au moins une fois par an, avec les premiers responsables et/ou les autorités chargées des questions de paix et de sécurité au niveau des Mécanismes régionaux.

5. Le Président de la Commission prend les mesures nécessaires pour assurer l'entière participation, le cas échéant, des Mécanismes régionaux à la mise en place et au fonctionnement efficace du Système d'alerte rapide et de la Force africaine prépositionnée.

6. Les Mécanismes régionaux sont invités à participer à l'examen de toute question soumise au Conseil de paix et de sécurité, chaque fois que cette question est traitée par un Mécanisme ou présente un intérêt particulier pour ce Mécanisme.

7. Le Président de la Commission est invité à participer aux réunions et aux délibérations des Mécanismes régionaux.

8. Afin de renforcer la coordination et la coopération, la Commission met en place des bureaux de liaison au niveau des Mécanismes régionaux. Les Mécanismes régionaux sont encouragés à mettre en place des bureaux de liaison au niveau de la Commission.

9. Sur la base des dispositions qui précèdent, la Commission et les Mécanismes régionaux concluent un Mémorandum d'entente sur leur coopération.

Article 17 : Relations avec les Nations unies et les autres organisations internationales

1. Dans l'exercice du mandat qui est le sien dans la promotion et le maintien de la paix, de la sécurité et de la stabilité en Afrique, le Conseil de paix et de sécurité coopère et travaille en étroite collaboration avec le Conseil de sécurité des Nations unies, qui assume la responsabilité principale du maintien de la paix et de la sécurité internationales. Le Conseil de paix et de sécurité coopère et travaille également étroitement avec les institutions compétentes des Nations unies pour la promotion de la paix, de la sécurité et de la stabilité en Afrique.

2. A chaque fois que nécessaire, recours sera fait aux Nations unies pour obtenir l'assistance financière, logistique et militaire nécessaire pour les activités de l'Union dans le domaine de la promotion et du maintien de la paix, de la sécurité et de la stabilité en Afrique, conformément aux dispositions du chapitre VIII de la Charte des Nations unies relatives au rôle des Organisations régionales dans le maintien de la paix et de la sécurité internationales.

3. Le Conseil de paix et de sécurité et le Président de la Commission maintiennent une interaction étroite et continue avec le Conseil de sécurité et ses membres africains, ainsi qu'avec le Secrétaire général des Nations unies, y compris au moyen de l'organisation de réunions périodiques et de consultations régulières sur les questions de paix, de sécurité et de stabilité en Afrique.

4. Le Conseil de paix et de sécurité coopère également et travaille étroitement avec les autres Organisations internationales compétentes pour tout ce qui concerne les questions de paix, de sécurité et de stabilité en Afrique. Ces Organisations peuvent être invitées à prendre la parole devant le Conseil de paix et de sécurité sur les questions d'intérêt commun si le Conseil estime que l'exercice efficace de son mandat le requiert.

Article 18 : Relations avec le Parlement panafricain

1. Le Conseil de paix et de sécurité entretient des relations de travail étroites avec le Parlement panafricain en vue de la promotion de la paix, de la sécurité et de la stabilité en Afrique.

2. A la demande du Parlement panafricain, le Conseil de paix et de sécurité soumet, par l'intermédiaire du Président de la Commission, des rapports au Parlement panafricain, afin de faciliter l'exécution par le Parlement de ses responsabilités liées au maintien de la paix, de la sécurité et de la stabilité en Afrique.

3. Le Président de la Commission présente au Parlement panafricain un rapport annuel sur l'état de la paix et de la sécurité sur le continent. Le Président de la Commission prend également toutes les mesures nécessaires pour faciliter l'exercice par le Parlement panafricain de ses pouvoirs, tels qu'énoncés à l'Article 11(5) du Protocole au Traité instituant la Communauté économique africaine relatif au Parlement panafricain, ainsi qu'à l'article 11(9) pour autant que cet Article se rapporte à l'objectif de promotion de la paix, de la sécurité et de la stabilité énoncé à l'Article 3(5) dudit Protocole.

Article 19 : Relations avec la Commission africaine des droits de l'homme et des peuples

Le Conseil de paix et de sécurité établit une coopération étroite avec la Commission africaine des droits de l'homme et des peuples pour tout ce qui est des questions relevant de ses objectifs et de son mandat. La Commission africaine des droits de l'homme et des peuples porte à l'attention du Conseil de paix et de sécurité toute information en rapport avec les objectifs et le mandat du Conseil de paix et de sécurité.

Article 20 : Relations avec les organisations de la société civile

Le Conseil de paix et de sécurité encourage les organisations non gouvernementales, les organisations communautaires et les autres organisations de la société civile, notamment les organisations de femmes, à participer activement aux efforts visant à promouvoir la paix, la sécurité et la stabilité en Afrique. A chaque fois que nécessaire, ces organisations seront invitées à s'adresser au Conseil de paix et de sécurité.

Article 21 : Financement

Fonds de la paix

1. En vue de fournir au Conseil de paix et de sécurité les ressources financières nécessaires pour les missions de soutien à la paix et d'autres activités opérationnelles liées à la paix et à la sécurité, un Fonds Spécial dénommé

Fonds de la paix, est crée. Les opérations du Fonds de la paix sont régies par le règlement financier de l'Union.

2. Le Fonds de la paix est alimenté par des crédits prélevés sur le budget ordinaire de l'Union, y compris les arriérés de contributions, les contributions volontaires des Etats membres et d'autres sources en Afrique, y compris le secteur privé, la société civile et les particuliers, ainsi que par des fonds provenant d'activités de mobilisation de ressources.

3. Le Président de la Commission mobilise et accepte des contributions volontaires provenant de sources extérieures à l'Afrique, conformément aux objectifs et aux principes de l'Union.

4. Il est également créé, au sein du Fonds de la paix, un Fonds d'affectation spécial auto-renouvelable. Le montant approprié du Fonds d'affectation spécial auto-renouvelable est approuvé par les organes délibérants compétents de l'Union sur recommandation du Conseil de paix et de sécurité.

Evaluation des coûts des opérations et préfinancement

5. A chaque fois que nécessaire, et suite à une décision des organes délibérants compétents de l'Union, le coût des opérations envisagées au terme de l'Article 13(3) du présent Protocole est reparti entre les Etats membres sur la base du barème de leurs contributions au budget de l'Union.

6. Les Etats pourvoyeurs de contingents peuvent être invités à prendre en charge le coût de leur participation pendant les trois premiers mois.

7. L'Union rembourse les frais ainsi encourus par les Etats pourvoyeurs de contingents concernés dans un délai maximum de six mois et reprend à son compte le financement des opérations.

Article 22 : Dispositions finales

Statut du Protocole par rapport à la Déclaration du Caire

1. Le présent Protocole remplace la Déclaration du Caire.

2. Les dispositions du présent Protocole remplacent les résolutions et décisions de l'OUA relatives au Mécanisme pour la prévention, la gestion et le règlement des conflits qui sont contraires au présent Protocole.

Signature, ratification et adhésion

3. Le présent Protocole est ouvert à la signature, à la ratification et à l'adhésion des Etats membres de l'Union, conformément à leurs procédures constitutionnelles respectives.

4. Les instruments de ratification sont déposés auprès du Président de la

Commission.

Entrée en vigueur

5. Le présent Protocole entre en vigueur après le dépôt des instruments de ratification par la majorité simple des Etats membres.

Amendements

6. Tout amendement ou révision du présent Protocole doit être conforme aux dispositions de l'Article 32 de l'Acte constitutif.

Dépositaire

7. Le présent Protocole et tous les instruments de ratification sont déposés auprès du Président de la Commission, qui transmet des copies certifiées conformes à tous les Etats membres et leur notifie les dates de dépôt des instruments de ratification par les Etats membres. Le Président de la Commission enregistre le présent Protocole auprès des Nations unies et auprès de toute autre organisation tel que décidé par l'Union.

Adopté par la Première session ordinaire de la Conférence de l'Union africaine ;

Durban, le 9 juillet 2002.

COMMUNAUTE ECONOMIQUE DES ETATS DE L'AFRIQUE DE L'OUEST (CEDEAO) PROTOCOLE RELATIF AU MECANISME DE PREVENTION, DEGESTION, DE REGLEMENT DES CONFLITS, DE MAINTIEN DELA PAIX ET DE LA SECURITE

Secrétariat Exécutif CEDEAO, Abuja

DECEMBRE 1999

CHAPITRE VIII : ASSISTANCE HUMANITAIRE

CHAPITRE IX : CONSOLIDATION DE LA PAIX

CHAPITRE X : SÉCURITÉ SOUS RÉGIONALE

CHAPITRE XI : RELATIONS AVEC L'ORGANISATION DE L'UNITÉ AFRICAINE, LES NATIONS UNIES ET LES AUTRES ORGANISATIONS INTERNATIONALES

CHAPITRE XII : DISPOSITIONS SPÉCIALES

CHAPITRE XIII : DISPOSITIONS GÉNÉRALES ET FINALES

PRÉAMBULE

NOUS, CHEFS D'ETAT ET DE GOUVERNEMENT DES ETATS MEMBRES DE LA COMMUNAUTE ECONOMIQUE DES ETATS DE L'AFRIQUE DE L'OUEST (CEDEAO)

VU le Traité révisé de la CEDEAO signé à Cotonou le 23 juillet 1993, notamment en son Article 58 ;

VU les dispositions pertinentes de la Charte de l'Organisation de l'Unité Africaine (OUA) ;

VU les dispositions de la Charte des Nations Unies, notamment en ses chapitres VI, VII et VIII ;

AYANT A L'ESPRIT les dispositions des Protocoles A/P 1/5/79, A/SP2/7/85, A/SPI/7/86, A/SP1/6/88, A/SP2/5/90 relatifs à la libre circulation des personnes, le droit de résidence et d'établissement ;

RAPPELANTle Protocole de Non-agression signé à Lagos le 22 avril 1978 et le Protocole d'Assistance mutuelle en matière de Défense signé a Freetown le 29 mai 1981, notamment notre détermination à nous apporter mutuellement aide et assistance en matière de défense dans les cas d'agression armée ou de menace contre un Etat membre ;

PRENANT EN COMPTE l'Accord cadre de Non-agression et d'Assistance en Matière de Défense (ANAD) signé à Abidjan le 9 juin 1977 ;

PRENANT EGALEMENT EN COMPTE le Protocole d'application de l'Accord cadre ci-dessous visé, signé à Dakar le 14 décembre 1981, ainsi que les Protocoles subséquents ;

REAFFIRMANTnotre attachement à la Déclaration des Principes Politiques de la

CEDEAO adoptée à Abuja le 6 juillet 1991 sur la liberté, les droits des peuples et la démocratisation ;

RAPPELANTles dispositions pertinentes des Conventions de la CEDEAO sur l'Entraide judicaire en matière pénale et sur l'Extradition, respectivement signées à Dakar le 29 juillet 1992 et le 6 août 1994 ;

RAPPELANT EGALEMENTla Déclaration sur le Mécanisme de Prévention, de Gestion Règlement des Conflits en Afrique adopté au Caire le 29 juin 1993 par la 29e session de la Conférence des Chefs d'Etat et de Gouvernement de l'OUA ;

PREOCCUPESpar la multiplication des conflits qui constitue une menace à la paix et à la sécurité du continent africain, et compromet nos efforts visant à relever le niveau de vie de nos populations ;

CONVAINCUSde la nécessité de développer des actions efficaces visant à alléger les souffrances des populations civiles, notamment celles des femmes et des enfants, et à restaurer le cours normal de la vie en cas de conflits, ou de catastrophes naturelles, et désireux de renforcer davantage les efforts dans Ie domaine humanitaire ;

CONSCIENTS du fait que la bonne gestion des affaires publiques, le respect de l'Etat de droit et le développement durable, sont indispensables pour la paix et la prévention des conflits ;

RAPPELANT la Déclaration de Moratoire sur l'Importation, I'Exportation et la Fabrication des armes légères adoptée par la vingt et unième session de la Conférence des Chefs d'Etat et de Gouvernement tenue à Abuja les 30 et 31 octobre 1998 ;

RAPPELA.NT EGALEMENTles conclusions de la Réunion des ministres des Affaires étrangères sur la mise en place effective du

Programme de Coordination et d'Assistance pour la Sécurité et le Développement (PCASED), tenue à Bamako le 24 mars 1999 ;

CONVAINCUSque la criminalité trans-frontalière, la prolifération des armes légères et toutes formes de trafic illicites contribuent au développement de l'insécurité et de l'instabilité et compromettent le développement social et économique de la sous-région ;

CONSCIENTSque ces phénomènes constituent un problème social et économique grave, qui ne peut être résolu que dans le cadre d'"un renforcement de la coordination des efforts dans ce domaine ;

RECONNAISSANTla nécessité de rendre mieux adaptés, plus efficaces et pragmatiques les traités et protocoles pertinents actuellement en vigueur ;

DESIREUXde consolider nos acquis dans le domaine du règlement des conflits à travers le Groupe de Contrôle du Cessez-le-feu de la CEDEAO (ECOMOG) ;

RAPPELANTnotre Décision A/DEC. 11/10/98 adoptée le 31 octobre 1998 à Abuja relative au Mécanisme de Prévention, de Gestion, de Règlement des Conflits et de Maintien de la Paix et de la Sécurité ;

DESIREUXde mettre en place une structure opérationnelle pour la mise en œuvre de ladite décision.

CONVENONS DE CE QUI SUIT :

DÉFINITIONS

Aux fins du Présent Protocole, on entend par :

"Traité" : le Traité révisé de la Communauté Economique des Etats de l'Afrique de l'Ouest (CEDEAO) signé à Cotonou le 24 juillet 1993 ;

"Communauté" : la Communauté Economique des Etats de l'Afrique de l'Ouest visée à l'Article 2.du Traité ;

"Conférence" : la Conférence des Chefs d'Etat et de Gouvernement de la Communauté Economique des Etats de l'Afrique de l'Ouest créée à l'Article 7 du Traité ;

"Conseil de Médiation et de Sécurité" : le Conseil de Médiation et de Sécurité défini à l'Article 8 du présent Protocole ;

"Commission de Défense et de Sécurité" : la Commission de Défense et de Sécurité définie à l'article 18 du présent Protocole ;

"Secrétaire Exécutif" : le Secrétaire Exécutif de la CEDEAO nommé conformément à l'Article 18 du Traité ;

"Conseil des Sages" : le Conseil des Sages défini à l'"article 20 du présent Protocole ;

"Réunion des Ambassadeurs" : la réunion des Ambassadeurs définie à l'Article 14 du présent Protocole ;

"Représentant Spécial" : le Représentant Spécial défini à l'Article 32 du présent Protocole ;

"Secrétaire Exécutif adjoint" : le Secrétaire Exécutif adjoint chargé des Affaires politiques, de Défense et de Sécurité, prévu a l'article 16 du présent Protocole ;

"Institution" : la structure prévue à l'article 4 du présent Protocole ;
"Organe" : la structure prévue a l'article 17 du présent Protocole ;

"Centre d'observation et de suivi" : l'Observatoire régional de la paix et de la Sécurité prévu à l'article 58 du Traité et prévu à l'article 23 du présent Protocole ;

"ECOMOG" : le Groupe de contrôle du Cessez-le-feu de la CEDEAO s'occupant des activités d'intervention de la Communauté et prévu a l'article 21 du présent Protocole ;

"Commandant de la Force" : le Commandant de la Force nommé conformément aux dispositions de l'Article 33 du présent Protocole ;

"Criminalité trans-frontalière" : tous les actes criminels projetés ou commis par des individus, des organisations, ou des réseaux de criminels locaux et/ou étrangers opérant à travers les frontières nationales des Etats membres ou agissant en complicité avec des personnes basées dans un ou plusieurs Etats voisins du pays sur le territoire duquel sont perpétrés les actes criminels, ou ayant un quelconque lien de rattachement avec l'"un quelconque des Etats membres ;

"Etat membre en crise" : un Etat membre confronté à un conflit armé, mais aussi tout Etat membre se heurtant à des problèmes graves et persistants, ou se trouvant plongé dans une situation de tension extrême pouvant entraîner des risques importants de désastre humanitaire ou des menaces à la paix et à la sécurité dans la sous-région, ou tout Etat membre dans lequel interviendrait un renversement ou une tentative de renversement d'un régime démocratiquement élu.

CHAPITRE I : CRÉATION, PRINCIPES ET OBJECTIFS DU MÉCANISME

Article 1er : Création

Il est créé au sein de la Communauté Economique des Etats de l'Afrique de l'Ouest (CEDEAO) un mécanisme destiné à assurer la sécurité et la paix collectives et dénommé "Mécanisme de Prévention, de Gestion, de Règlement des Conflits, de Maintien de la Paix et de la Sécurité".

Article 2 : Principes

Les Etats membres, réaffirment leur attachement aux principes contenus dans les Chartes de l'Organisation des Nations Unies (ONU) et de l'Organisation de l'Unité Africaine (OUA), dans la Déclaration Universelle des Droits de l'Homme, ainsi que dans la Charte Africaine des Droits de l'Homme et des Peuples, notamment les principes fondamentaux suivants :

(a) le développement économique et social et la sécurité des peuples et des Etats sont intimement liés ;

(b) la promotion et le renforcement de la libre circulation des personnes, le droit de résidence et d'établissement, qui contribuent au renforcement des liens de bon voisinage ;

(c) la promotion et la consolidation d'un gouvernement et d'institutions démocratiques dans chaque Etat membre ;

(d) la protection des droits humains fondamentaux, des libertés et des règles du droit international humanitaire ;

(e) l'égalité des Etats souverains ;

(f) l'intégrité territoriale et l'indépendance politique des Etats membres.

Article 3 : Objectifs du Mécanisme

Les objectifs visés par le Mécanisme sont les suivants :

(a) la prévention, la gestion et le règlement des conflits internes dans les conditions prévues au paragraphe 46 du cadre du Mécanisme entériné par la Décision A/DEC.11/10/98 du 31 octobre 1998, ainsi que des conflits inter-Etats ;

(b) la mise en œuvre des dispositions pertinentes de l'"article 58 du Traité Révisé ;

(c) l'application des dispositions pertinentes des protocoles relatifs à la non-agression, à l'assistance mutuelle en matière de défense, à la libre circulation des personnes, au droit de résidence et d'"établissement ;

(d) le renforcement de la coopération dans les domaines de la prévention des conflits, de l'alerte précoce, des opérations de maintien de la paix, de la lutte contre la criminalité trans-frontalière, le terrorisme international, la prolifération des armes légères, et les mines anti-personnelles ;

(e) le maintien et la consolidation de la paix, de la sécurité et de la stabilité au sein de la Communauté ;

(f) La création d'institutions et la mise en œuvre de politiques appropriées pouvant permettre la coordination des missions humanitaires et de sauvetage ;

(g) la promotion d'une coopération étroite entre les Etats membres dans les domaines de la diplomatie préventive et du maintien de la paix ;

(h) la constitution et le déploiement, chaque fois que de besoin, d'une force civile et militaire pour maintenir ou rétablir La paix dans la sous-région ;

(i) la création d'un cadre approprie pour Ia gestion rationnelle et équitable des ressources naturelles appartenant en commun à des Etats membres partageant des frontières communes, et qui pourraient constituer des causes de conflits inter-étatiques fréquents ;

(j) la protection de l'"environnement et l'adoption de mesures visant à restaurer l'environnement dégradé ;

(k) la sauvegarde du patrimoine culturel des Etats membres ;

(L) la formulation et la mise en œuvre de politiques de lutte contre la corruption, le blanchiment d'"argent et la circulation illégale des armes légères.

CHAPITRE II : INSTITUTTONS DU MÉCANISME

Les institutions du Mécanisme sont les suivantes :

(a) La Conférence

(b) Le Conseil de Médiation et de Sécurité ;

(c) Le Secrétariat Exécutif

(d) Toute autre institution créée par la Conférence.

Article 5 : Composition et sessions de la Conférence

1. La Conférence se compose des Chefs d'Etat et de Gouvernement des Etats membres, comme stipulé par l'Article 7, paragraphe 1 du Traité Révisé.

2. La Conférence se réunit aussi souvent que nécessaire.

Article 6 : Fonctions

1. La Conférence est la plus haute instance de décision du Mécanisme.

2. Elle est habilitée à prendre toute décision dans le cadre des questions se rapportant à la prévention, à la gestion et au règlement des conflits, au maintien de la paix et de la sécurité, à l'assistance humanitaire, à la consolidation de la paix, à la lutte contre la criminalité trans-frontalière et la prolifération des armes légères, ainsi que toutes les autres questions couvertes par les dispositions du Mécanisme.

Article 7 : Délégations de pouvoirs

Sans préjudice des pouvoirs étendus que lui confèrent l'Article 9 du Traité et l'Article 6 ci-dessus, la Conférence délègue au Conseil de Médiation et de Sécurité le pouvoir de prendre en son nom des décisions pour la mise en œuvre appropriée des dispositions du Mécanisme.

Article 8 : Composition et mandat du Conseil de Médiation et de Sécurité

1. Le Conseil de Médiation et de Sécurité se compose de neuf (9) Etats membres dont sept (7) sont élus par la Conférence. Les deux (2) autres membres que sont la Présidence de la Conférence et la Présidence immédiatement précédente sont automatiquement membres de droit du Conseil de Médiation et de Sécurité.

2. Les membres du Conseil de Médiation et de Sécurité sont élus pour deux (2) ans renouvelables.

Article 9 : Quorum et décisions

1. Le Conseil de Médiation et de Sécurité ne délibère valablement que si au moins les deux tiers de ses membres sont présents.

2. Les décisions du Conseil et Médiation et de sécurité sont prises à la majorité des deux tiers.

Article 10 : Fonctions

1. Le Conseil de Médiation et de Sécurité prend, au nom de la Conférence, des décisions sur des questions liées à la paix et à la sécurité de la région. II assure également la mise œuvre de toutes les dispositions du présent Protocole.

2. Conformément aux dispositions de l'Article 7 du présent Protocole et du paragraphe 1 ci-dessus, le Conseil de Médiation et de Sécurité :

(a) Décide de toutes questions relatives a la paix et a la sécurité ;

(b) Décide et met en œuvre les politiques de prévention, de gestion, de règlement des conflits, de maintien de la paix et de la sécurité ;

(c) Autorise toutes les formes d'intervention et décide notamment du déploiement des missions politiques et militaires ;

(d) Approuve les mandats et les termes de référence de ces missions ;

(e) Révise périodiquement ces mandats et termes de référence en fonction de l'évolution de la situation ;

(f) Sur recommandation du Secrétaire Exécutif nomme le Représentant Spécial du Secrétaire Exécutif et le Commandant de la Force.

Article 11 : Réunions du Conseil de Médiation et de Sécurité

1.Les travaux du Conseil de Médiation et de Sécurité se déroulent a trois (3) niveaux chefs D'Etat et de Gouvernement, Ministres et Ambassadeurs.

2. Toutes les réunions du Conseil de Médiation et de Sécurité sont présidées par l'Etat membre élu à la présidence en exercice de la Conférence.

Article 12 : Réunions au niveau des Chefs d'Etat et de Gouvernement

1. Les Chefs d'Etat et de Gouvernement du Conseil de Médiation et de Sécurité se réunissent au moins deux (2) fois par an, en session ordinaire. Le Président en exercice peut, en cas de besoin ou à la requête de la majorité simple des membres du Conseil, convoquer les sessions extraordinaires.

2. Les Chefs d'Etat et de Gouvernement du Conseil de Médiation et de Sécurité prennent les décisions finales sur toutes les questions relevant de leurs compétences, y compris les missions sur le terrain dont us approuvent les termes de référence.

Article 13 : Réunions au niveau ministériel

1. Les ministres des Affaires étrangères, de la Défense, de l'Intérieur et de la Sécurité du Conseil de Médiation et de Sécurité se réunissent au moins une fois tous les trois (3) mois pour examiner la situation politique générale et la sécurité de la sous-région, ils peuvent se réunir aussi fréquemment que la situation I'exige.

2.Les recommandations issues des travaux de ces réunions ministérielles sont soumises aux Chefs d'Etat et de Gouvernement siégeant au sein du Conseil de Médiation et de Sécurité.

Article 14 : Réunions au niveau des Ambassadeurs

1. Les Etats membres de la CEDEAO accréditent des ambassadeurs représentants permanents auprès du Secrétariat Exécutif de la CEDEAO. Ceux-ci peuvent également être ambassadeurs nommés auprès de la République Fédérale du Nigeria.

2. Les Ambassadeurs des Etats membres du Conseil de Médiation et de Sécurité se réunissent une fois par mois afin de procéder à un examen des questions relatives à la paix et à la sécurité de la sous-région. En cas de besoin, ils se réunissent plus fréquemment.

3. Les rapports et recommandations issus de leurs travaux sont transmis par le Secrétaire Exécutif à tous les Etats membres du Conseil de Médiation et de Sécurité et aux Etats concernés. Ces rapports sont également soumis à l'examen de la réunion des Ministres du Conseil de Médiation et de Sécurité.

Article 15 : Rôle et fonctions du Secrétaire Exécutif

Le Secrétaire Exécutif est habilité à prendre des mesures visant la prévention, la gestion, le règlement des conflits, Ie maintien de la paix et la sécurité dans la sous-région. Ces mesures peuvent prendre la forme de missions d'enquête, de médiation, de facilitation, de négociation et de réconciliation des parties en conflit.

2. Le rôle du Secrétaire Exécutif sera notamment :

(a) de recommander la nomination du Représentant

Spécial et du Commandant de la Force au Conseil de Médiation et de Sécurité ;

(b) de nommer les membres du Conseil des Sages ;

(c) de superviser les activités politiques, administratives, opérationnelles, et d'assure la logistique des missions ;

(d) d'élaborer a l'intention du Conseil de Médiation et de Sécurité et des Etats membres des rapports périodiques sur les activités du Mécanisme ;

(e) d'envoyer sur le terrain, sur la base de son évaluation de la situation, des missions d'enquête et de médiation ;

(f) de convoquer, en consultation, avec le Président de la Conférence, toutes les réunions du Conseil de Médiation et de Sécurité, du Conseil des Sages et de la Commission de Défense et de Sécurité ; (g) de mettre en œuvre toutes les décisions du Conseil de Médiation et de Sécurité.

3. Le Secrétariat Exécutif de la CEDEAO fournira les services d'"appui au Conseil de Médiation et de Sécurité et à la Commission de Défense et de Sécurité.

4. Dans la mise en œuvre des dispositions du présent Mécanisme, le Secrétaire Exécutif est assisté du Secrétaire Exécutif Adjoint chargé des Affaires politiques, de défense et de sécurité.

Article 16 : Secrétaire Exécutif Adjoint

Sous la responsabilité du Secrétaire Exécutif, le Secrétaire Exécutif Adjoint chargé des Affaires politiques, de défense et de sécurité initie et entreprend toutes les activités relatives à la mise en œuvre du Mécanisme.

2. Le poste de Secrétaire Exécutif Adjoint chargé des Affaires politiques, de défense et de sécurité est dirige par un fonctionnaire statutaire nommé conformément au paragraphe

4(a) de l'Article 18 du Traité. Ce poste comporte des départements qui peuvent se subdiviser en cas de besoin en divisions, et en sections. Ces départements sont :

(a) le Département des Affaires politiques ;

(b) le Département des Affaires humanitaires ;

(c) le Département des Affaires de défense et de sécurité ;

(d) Le centre d'observation et de suivi ;

(e) tous autres départements que pourrait créer le Conseil des ministres, sur recommandation du Conseil de Médiation et de Sécurité.

CHAPITRE III : ORGANES D'APPUI AUX INSTITUTIONS DU MÉCANISME

Pour l'accomplissement de leur mission, les institutions visées a l'article 4 S'appuieront sur les organes prévus à I'article 17 du présent Protocole.

Article 17 : Les organes sont créés aux fins d'assister et d'"appuyer le Conseil de

Médiation et de Sécurité, les organes suivants :

(a) La Commission de Défense et de Sécurité ;

(b) Le Conseil des Sages ;

(c) Le Groupe de Contrôle du Cessez-le-feu de la CEDEAO (ECOMOG)

Article 18 : Composition de la Commission de Défense et de Sécurité

Les Etats membres sont représentés à Ia Commission de Défense et de Sécurité par :

(a) Les Chefs d'Etat-major général des Armées ou leurs équivalents ;

(b) les responsables des Ministères de l'Intérieur et de la Sécurité ;

(c) les experts du ministère des Affaires étrangères de chaque Etat membre ;

(d) Selon les matières inscrites a l'ordre du jour, les responsables des services suivants :

(i) Immigration,

(ii) Douanes,

(iii) Lutte contre la drogue et les stupéfiants,

(iv) Sécurité des frontières

(v) Protection civile

Article 19 : Fonctions

1. La Commission de la Défense et de la Sécurité étudie les aspects techniques administratifs et détermine les besoins en logistique dans le cadre des opérations maintien de la paix. Elle assiste le Conseil de Médiation et de Sécurité dans le cadre de :

(a) la formulation du mandat de la force de maintien de la paix ;

(b) l'élaboration des termes de référence de la Force ;

(c) la nomination du Commandant de la Force ;

(d) la détermination de la composition des contingents.

2. La Commission se réunit une (1) fois par trimestre et chaque fois que de besoins. Elle examine les rapports produits par le centre d'observation et de suivi, et fait des recommandations au Conseil de Médiation et de Sécurité.

Article 20 : Composition et mandat du Conseil des Sages

1. Le Secrétaire Exécutif dresse tous les ans, une liste d'éminentes personnalités qui peuvent, au nom de la CEDEAO, user de leurs bons offices et de leurs compétences pour jouer le rôle de médiateur, de conciliateur, et d'arbitre. La liste comprend des personnalités éminentes provenant de diverses couches sociales y compris les femmes, les responsables politiques, les chefs traditionnels et religieux. Cette liste est approuvée par le Conseil de Médiation et de Sécurité au niveau des Chefs d'Etat et de Gouvernement.

2. Ces personnalités sont sollicitées chaque fois que de besoin par le Secrétaire Exécutif ou par le Conseil de Médiation et de Sécurité pour traiter d'une situation de conflit donnée.

3. Lorsque les circonstances le requièrent, le Secrétaire Exécutif a recours à l'ensemble des éminentes personnalités, dont les noms figurent sur la liste approuvée, et qui constituent alors le Conseil des Sages.

4. La composition et le mandat du Conseil des Sages sont définis par le Secrétaire Exécutif en fonction de la mission à accomplir.

5. Le Conseil des Sages désigné pour traiter d'"une situation donnée rend compte au Secrétaire Exécutif

6. Le Secrétaire Exécutif rend compte au Conseil de Médiation et de Sécurité des initiatives qu'il prend conformément aux dispositions des paragraphes 2 et 3 du présent article.

7. Les membres du Conseil des Sages, sont neutres, impartiaux et objectifs, dans l'accomplissement de leur mission.

Article 21 : Composition de l'ECOMOG

Le Groupe de Contrôle du Cessez-le-feu de la CEDEAO (ECOMOG) est une structure composée de plusieurs modules polyvalents (civils et militaires) en attente dans leurs pays d'origine et prêts à être déployés dans les meilleurs délais.

Article 22 : Missions de l'ECOMOG

L'ECOMOG est chargé entre autres, des opérations suivantes :

(a) mission d'observation et de suivi de la paix ;

(b) maintien et rétablissement de la paix ;

(c) action et appui aux actions humanitaires ;

(d) application de sanctions y compris l'embargo ;

(e) déploiement préventif ;

(f) opérations de consolidation de la paix, de désarmement et de démobilisation ;

(g) activités de police, notamment, la lutte contre la fraude et le crime organisé ;

(h) toutes autres opérations qui peuvent être ordonnées par le Conseil de Médiation et de Sécurité.

CHAPITRE IV : SYSTÈME D'OBSERVATION DE LA PAIX ET DE LA SÉCURITÉSOUSRÉGIONALES (PRE-ALERTE)

Dans le cadre de la prévention effective des conflits, et conformément a l'Article 58 du Traité Révisé, il est créé un système d'"observation de la paix et de la sécurité sous régionale appelé

Pré-alerte ou "le Système". Le système comporte :

(a) un Centre d'observation et de suivi base au siège du Secrétariat ;

(b) des zones d'observation et de suivi dans la sous-région.

Article 23 : Centre d'observation et de suivi

1. Le centre d'observation et de suivi est chargé de la collecte des informations, de leur traitement, et de l'élaboration des rapports qu'il adresse au Secrétaire Exécutif.

2. Le Centre d'observation et de suivi établira des liens de coopération avec l'Organisation des Nations Unies, l'Organisation de l'Unité Africaine, les centres de recherche, et toutes autres organisations internationales, régionales et sous régionales pertinentes.

Article 24 : Zones d'observation et de suivi

1. Les Etats membres sont répartis en zones sur la base de la proximité, de la facilité de communication et de l'efficacité. Chaque zone est identifiée par un numéro et a un siège de zone. Les quatre (4) zones d'observation et de suivi créées sont :

Zone n°	Pays	Capitale de la zone
1	Cap-Vert La Gambie Guinée-Bissau Mauritanie Sénagal	Banjul
2	Burkina-Faso Côte-d'Ivoire Mali Niger	Ouagadougou
3	Ghana Guinée Libéria Sierra-Leone	Monrovia
4	Bénin Nigéria Togo	Cotonou

2. Les zones tel que prévues au paragraphe 1 ci-dessus peuvent être modifiées en cas de nécessité par la Conférence.

3. Chaque siège de zone est doté d'un bureau et est placé sous l'autorité du Secrétaire Exécutif à travers le Secrétaire Exécutif adjoint.

4. Les Etats membres s'engagent a garantir la liberté de fonctionnement des bureaux de zones et a leur accorder les privilèges,

immunités et la sécurité de leurs biens, des patrimoines et du personnel, des bureaux, tels que prévus par la Convention générale sur les privilèges et immunités et l'Accord de siège de la CEDEAO.

5. Les bureaux de zone entretiennent des relations de travail avec le pays hôte et les institutions locales et internationales.

6. Les bureaux de zones rassemblent les données collectées dans chaque Etat, et au jour le jour, sur la base d'indicateurs susceptibles d'affecter la paix et la sécurité de la zone et de la sous-région.

7. Les bureaux de zones rassemblent les données collectées et élaborent un rapport qu'ils communiquent au centre d'observation et de suivi. A cette fin, chaque bureau de zone est directement relié par moyens appropriés au centre d'observation et de suivi.

CHAPITRE V : MISE EN ŒUVRE DU MÉCANISME

Article 25 : Conditions de mise en œuvre le Mécanisme est mis en œuvre dans l'une des conditions ci-après :

(a) En cas d'agression ou de conflit armé intervenu dans un Etat membre, ou de menace d'un tel conflit ;

(b) En cas de conflit entre deux ou plusieurs Etats membres ;

(c) En cas de conflit interne qui ;

(i) menace de déclencher un désastre humanitaire ;

(ii) constitue une menace grave à la paix et a la sécurité dans la sous-région ;

(d) En cas de violations graves et massives des droits de

l'Homme ou de remise en cause de l'Etat de droit ;

(e) En cas de renversement ou de tentative de renversement d'un Gouvernement démocratiquement élu ;

(f) Toute autre situation que détermine le Conseil de Médiation et de Sécurité.

Article 26 : Pouvoir d'initiative

Le Mécanisme est mise en oeuvre :

(a) Sur décision de la Conférence ;

(b) Sur décision du Conseil de Médiation et de Sécurité ;

(c) A la demande d'"un Etat membre ;

(d) A l'initiative du Secrétaire Exécutif ;

(e) A la demande de l'OUA ou des Nations Unies.

Article 27 : Procédure

Le Mécanisme est mis en oeuvre suivant I"une ou l'autre des procédures ci-après :

(a) Le Secrétaire Exécutif informe les Etats membres du Conseil de Médiation et de Sécurité et en concertation avec le Président en exercice, prend toutes mesures d'urgence.

(b) Le Conseil de Médiation et de Sécurit envisage plusieurs options, et décide de celle la plus appropriée en matière d'"intervention. Ces options peuvent porter sur le recours au Conseil des sages, sur l'envoi de missions d'enquête, de missions politiques et de médiation ou sur l'intervention de I'ECOMOG.

(c) LeConseil de Médiation et de Sécurité délivre tin mandat autorisant le Secrétaire

Exécutif à mettre sur pied la mission, et définit les termes de référence de celle-ci.

(d) Le Conseil de Médiation et de Sécurité nomme en cas de besoin les principaux responsables, a savoir le Représentant Spécial du Secrétaire Exécutif et le Commandant de la Force de l'ECOMOG.

(e) Le Président du Conseil de Médiation et de Sécurité adresse à l'OUA et aux Nations unies, un rapport sur la situation.

(f) Le Secrétariat Exécutif mobilise les ressources nécessaires aux opérations.

CHAPITRE VI : GESTION DES CONFLITS

Article 28 : Modules de force en attente

1. Les Etats membres conviennent de mettre à la disposition de l'ECOMOG des unités dotées de moyens adéquats, des armées de terre et de l'air, de la marine, de la gendarmerie, de la police, ou de toutes autres formations militaires, para-militaires, ou civiles pour l'accomplissement des missions assignées.

2. Chaque Etat membre fournit à l'ECOMOG une unité dont la taille est déterminée en concertation avec les autorités de la CEDEAO.

3. Les effectifs de ces unités sont révisables en fonction de la situation sur le terrain.

Article 29 : Mandat de la force et missions des unités déployées

Lorsqu'une force est déployée, ses effectifs, son mandat et les missions de ses unités évoluent en fonction des facteurs nouveaux sur le terrain.

Article 30 : Formation et préparation des Modules de force en attente

Le Secrétariat Exécutif, par l'"intermédiaire des départements concernés, et en concertation avec les Etats membres, contribue à la formation des personnels civils et militaires susceptibles de faire partie des unités en attente dans les différents domaines, notamment en droit international humanitaire, et en droit de l'Homme.

2. A cet effet

(a) II aide a l'élaboration des programmes et manuels communs d'instruction et de formation destinés aux écoles et centres nationaux ;

(b) II prend des dispositions pour assurer la formation et le perfectionnement du personnel des unités dans les centres régionaux de Côte d'Ivoire et du Ghana ;

(c) II oeuvre a l'intégration de ces centres en centres sous régionaux pour la mise en oeuvre du présent Mécanisme ;

(d) II prend les mesures nécessaires pour l'organisation périodique d'exercices de cadres, d'Etat-major, et de manoeuvres conjointes.

Article 31 : Missions d'observation

1. Le personnel civil et militaire non armé fourni par les Etats membres peut être déployé séparément du personnel armé ou conjointement avec lui. II est chargé, entre autres de la supervision et du contrôle des cessez-le-feu, du désarmement, de la démobilisation des élections, du respect des droits humains et des activités humanitaires. II examine plaintes qui lui sont soumises et entreprend toutes autres activités conformément termes de référence déterminés par le Conseil de Médiation et de Sécurité.

2 Les missions d'observation doivent faire rapport de leurs activités et investigations

Secrétaire Exécutif.

Article 32 Nomination et attributions du Représentant Spécial

1. Sur recommandation du Secrétaire Exécutif, le Conseil de Médiation et de Sécurité nommera un Représentant Spécial pour chaque opération entreprise par l'ECOMOG.

2. Les attributions et fonctions du Représentant Spécial sont essentiellement les suivantes :

(a) En tant que Chef de Mission, il est chargé de l'orientation politique de la mission

(b) Il dirige les activités de maintien de la paix et prend l'initiative des négociations politiques et diplomatiques à engager entre les parties, les Etats voisins et les autres gouvernements impliqués dans le règlement du conflit.

(c) 11 informe les Etats fournisseurs de troupes et les autres Etats membres, chaque fois que de besoin, de l'évolution des activités de Ia mission.

(d) II coordonne l'action des organisations sous-régionales et internationales, y compris les ONG engagées dans les activités de secours, d'assistance humanitaire et de consolidation de la paix dans la zone de la mission. En cas de besoin, ii peut être assisté d'un adjoint chargé des affaires humanitaires spécialement.

(e) II entretient des contacts permanents avec le Secrétaire Exécutif et lui adresse des rapports réguliers.

Article 33 : Nomination et attributions du Commandant de La force ECOMOG

1. Sur recommandation du Secrétaire Exécutif, et en consultation avec la Commission de Défense et de Sécurité, on Commandant de la force ECOMOG sera nommé par le Conseil de Médiation et de Sécurité, pour chaque opération.

2. Les rôles et attributions du Commandant de la Force sont essentiellement les suivants :

(a) II est responsable auprès du Secrétaire Exécutif de l'efficacité de la mission sur le plan opérationnel, administratif et logistique.

(b) II donne des instructions aux commandants des contingents pour la mise en oeuvre des activités opérationnelles.

(c) II assure la sécurité du personnel et des matériels des organisations humanitaires dans la zone de la mission.

(d) II rend compte au Secrétaire Exécutif par l'intermédiaire du Représentant Spécial.

Article 34 : Rapport hiérarchique

1. Le Représentant Spécial rend compte directement au Secrétaire Exécutif.

2. Le Commandant de la Force rend compte au Secrétaire Exécutif par le biais du Représentant spécial.

3. Tous les commandants de contingents rendent compte directement au Commandant de la Force.

4. Toutes les unités civiles rendent compte directement au Représentant Spécial.

Article 35 Responsabilités des Etats membres outre les autres responsabilités prévues par le Traité et le présent Protocole :

(a) Chaque Etat membre est tenu de libérer immédiatement sur demande, les modules de force en attente avec les équipements et le matériel nécessaires ;

(b) Les Etats membres s'engagent à fournir une coopération pleine et entière à la

CEDEAO dans la mise en oeuvre des mandats du présent Protocole y compris toute l'assistance et le soutien nécessaires au Mécanisme particulièrement en ce qui concerne la libre circulation de l'ECOMOG sur leur territoire.

CHAPITRE VII : FINANCEMENT DU MÉCANISME

Article 36 : Financement

Le Secrétariat Exécutif prévoit au niveau de son budget annuel, des fonds pour financer les activités du Mécanisme. Des l'"entrée en vigueur du Protocole régissant les conditions d'application du Prélèvement communautaire, un pourcentage dudit prélèvement est consacré à ces activités.

2. Une demande de financement spéciale sera adressée à l'ONU et à d'autres agences internationales.

3. Le financement des opérations peut également provenir de l'OUA, de contributions volontaires, de subventions, ainsi que de la coopération bilatérale et multilatérale.

Article 37 : Pre-Financement

1. Les Etats qui fournissent des unités peuvent être invités à prendre en charge le coût des opérations, au cours des trois (3) premiers mois.

2. La CEDEAO rembourse les frais engagés par ces Etats dans un délai maximum de six

(6) mois, et assure la suite du financement des opérations.

Article 38 : Appui logistique

L'organisation de la logistique y compris le transport des troupes est mise au point par le

Secrétariat Exécutif, le pays hôte et les Etats qui fournissent les unités.

Article 39 Rémunération et conditions de service

Les rémunérations et les conditions de service du personnel sont déterminées par le Conseil des ministres, sur recommandation du Conseil de Médiation et de Sécurité.

CHAPITRE VIII : ASSISTANCE HUMANITAIRE

La CEDEAO prend une part active dans la coordination et la conduite de l'assistance humanitaire.

Article 40 : Responsabilités de la CEDEAO

1. La CEDEAO intervient pour soulager les populations et restaurer le cours normal de la

vie dans des situations de crise, de conflit et de catastrophe.

2. A cet égard, la CEDEAO développe ses propres capacités en vue d'entreprendre efficacement des actions humanitaires tant par mesure de prévention que pour la gestion des conflits.

3. Dans le cas où l'"environnement d'un Etat membre est sérieusement dégradé, des mesures appropriées sont prises pour le réhabiliter.

4. La CEDEAO reconnaît, encourage et appuie le rôle des femmes dans ses initiatives de prévention, de gestion, de règlement des conflits, de maintien de la paix et de la sécurité.

Article 41 : Coopération avec les autres organisations

La CEDEAO coopère avec les institutions et organisations suivantes :

(a) les ONG nationales, régionales et les organisations religieuses ;

(b) l'OUA, l'ONU et ses agences ;

(c) toutes organisations internationales intervenant dans le domaine humanitaire.

2. Les unités de l'ECOMOG doivent être bien équipées pour entreprendre des actions humanitaires dans leurs zones d'opération sous l'autorité du Représentant Spécial du

Secrétaire Exécutif.

3. L'ECOMOG apporte son assistance à toutes les actions humanitaires des agences nationales, régionales et internationales, notamment en ce qui concerne les questions de

Sécurité.

4. En cas de besoin, elle coordonne les activités des agences humanitaires présentes sur le terrain.

CHAPITRE IX : CONSOLIDATION DE LA PAIX

La Communauté adopte une stratégie graduée en trois (3) phases pour la consolidation de la paix, qui est appliquée dans le cadre d'un processus continu.

Article 42 : Capacité institutionnelle de ta CEDEAO pour la consolidation de la paix

1. Pour prévenir à temps les troubles sociaux et politiques, la CEDEAO doit s'impliquer dans la préparation, l'organisation et la supervision des élections programmées dans les Etats membres. La CEDEAO doit également suivre et s'impliquer activement dans le soutien à la mise en place d'institutions démocratiques dans les Etats membres.

2. La CEDEAO mettra en oeuvre pour aider les Etats membres sortant de situation de conflits à augmenter leurs capacités de reconstruction sociale, économique et culturelle.

3. A cet égard, toutes les institutions financières de la CEDEAO mettront au point des politiques pour faciliter le financement des programmes de réintégration et de reconstruction.

Article 43 : Consolidation de la paix durant les conflits

Dans les zones de conflit où règne une paix relative, la priorité doit être accordée à la mise en oeuvre d'une politique visant à réduire toute dégradation des conditions sociales et économiques.

Article 44 : Consolidation de la paix à la fin des hostilités

Pour aider les Etats membres qui ont été affectés par les conflits violents, la CEDEAO entreprend les activités suivantes :

(a) consolidation de la paix qui a été négociée ;

(b) création de conditions favorables à la reconstruction politique, sociale et économique de la société ainsi que des institutions gouvernementales ;

(c) mise en oeuvre de programmes de désarmement, de démobilisation et de réintégration, notamment pour les enfants soldats ;

(d) rétablissement et réintégration des réfugiés et des personnes déplacées à l'intérieur ;

(e) aide aux groupes sociaux vulnérables comme les enfants, les personnes âgées, les femmes, et les groupes traumatisés de la société.

Article 45 : Restauration de l'autorité politique

Dans le cas où I' autorité du gouvernement est inexistante ou est gravement érodée, la CEDEAO apporte son assistance pour restaurer cette autorité. Dans le cadre de cette assistance, elle peut procéder à la préparation, l'organisation, le suivi, la gestion des processus électoraux avec la collaboration des organisations régionales et internationales compétentes. La restauration de I'autorité politique est entreprise en même temps que la promotion du respect des droits de l'homme et le renforcement de l'Etat de droit et des institutions judiciaires.

CHAPITRE X : SÉCURITÉ SOUS RÉGIONALE

Article 46 : Lutte contre la criminalité trans-frontalière

1. Pour faciliter la lutte contre la criminalité trans-frontalière, la CEDEAO oeuvrera a une étroite collaboration entre les services de sécurité des Etats membres.

2. Les services de sécurité des Etats membres s'entraideront mutuellement et assureront une bonne coordination en ce qui concerne l'arrestation des criminels.

3. Les Etats membres créeront au sein de leurs ministères charges de la Justice, de la défense et de la Sécurité des services spécialisés dotés de personnel qualifié et d'équipements de communication pour assurer la coordination et la centralisation des questions de coopération, notamment l'assistance mutuelle en matière pénal et les demandes d'extradition.

4. Les Etats membres feront parvenir au Secrétariat Exécutif les documents des procédures pénales de leurs pays. Les informations fournies par les Etats membres comprendront un résumé du déroulement de la procédure pénale du début à la fin et des conditions requises par chaque Etat pour agréer une demande d'assistance, une extradition ou la restitution des objets volés. Les Etatsmembres se communiqueront les caractéristiques de leurs unités nationales, et échangeront entre eux des informations relatives aux autorités compétentes, ainsi qu'à la liste actualisée des unités. Ces informations seront traduites et envoyées par le Secrétariat de la CEDEAO à toutes les unités spécialisées (autorités centrales) habilitées à traiter des demandes et autres questions qui peuvent se poser ni cours de la mise en oeuvre.

5. Les Etats membres rendront plus fonctionnelles et plus efficaces leurs législations nationales en les harmonisant avec les conventions de la CEDEAO relatives à l'entraide judiciaire en matière pénale et à l'extradition. Les Etats membres s'engagent à adopter une Convention incriminant et réprimant les principales infractions affectant la sous-région.

6. Les Etats membres tiendront des statistiques notamment sur le nombre de demandes d'entraide judiciaire et d'extradition reçues et envoyées ainsi que les résultats obtenus.

Des réunions périodiques des services spécialisés des ministres de la Justice. De la Défense et de la Sécurité et des bureaux nationaux d'Interpol seront également organisés en vue d'échanger des informations sur les affaires passées ou en cours et de prendre des mesures pour renforcer la coopération.

7. Les Etats membres mettront au point des procédures de restitution simplifiées concernant les véhicules et les autres objets saisis par l'Etat requis.

8. Les autorités judiciaires et policières des Etats membres de la CEDEAO considéreront les avis rouges publiés par l'Interpol à la demande d'un Etat comme des requêtes valides d'arrestation provisoire dans le cadre de l'Article 22 de la Convention d'Extradition de la CEDEAO.

9. Les Etats membres devront créer un fonds spécial pour les produits provenant de crimes commis. Ce fonds sera utilisé comme moyen préventif ou comme moyen pour la justice criminelle do combattre, entre autres, la criminalité trans-frontalière et le trafic de la drogue.

Les Etats membres créeront si nécessaire des bureaux de gestion des biens confisqués.

10. La législation sur la restitution des objets volés dans un Etat membre s'appliquera à tous les crimes.

11. La CEDEAO mettra en place un Centre de Prévention et de Justice Criminelle (CPJC) qui servira de point focal pour l'entraide judiciaire. Le Centre fera partie du Département chargé des Affaires juridiques de la CEDEAO. Le CPJC servira en matière d'entraide judiciaire de lien entre les Etats membres de la CEDEAO et les Etats non membres. II jouera également le rôle de superviseur qui veillera à ce que Les Etats mettent en oeuvre les conventions qu'ils signent.

Article 47 : Coordination et mise en oeuvre des politiques

Le Secrétaire Exécutif est responsable de la coordination et de la mise en oeuvre de toutes les décisions relatives à la sécurité régionale.

Article 48 : Lutte contre la corruption

Pour éradiquer la corruption à l'intérieur de leurs territoires et dans la sous-région, la CEDEAO et les Etats membres s'engagent à promouvoir la transparence, la responsabilité et la bonne gouvernance.

Article 49 Lutte contre le blanchiment d'argent

Le Secrétariat Exécutif de la CEDEAO et les Etats membres adoptent des stratégies pour combattre le blanchiment d'argent en élargissant la définition de ce crime. Ils aident à confisquer les produits du blanchiment et les fonds illicites, et à atténuer la rigueur des lois sur le secret bancaire, au sein et à l'extérieur de la sous-région.

Article 50 : Lutte contre la prolifération des armes légères

Tout en tenant compte des besoins légitimes de défense nationale, et de sécurité ainsi que des opérations internationales de maintien de la paix, la CEDEAO prend les mesures efficaces pour :

(a) contrôler l'importation, l'exportation, et la fabrication des armes légères et enrayer la circulation illégale des armes ;

(b) enregistrer et contrôler la circulation et l'utilisation du stock des armes légitimes ;

(c) détecter, collecter et détruire toutes les armes illicites ;

(d) encourager les Etats membres à collecter et à détruire les excédants d'armes.

Article 51 : Mesures préventives contre la circulation illégale des armes légères

La CEDEAO prendra toutes les mesures nécessaires pour combattre le trafic illicite et la circulation des armes légères. Ces mesures comprennent :

(a) le développement d'une culture de paix ;

(b) la formation des militaires, des forces de sécurité et de la police ;

(c) le renforcement des contrôles d'armes aux postes frontières ;

(d) la création d'"une base de donnés et d'un registre régional d'armes ;

(e) la collecte et la destruction des armes illégales

(f) la facilitation du dialogue avec les producteurs et les fournisseurs ;

(g) la revue et l'harmonisation des législations nationales et des procédures administratives ;

(h) la mobilisation des ressources.

2. La CEDEAO procédera au renforcement de ses capacités institutionnelles et opérationnelles et celles de ses Etats membres afin de mettre en oeuvre les mesures ci-dessus mentionnées.

3. Les Départements des Affaires politiques, de la Défenseet de la Sécurité coordonnent et suivent la mise en oeuvre de tous les programmes et activités et procèdent a l'analyse des informations provenant des capitales de zones.

4. Les Etats membres, conformément aux directives adoptées par la CEDEAO mettront en place des commissions nationales composés des autorités compétentes et de la société civile, pour promouvoir et assurer la coordination des mesures prises au niveau national.

5. Toutes les armes légères et munitions utilisées, dans le cadre d'une opération de maintien de la paix de l'ECOMOG, sont déclarées au Secrétariat Exécutif au début de ladite opération, afin de permettre leur contrôle efficace, ainsi que leur enlèvement à la fin de celles-ci.

6. Toutes les armes collectées au cours de toute opération de désarmement sont détruites.

CHAPITRE XI : RELATIONS AVEC L'ORGANISATION DE L'UNITÉ AFRICAINE, LESNATIONS UNIESET LES AUTRES ORGANISATIONS INTERNATIONALES

Article 52 : Coopération

1. Dans le cadre de la poursuite de ses objectifs, la CEDEAO coopérera avec l'Organisation de l'Unité Africaine (OUA), l'Organisation des Nations Unies (ONU), et toute autre organisation internationale pertinente.

2. Dans la mise en oeuvre du présent

Mécanisme, la CEDEAO coopérera pleinement avec le Mécanisme de l'OUA pour la Prévention, la Gestion, et le Règlement des Conflits.

3. Conformément aux dispositions des chapitres VII et

VIII de la Charte des Nations Unies, la CEDEAO informera les Nations Unies de toute intervention militaire effectuée dans le cadre des objectifs du présent Mécanisme.

CHAPITRE XII : DISPOSITIONS SPÉCIALES

Article 53 Abrogation

1. Les dispositions du présent Protocole remplacent toutes celles du Protocole du 29 mai 1981 relatif à l'Assistance mutuelle en matière de Défense, qui lui sont contraires.

2. Les dispositions du Protocole de Non-agression du 22 avril 1978, qui sont incompatible avec celles du présent Protocole sont nulles et sans effet,

3. Les engagements découlant des dispositions du présent Protocole ne seront pas interprétés comme étant en contradiction avec l'esprit des Conventions ou Accords liant un Etat membre à un autre Etat tiers à condition, sous peine de nullité, que ces Convention et Accords ne soient pas en contradiction avec le présent Protocole.

Article 54 : Rationalisation des institutions sous régionales

1. La CEDEAO prendra les mesures nécessaires en vue de la rationalisation de tous le Mécanismes, Institutions et organes de la sous-région, ayant des objectifs similaires.

2. A cet égard, l'ANAD pourrait être transformé en Institution spécialisée de la

CEDEAO

CHAPITRE XIII : DISPOSITIONS GÉNÉRALES ET FINALES

Article 55 : Amendements

1. Tout Etat membre peut soumettre des propositions pour amender ou réviser le présent Protocole.

2. Ces propositions doivent être soumises au Secrétaire Exécutif qui en informe les Etats membres au plus tard trente (30) jours après leur réception. Les amendements ou révisions ne seront examinés par la Conférence que si les Etats membres en ont été informés un (1) mois auparavant.

3. Les amendements ou révisions sont adoptés par la Conférence.

Article 56 : Retraite

1. Tout Etat membre souhaitant se retirer du Protocole doit, un (1) an au préalable faire parvenir un avis au Secrétaire Exécutif qui en informe les Etats membres. A la fin de cette période d'une année, si cet avis n'est pas retire, l'Etat en question cesse d'être partie prenante au Protocole.

2. Toutefois, au cours de cette période d'un (1) an, l'Etat membre continue d'observer les dispositions du présent Protocole et d'honorer ses obligations.

Article 57 : Entrée en vigueur

1. Le présent Protocole entre en vigueur à titre provisoire des sa signature par les Chefs d'Etat et de Gouvernement. En conséquence, les Etats membres signataires et la

CEDEAO s'engagent à commencer la mise en oeuvre des dispositions du présent Mécanisme des sa signature.

2. Le présent Protocole entrera définitivement en vigueur des sa ratification par au moins neuf (9) Etats signataires, conformément aux règles constitutionnelles de chaque Etat membre.

Article 58 : Autorité dépositaire

Le présent Protocole, ainsi que tous les instruments de ratification seront déposés au Secrétariat exécutif, qui en transmettra des copies certifiées conformes a tous les Etats membres, leur notifiera Ies dates de dépôt des instruments, et le fera enregistrer auprès de l'Organisation de l'Unité africaine (OUA), et l'Organisation des Nations unies (ONU) et auprès de toutes autres organisations désignées des par le Conseil.

EN FOI DE QUOI, NOUS, CHEFS D'ETATS ET DE GOUVERNEMENT DE LA COMMUNAUTE ECONOMIQUE DES ETATS DE L'AFRIQUE DE L'OUEST (CEDEAO) AVONS SIGNE LE PRESENT PROTOCOL EN TROIS (3) ORIGINAUX EN LANGUES FRANCAISE, ANGLAISE, ET PORTUGAISE, LES TROIS (3) TEXTES FAISANT EGALEMENT FOI.

FAIT A LOME, CE 10 DECEMBRE 1999

S.E. Mathieu KEREKOU Président de la République du Bénin	S.E. Blaise COMPAORE Président de la République du Burkina-Faso
M. Alexandre Dias MONTEIRO ministre du Commerce, de l'Industrie et de l'Énergie pour et par ordre du Président de la République du Cap-Vert.	S.E. Henri Konan BEDIE Président de la République de Côte-d'Ivoire.
Mme Isatou NJIE-SAIDY, Vice-Présidente, Secrétaire d'Etat pour la santé, le travail, les Affaires sociale et les Affaires féminines, pour et par ordre du Président de la République de la Gambie.	S.E. Fit.Lt. Jerry John RAWLINGS Président de la République du Ghana.
Mme ZaÏnoul Abidine SANOUSSI Ministre à la présidence, chargé	M.José Pereira BATISTA Ministre des Affaires étrangères et de la Coopération

des Affaires étrangères, pour et par ordre du Président de la République de Guinée.	internationale, pour et par ordre du Président de la République de Guinée-Bissau.
M.Enoch DOGOLEAH Vice-Président, pour et par ordre du Président de la République du Libéria.	S.E. Alpha Oumar KONARE Président de la République du Mali.
M.Sidi Mohamed Ould BOUBACAR Président du Comité de Réconciliation de la République islamique de Mauritanie.	S.E.Squadron Leader Daouda Malam WANKEMinistre, Secrétaire général de la présidence, pour et par ordre du Président de la République du Niger.
S.E. Olusegun OBASANJO Président, Commandant-en-chef de la République fédérale du Nigéria	S.E. Abdou DIOUF Président de la République du Sénégal.
S.E. Ahmed Tejan KABBAH Président de la République de Sierra Léone	S.E. Gnassingbé EYADEMA Président de la République togolaise.

Références bibliographiques

I- Ouvrages généraux:

Aurenche (G.), *L'aujourd'hui des droits de l'Homme* ; Nouvelle cité, Paris, 1980 ;

Calogeropoulos-Strabis (S.), *Le droit des peuples à disposer d'eux-mêmes*, Bruylant, Bruxelles, 1973 ;

Colliard-(C.-A), Dubouis (L.), *Institutions internationales*, Dalloz, 10e édition, Paris, 1995 ;

Cot (J.-p.), Pellet (A.) et M. Forteau, *La Charte des Nations Unies. Commentaire article par article*, t.I et II, 3e éd., Paris, Economica, 2005 ;

Daillier (P.), Pellet (A.), *Droit international public*, L.G.D.J., 6e édition ;

Decaux (E.), De Frouville (O.), *Droit international public*, Dalloz, 8e édition, Paris, 2012 ;

De Villiers (M.), *Dictionnaire du droit constitutionel*, Paris, 4e édition, Armand Colin, 2003 ;

Dupuy (P.-M.), *Droit international public*, Dalloz, 5e édition, 2000 ;

Friedrich (C.-J.), *La démocratie constitutionnelle*, trad. Franç, 1958 ;

Guggenheim (P.), *Traité de droit international public*, Georg, Genève, 1953, vol.II ;

Henckaerts (J.-M) et Doswald-Beck (L.), *Droit international humanitaire coutumier*, Volume I : Règles, Bruylant, Bruxelles, 2006 ;

Huet (A.) et Koering-Joulin (R.), *Droit pénal international*, Paris, PUF, 1994 ;

Oliva (E.), Giummarra, *Droit constitutionnel* (Collection aide-mémoire), Dalloz, 7e édition, Paris, 2011 ;

Rousseau (C.), *Droit international public*, Paris, Sirey, 1980, tome VI ;

Scelle (G.), *Droit international public*, Ed. Domat Montchrestien, Paris, 1994 ;

Tama (J.-N), *Droit international et africain des droits de l'Homme*, Editions l'harmattan, Paris, février 2012 ;

Tama (J.-N.), *L'odyssée du constitutionnalisme en Afrique*, Harmattan, Paris, 2015,

Touscoz (J.), *Droit international*, éd.PUF, 1993 ;

Sudre (F.), Droit international et européen des droits de l'Homme, 5e édition mise à jour, PUF, Paris, 1989.

Zorgbibe (C.), *Le droit d'ingérence*, Collection Que sais-je ?, n°2916, 1ere édition, éd. PUF, Paris, 1994.

II-Ouvrages spécialisés :

Bettati (M.) et Kouchner (B.) (éd.), *Le devoir d'ingérence*, Denoël, 1987 ;

Bettati (M.), Le droit d'ingérence. Mutation de l'ordre international, Paris, Editions Odile Jacob, mars 1996 ;

Buzzy (A), *L'intervention armée de l'OTAN en République fédérale de Yougoslavie*, Editions Pedone, Paris, juillet 2001 ;

Chaumont (C.), Le consentement à l'ingérence militaire dans les conflits internes, Paris, Librairie générale et de jurisprudence, 1974 ;

Corten (O.) et Delcourt (B.), *Droit de l'ingérence ou obligation de réaction ?* Bruxelles, Editions Bruylant, Editions de l'Université de Bruxelles, collection de droit international, 2e édition, 1996 ;

Crouzatier (J-M.), Ivan (R.), Mbondan (E.-M.) et Mihali (C.), *La responsabilité de protéger : une perspective francophone*, édition Chy, AUF, octobre 2010 ;

Gandou d'Isseret (C.-G.), *La responsabilité de protéger, Nouvelle approche du droit international*, Harmattan, Paris, novembre 2015 ;

Guillaume Coulon, Nils Andersson, Daniel Lagot (dir), *Responsabilité de protéger et guerres humanitaires : le cas de la Libye*, L'Harmattan, Paris, 2012, 155p. ;

Olakounlé Yabi (G.), *Rôle de la CEDEAO dans la gestion des crises politiques et des conflits, cas de la Guinée et de la Guinée Bissau*, Friedrich Ebert stiftung, Abuja, 2010 ;

Tall (S.-N), *Droit des Organisations Internationales Africaines : Théorie générale. Droit communautaire comparé. Droits de l'Homme, paix et sécurité*, Harmattan, Paris, 2015 ;

Teson (F.R.), Humanitarian intervention, an inquiry into law and morality;

III-Articles de revues

Bettati (M.), « Un droit d'ingérence, », RGDIP, 1991 ;

Bettati (M.), « Intervention, ingérence ou assistance », RTDH, 1994 ;

Carsten (S.), « Responsability to protect: political rhetoric or emerging legal norm?", in the American journal of international law, Vol.10, n°1, January 2007;

Corten (O.) et Klein (P.), « Droit d'ingérence ou obligation de réaction non armée ? », RBDI, Vol ; XXIII, 1990/2 ;

Corten (O.) et Klein (P.), « Devoir d'ingérence ou droit de réaction collective ? », RBDI, Vol.XXIV, 1991/1 ;

Corten (O.) et Klein (P.), « L'autorisation de recourir à la force à des fins humanitaires : droit d'ingérence ou retour aux sources ? » JEDI, Vol4, 1993 ;

Corten (O.) et Delcourt (B.), « L'intervention militaire en Libye : une avancée du droit international ? », politique n°70 (mai-juin 2011) ;

Crouzatier (j.-M.), « Le principe de la responsabilité de protéger : avancée de la solidarité internationale ou ultime avatar de l'impérialisme ? », in « *Responsabilité de protéger* », Revue ASPECTS, n° 2008 ;

Daudet (Y.), « Les réponses curatives : responsabilité de protéger et reconstruction de l'Etat », in « *La responsabilité de protéger* », Colloque de Nanterre ;

De Raulin (A.), « La justice pénale internationale à l'épreuve de l'Afrique », Revue juridique et politique des Etats francophones, Paris, 2009 ;

Domestici-Met (M.-J.), « Aspects juridiques récents de l'assistance humanitaire », AFDI, 1989 ;

KDHIR (Moncef), « Pour le respect des droits de l'Homme sans droit d'ingérence », Revue trimestrielle des droits de l'Homme, 2002 ;

Kouchner (B.), « Souveraineté et assistance humanitaire », La nouvelle revue des deux mondes, Paris, mars 1990 ;

Ndjimba (K.F.), « L'internationalisation des constitutions et la révalorisation du droit constitutionnel des Etats » ;

Ofuji (N.), « Tradition constitutionnelle et supra-constitutionalité : y a-t-il une limite à la révision de la constitution ? L'exemple de la constitution japonaise », RFDC, n°59, juillet 2004 ;

Pech (L.), « La garantie internationale de la constitution de Bosnie-Herzégovine : un texte à la croisée du droit interne et du droit international », RRJ, 1997 ;

Pellet (A.), « Droit d'ingérence ou devoir d'assistance humanitaire ? », La documentation Française, Collection : problèmes politiques et sociaux, n°758-759 ;

Perez-Vera (F.), « La protection d'humanité en droit international », RBDI, 1969 ;

Perrot (S.), « Devoir et droit d'ingérence », CERIUM, 25 avril 2006 ;

Ponthoreau (M.-C), « Trois interprétations de la globalisation juridique. Approche critique des mutations du droit public », Actualité juridique, Droit administratif n°1, 2000 ;

Rougier (A.), « La théorie de l'intervention d'humanité », RGDIP, 1910 ;

Sadako Ogata, « UNHCR in the Balkan. Humanitarian action in the midst of war", in (W.) Biermann and Martin Vadset (dir.), un peacekeeping in Trouble : Lessons learned from the former Yugoslavia, Aldershot, Ashgate, 1998;

Sur (.), « Le recours à la force dans l'affaire du Kosovo et le droit international », les notes de l'IFRI, n°22, la Documentation Française, Paris, septembre 2000 ;

Szurek (S.), « Responsabilité de protéger, Nature de l'obligation et responsabilité internationale », in *La responsabilité de protéger*, Actes du colloque de Nanterre, du 7 au 9 juin 2007, Société Française pour le droit international, éd. Pedone, Paris ;

Taje (M.), « Les enjeux géopolitiques de la crise libyenne », Revue de la défense nationale, Tribune n°75, Tunis, le 7 avril 2011 ;

Thouvenin (J.-M.), « Genèse de l'idée de responsabilité de protéger », in *La responsabilité de protéger*, Société Française pour le droit international, Colloque de Nanterre, du 7 au 9 juin 2007, Paris, 2008, éd. A. Pedone ;

Verwey (W-D), « Humanitarian intervention under international law", NIDL, 1985;

Villani (U.), « Les rapports entre l'ONU et les organisations régionales dans le domaine du maintien de la paix », RCADI, 2001 ;

Virally (M.),"Panorama du droit international contemporain », RCADI, Vol.183, 1983 ;

Wiechers (M.), « Namibia : the 1982 constitutional principles and their legal significance", SAYIL, Vol 15, 1989-1990.

IV- Mémoires et theses

Fall (I.), *Contribution à l'étude du droit des peuples à disposer d'eux-mêmes en Afrique*, Thèse, Paris, 1972, 462p. ;

Katunda Agandji Patience, *Le principe de la responsabilité de protéger : une issue pour la protection des populations civiles. Cas de la République démocratique du Congo*, Université de Kinshasha, RDC – Licence en droit international, 2010 ;

Luabeya Hippolyte, *La responsabilité de protéger au regard de la crise libyenne*, Université de Kinshasha RDC – Licence, 2010 ;

Olinga (A.), *Contribution à l'étude du droit d'ingérence*, Thèse, univ. De Montpellier I, 1993, 486p. ;

Ouoba (M.), *La CEDEAO et le chapitre VIII de la Charte des Nations Unies. Aspects récents du maintien de la paix et de la sécurité en*

Afrique de l'Ouest, Mémoire de Master2, recherche, Droit international public, 2003, sous la direction de Stéphane Doumbé-Billé, Professeur à l'Université Jean-Moulin Lyon3.

Jean-Nazaire (T.P.), *Les Conventions internationales relatives aux droits de l'Homme dans l'ordre juridique interne du Bénin*, Atelier National de Reproduction des Thèses (ANRT), Lille, 382p.

V- Sites Webs (exploités pendant leur durée de validité)

http://www.memoireonline.com/09/07/616/
M_faillite-onu-genocide-tutsi-rwanda-ca uses-echec7.html fn214.

http://www.memoireonline.com/09/07/616/
M_faillite-onu-genocide-tutsi-rwanda-ca uses-echec7.html fn 215.

http://www.memoireonline.com/09/07/616/
M_faillite-onu-genocide-tutsi-rwanda-ca uses-echec7.html fn 216.

http://www.memoireonline.com/09/07/616/
M_faillite-onu-genocide-tutsi-rwanda-ca uses-echec7.html fn 231.

http://www.memoireonline.com/09/07/616/
M_faillite-onu-genocide-tutsi-rwanda-ca uses-echec7.html fn 233.

http://www.memoireonline.com/09/07/616/
M_faillite-onu-genocide-tutsi-rwanda-ca uses-echec7.html fn 224.

http://www.memoireonline.com/09/07/616/
M_faillite-onu-genocide-tutsi-rwanda-ca uses-echec7.html fn 225.

http://www.memoireonline.com/09/07/616/
M_faillite-onu-genocide-tutsi-rwanda-ca uses-echec7.html fn222.

http://www.memoireonline.com/09/07/616/
M_faillite-onu-genocide-tutsi-rwanda-ca uses-echec7.html fn223.

www.robert-schuman.eu/.../1063-élections présidentielle-et-législative-en-bosnie-her

Mission d'information sur le Rwanda [archive]
(http://www.assemblée-nationale.fr/dossiers/ rwanda/r1271.asp
p875_45445.

http://www.memoireonline.com/09/07/616/
M_faillite-onu-genocide-tutsi-rwanda-ca uses-echec7.html fn 230…

Table des matières

DROIT
AUX ÉDITIONS L'HARMATTAN

Dernières parutions

DROIT DES RESSOURCES NATURELLES
Éléments d'élaboration, d'analyse et d'évaluation des lois
Mukendi Mukendi Ntantamika
Préface de Maître Emery Mukendi Wafwana
Cet ouvrage tente de répondre à la problématique induite par la quête scientifique et politique d'un meilleur système d'appropriation des ressources naturelles, d'un meilleur dispositif de contrôle d'accès à leurs gisements et de redistribution des revenus de leur exploitation. C'est par la construction d'archétypes de régimes juridiques déduits des critères institutionnels, écologiques, sociaux et économiques du principe de développement durable que ce livre procède.
(Coll. Harmattan RDC, 612 p., 49 euros)
ISBN : 978-2-343-15169-4, EAN EBOOK : 9782140122569

LES PROCÉDURES DE CONTRÔLE A POSTERIORI EN RD CONGO
Mise en oeuvre de contrôles douaniers et accisiens modernes et efficaces
Alain Tenday Lupumba
Préface d'Albert Yuma Mulimbi - Postface de Gabriel Mwepu Numbi
"Les objectifs de cet ouvrage sont de sensibiliser les professionnels et les autres acteurs du commerce international aux spécificités du contrôle douanier a posteriori et d'offrir une approche pratique et spécifique des rôles et responsabilités des uns et des autres. En l'intitulant Les procédures de contrôle a posteriori en RD Congo, mise en oeuvre de contrôles douaniers et accisiens modernes et efficaces, l'auteur a volontairement pris le parti de questionner l'ensemble des composantes susceptibles d'influencer la performance de l'administration douanière, y compris les aspects humains" (extrait de la préface de Albert Yuma Mulimbi)
(Coll. Comptes Rendus, 270 p., 28 euros)
ISBN : 978-2-343-17235-4, EAN EBOOK : 9782140122149

AN OUTILINE OF CUSTOMS POLICY OF THE DEMOCRATIC REPUBLIC OF CONGO
2003-2010
Jean-Paul Esamba Bokel'Ipoka
Foreword by Déo Rugwiza Magera
An Outline of Customs Policy of the Democratic Republic of Congo presents in the easiest way what is meant by customs policy in general, its basics namely: objects, elements, sources, instruments, functions (...), regional and international frameworks. The author stresses on the customs policy progress from 2003 to 2010, which is a decisive period in the DRC customs management, through the implementation of 2003 customs reform and modernization programme.
(Coll. Harmattan Cameroun, 156 p., 17 euros)
ISBN : 978-2-343-17710-6, EAN EBOOK : 9782140122040

LA GOUVERNANCE FORESTIÈRE EN RÉPUBLIQUE DU CONGO
1899-2017
André Ondele-Kanga
Ce livre a été rédigé pour documenter et archiver, au profit des générations futures, l'historique de la gouvernance forestière en République du Congo de 1899 à 2018. Il dénonce un paradoxe de la

gouvernance forestière actuelle qui, renonçant à la croissance économique du secteur, fonde son satisfécit sur le succès diplomatique retentissant qui fait jouer au pays un rôle honorifique de leadership des forêts du bassin du Congo.

(Coll. Harmattan Congo-Brazzaville, 376 p., 37,5 euros)

ISBN : 978-2-343-15305-6, EAN EBOOK : 9782140121845

LES CHEFFERIES TRADITIONNELLES AFRICAINES FACE À LA DYNAMIQUE DES RÉFORMES TERRITORIALES

Contribution à l'étude des processus de décentralisation

Koko Adiki Tovenim

Cette étude, au-delà d'un bilan sur les processus de décentralisation en Afrique, se veut aussi prospective en offrant une mise à jour des institutions locales en Afrique subsaharienne dans le cadre des réformes territoriales entreprises ces dernières années.

(Coll. Études africaines, 228 p., 24,5 euros)

ISBN : 978-2-343-17045-9, EAN EBOOK : 9782140121371

LES MUTATIONS RÉCENTES DE LA JUSTICE ADMINISTRATIVE EN AFRIQUE FRANCOPHONE

Etude critique à partir du modèle camerounais

Olivier Fandjip

En Afrique francophone, on observe ces dernières années des réformes qui tendent, d'une part, à consolider les différents modèles de justice administrative en vigueur et, d'autre part, à améliorer la qualité de la justice. Ces évolutions renouvellent les interrogations sur la déconcentration et l'autonomie des juridictions administratives. À travers une analyse critique et prospective, cet ouvrage montre que, malgré l'importance de ces mutations, les problématiques de l'accès et de l'autonomie de la justice administrative se posent encore avec acuité.

(Coll. Études africaines, 254 p., 25 euros)

ISBN : 978-2-343-16510-3, EAN EBOOK : 9782140120657

DROITS DES TÉLÉCOMS ET DU NUMÉRIQUE

Profil africain et congolais, prospective comparée d'Europe et de France

Kodjo Ndukuma Adjayi

Les télécoms, l'Internet et le numérique sont des facteurs techniques de transformation du droit. À l'origine, les télécoms étaient sous le régime des services publics. À partir des États-Unis et de l'Europe, l'OMC (1994-1997) a promu le droit sectoriel de la régulation. Partout, de nouveaux défis sont nés, dans le démantèlement des monopoles vers une totale économie de marché. Pour la République démocratique du Congo, ses lois « dérégulatrices », figées depuis le 16 octobre 2002, contrastent avec les mutations numériques, économiques et sociétales des États postmodernes à l'épreuve d'Internet. L'« Europe des télécoms » réajuste constamment sa politique législative autour d'objectifs structurants : construction du marché, diffusion technologique, protection des données, etc. Si l'Afrique s'adapte à peine et avec peine, la République démocratique du Congo entend bien encadrer télécoms et TIC, renouveau de régulation étatique, échanges et commerce électroniques, à travers trois textes de loi en gestation...

(Coll. Enjeux et droits numériques, 434 p., 39 euros)

ISBN : 978-2-343-15722-1, EAN EBOOK : 9782140119033

DROIT DE L'ÉCONOMIE NUMÉRIQUE

E-commerce et dérégulation européenne, française, internationale, africaine, congolaise des télécoms

Kodjo Ndukuma Adjayi

Télécoms, Internet et numérisation ont donné prise à la révolution numérique. La phénoménologie d'ordre sociétal qui en résulte est une source réelle pour le Droit. Aujourd'hui, l'État fait face à des polycentres du pouvoir normatif et aux géants planétaires du Net. L'indépendance du Net postule la régulation seulement par le code informatique et par le marché. Tourneboulés, les paradigmes du droit offrent deux approches possibles de législation : via le contenu des activités réseautées ou via leur contenant. Le réseau est, en effet, la voie électronique pour le commerce à distance. Il monétise la valeur du clic ainsi que les intelligences sans cesse inventives. Il faut donc appréhender les enjeux dans le champ d'un Droit de l'économie numérique.

(Coll. Enjeux et droits numériques, 460 p., 42 euros)

ISBN : 978-2-343-15721-4, EAN EBOOK : 9782140119057

ESCULAPE ET MARS

Certificat médical et détention d'armes

Tanguy Kerneïs

Comment rédiger un certificat médical pour "faire du tir" et que faut-il écrire ? Engage-t-on sa responsabilité pour établir un certificat lors d'une demande d'inscription à l'examen du permis de chasser ou pour rédiger un document pour ce patient qui vient d'hériter du fusil du grand-père et qui veut le conserver ? Cet ouvrage explique les arcanes de la législation des armes et détaille les diverses situations pour que ces certificats ne deviennent pas une source d'inquiétude supplémentaire à une époque où la détention et l'usage d'une arme provoquent une angoisse sociétale.

SPM (92 p., 13 euros)

ISBN : 978-2-917232-98-9, EAN EBOOK : 9782140119460

CENTENAIRE DE LA DEUXIÈME RÉVOLUTION RUSSE

Perceptions et représentations contemporaines

David Cumin

2017 fut l'année du centenaire de la Révolution russe. Les contributions regroupées dans cet ouvrage s'intéressent aux perceptions et aux représentations contemporaines de cet événement. Comment perçoit-on le bolchevisme et l'URSS de nos jours, aussi bien en Russie qu'en France ou en Europe occidentale ? Andreï Gratchev (ancien conseiller de Mikhaïl Gorbatchev) fournit une réponse inédite sur ce point.

(Coll. Épistémologie et philosophie des sciences, 182 p., 19 euros)

ISBN : 978-2-343-17482-2, EAN EBOOK : 9782140120411

SÉPARATION DES POUVOIRS ET CONTRE-POUVOIRS

Actes des 1ères journées scientifiques de droit constitutionnel

Palais des Congrès de Niamey, du 10 au 13 octobre 2017

Oumarou Narey

Avec l'Association Nigérienne de Droit Constitutionnel (Andc)

L'ouvrage tente de remettre en lumière l'essence de la séparation des pouvoirs et l'esprit des contre-pouvoirs alors qu'ils ont toujours été au centre des débats doctrinaux. La tombée en désuétude de la théorie ou son inadaptation aux réalités contemporaines fait que l'on assiste aujourd'hui à la construction d'une notion de substitution, celle de contre-pouvoir. Mais le recours presque frénétique à la notion, dans le champ du droit constitutionnel et politique, comporte un risque principal : celui de la perte de toute portée explicative et de son sens critique.

(Coll. Harmattan Sénégal, 518 p., 49 euros)

ISBN : 978-2-343-16827-2, EAN EBOOK : 9782140120237

QUAND SURVEILLER C'EST PUNIR

Vers un au-delà de la justice pénale

Dominique Rivière

Punir semble la réponse naturelle à un acte jugé indésirable. Pourtant, constatant l'impossibilité de définir clairement l'acte délictueux ou criminel, et réalisant que ce sont surtout les pauvres qui sont punis, la question du sens de la peine se pose, et plus encore sa justification. Remplacer le mot crime par situation problème, c'est envisager un au-delà de la justice rétributive. Refuser toute violence, c'est aller vers une société où le paradigme punitif cède la place au soin, à l'éducation, à la médiation, à la protection des personnes. Abolir la prison, et le Code pénal, suppose un changement de regard : l'autre, dans une altérité parfois très difficile, reste un être de parole et ne peut être l'objet de coercition. Puissent ces lignes ouvrir un nouvel horizon qui exclue radicalement la violence.

(Coll. Questions contemporaines, 222 p., 22,5 euros)

ISBN : 978-2-343-17356-6, EAN EBOOK : 9782140120138

POUR UNE CRIMINOLOGIE INTERCULTURELLE

Ethnoprobation

Guillaume Arandel

Préface de Philippe Pottier. Postface de Loïck M. Villerbu

Travailler avec des personnes délinquantes ou victimes suppose une adaptation à la diversité humaine et la singularité des situations. Or, dans un contexte d'interculturalité, les risques d'incompréhensions, de méprises et de maladresses sont démultipliés. L'analyse proposée ici s'appuie sur différentes méthodes et s'inspire de disciplines telles que : l'approche comparée (France, Canada, Mali), la philosophie, l'anthropologie juridique, l'ethnopsychiatrie, la communication interculturelle ou encore des témoignages. Développer ces savoirs revient à se donner l'opportunité de mieux appréhender les différentes cultures pour, in fine, encourager une meilleure prise de conscience de celle dans laquelle nous évoluons. Il s'agit de mieux appréhender les cultures questionnées, en comprendre leurs déviances et de gagner en lucidité sur leurs valeurs.

(Coll. Controverses, 134 p., 15 euros)

ISBN : 978-2-343-17291-0, EAN EBOOK : 9782140120008

LA DOMANIALITÉ DES BIENS DE L'ADMINISTRATION PUBLIQUE À L'ÉPREUVE DES RÉGIMES FONCIERS TRADITIONNELS

Samba Sarr

De nombreuses difficultés demeurent par rapport à la gestion du domaine, qu'il soit public ou privé, qu'il appartienne à l'Etat ou aux collectivités territoriales. Les droits coutumiers désormais reconnus et magnifiés à la faveur de la valorisation des traditions séculaires contestent la primauté du droit écrit. L'auteur présente la photographie des biens de l'administration publique ainsi que leur évolution par rapport aux régimes fonciers coutumiers.

(426 p., 42 euros)

ISBN : 978-2-343-17362-7, EAN EBOOK : 9782140120046

LES SÛRETÉS ET GARANTIES RÉELLES DANS LES PROCÉDURES COLLECTIVES

Yaya Diallo

Préface de Philippe Delebecque

En France et dans l'espace OHADA, le droit des procédures collectives renvoie aux procédures judiciaires spéciales et dérogatoires par rapport au droit commun réservées au traitement curatif des difficultés des entreprises. D'ordre public, ce droit est destiné à l'entreprise débitrice et à ses créanciers. Conformément aux objectifs poursuivis, les droits et sûretés subissent des atteintes et des restrictions. Mais cette emprise naturelle du droit des procédures collectives sur les sûretés des créanciers est remise en cause. Les nouveaux mécanismes de garantie de créance ont été différenciés des sûretés réelles classiques. Il en résulte une incohérence entre le droit des sûretés et le droit des procédures collectives. Pour y remédier, cette thèse propose l'extension de l'emprise du droit des procédures collectives aux propriétés sûretés.

(Coll. Logiques Juridiques, 564 p., 49 euros)

ISBN : 978-2-343-15222-6, EAN EBOOK : 9782140119538

LIRE LES CONSTITUTIONS

Laureline Fontaine

Ouvrage coordonné par

Le phénomène du constitutionnalisme englobe plusieurs événements et appréciations : la philosophie initiale s'appuyant sur la valeur du droit comme « capable » de limiter et de cadrer le pouvoir politique qu'il s'agit effectivement de limiter et de cadrer, relayée par la valeur anthropologique du droit comme « élément traducteur » de la société humaine ; l'élaboration, la pratique, l'interprétation, la pensée et la diffusion des constitutions aussi, au sein des différents espaces géographiques et temporels, qui comptent donc autant d'éléments non juridiques que juridiques.

(Coll. Questions contemporaines, 196 p., 19,5 euros)

ISBN : 978-2-343-16082-5, EAN EBOOK : 9782140119132

Structures éditoriales du groupe L'Harmattan

L'Harmattan Italie
Via degli Artisti, 15
10124 Torino
harmattan.italia@gmail.com

L'Harmattan Hongrie
Kossuth l. u. 14-16.
1053 Budapest
harmattan@harmattan.hu

L'Harmattan Sénégal
10 VDN en face Mermoz
BP 45034 Dakar-Fann
senharmattan@gmail.com

L'Harmattan Cameroun
TSINGA/FECAFOOT
BP 11486 Yaoundé
inkoukam@gmail.com

L'Harmattan Burkina Faso
Achille Somé – tengnule@hotmail.fr

L'Harmattan Guinée
Almamya, rue KA 028 OKB Agency
BP 3470 Conakry
harmattanguinee@yahoo.fr

L'Harmattan RDC
185, avenue Nyangwe
Commune de Lingwala – Kinshasa
matangilamusadila@yahoo.fr

L'Harmattan Congo
67, boulevard Denis-Sassou-N'Guesso
BP 2874 Brazzaville
harmattan.congo@yahoo.fr

L'Harmattan Mali
Sirakoro-Meguetana V31
Bamako
syllaka@yahoo.fr

L'Harmattan Togo
Djidjole – Lomé
Maison Amela
face EPP BATOME
ddamela@aol.com

L'Harmattan Côte d'Ivoire
Résidence Karl – Cité des Arts
Abidjan-Cocody
03 BP 1588 Abidjan
espace_harmattan.ci@hotmail.fr

L'Harmattan Algérie
22, rue Moulay-Mohamed
31000 Oran
info2@harmattan-algerie.com

L'Harmattan Maroc
5, rue Ferrane-Kouicha, Talaâ-Elkbira
Chrableyine, Fès-Médine
30000 Fès
harmattan.maroc@gmail.com

Nos librairies en France

Librairie internationale
16, rue des Écoles – 75005 Paris
librairie.internationale@harmattan.fr
01 40 46 79 11
www.librairieharmattan.com

Lib. sciences humaines & histoire
21, rue des Écoles – 75005 Paris
librairie.sh@harmattan.fr
01 46 34 13 71
www.librairieharmattansh.com

Librairie l'Espace Harmattan
21 bis, rue des Écoles – 75005 Paris
librairie.espace@harmattan.fr
01 43 29 49 42

Lib. Méditerranée & Moyen-Orient
7, rue des Carmes – 75005 Paris
librairie.mediterranee@harmattan.fr
01 43 29 71 15

Librairie Le Lucernaire
53, rue Notre-Dame-des-Champs – 75006 Paris
librairie@lucernaire.fr
01 42 22 67 13

www.ingramcontent.com/pod-product-compliance
Lightning Source LLC
LaVergne TN
LVHW011155061026
849535LV00003B/742
9782343170985